AF570408

La Philosophie du langage de Wilhelm von Humboldt (1767-1835)

Ouverture philosophique

Collection dirigée par Aline Caillet, Dominique Chateau, Jean-Marc Lachaud et Bruno Péquignot

Une collection d'ouvrages qui se propose d'accueillir des travaux originaux sans exclusive d'écoles ou de thématiques.

Il s'agit de favoriser la confrontation de recherches et des réflexions qu'elles soient le fait de philosophes « professionnels » ou non. On n'y confondra donc pas la philosophie avec une discipline académique ; elle est réputée être le fait de tous ceux qu'habite la passion de penser, qu'ils soient professeurs de philosophie, spécialistes des sciences humaines, sociales ou naturelles, ou… polisseurs de verres de lunettes astronomiques.

Dernières parutions

Marc DURAND, *Médée l'ambigüe*, 2014.

Sous la direction d'Aline CAILLET et Christophe GENIN, *Genre, sexe et égalité,* 2014.

Benoît QUINQUIS, *L'Antiquité chez Albert Camus*, 2014.

Catherine MONNET, *La reconnaissance. Clé de l'identité*, 2014.

Jean PIWNICA, *L'histoire : écriture de la mémoire,* 2014.

Jacques ARON, *Theodor Lessing, Le philosophe assassiné,* 2014.

Naceur KHEMIRI & Djamel BENKRID, *Les enjeux mimétiques de la vérité. Badiou « ou /et » Derrida ?,* 2014.

Pascal GAUDET, *Philosophie et existence*, 2014.

Pascal GAUDET, *Penser la politique avec Kant*, 2014.

Pascal GAUDET, *Penser la liberté et le temps avec Kant*, 2014.

Aklesso ADJI, *Ethique, politique et philosophie*, 2014.

Christian MIQUEL, *Apologie de l'instant et de la docte ignorance*, 2014.

Paul-Emmanuel STRADDA, *L'Être et l'Unité*, 2 volumes, 2014.

Carlo TAMAGNONE, *La philosophie et la théologie philosophale*, 2014.

Jacques POLLAK-LEDERER, *L'Ontologie écartelée de Georges Lukács*, 2014.

Pierre BANGE

La Philosophie du langage de Wilhelm von Humboldt (1767-1835)

L'Harmattan

5-7, rue de l'École-Polytechnique, 75005 Paris

http://www.harmattan.fr
diffusion.harmattan@wanadoo.fr
harmattan1@wanadoo.fr

ISBN : 978-2-343-02417-2
EAN : 9782343024172

DU MÊME AUTEUR

Ironie et dialogisme dans les romans de Theodor Fontane
(Presses Universitaires de Grenoble 1974)

Analyse conversationnelle et théorie de l'action
(Hatier-Didier 1992)

L'apprentissage d'une langue étrangère. Cognition et interaction
(en collaboration avec R. Carol et P. Griggs)
(L'Harmattan 2005)

SOMMAIRE

I.

PRÉAMBULE

L'œuvre de Wilhelm von Humboldt est bornée par deux textes que tout semble opposer :

1) En 1795, âgé de vingt-huit ans, il présente, sous le titre *Pensée et langage* (*Über Denken und Sprechen*), seize thèses brèves et denses qui s'enchaînent strictement l'une à l'autre et définissent sa position philosophique et épistémologique. Fondamentalement, cette position, inspirée par la philosophie de Kant, ne variera pas.

2) A sa mort, en 1835, il laisse inachevé un long texte qui est connu sous l'appellation d'*Introduction à l'œuvre sur le kavi* (*Einleitung zum Kawi-Werk)*[1]. Ce texte ultime est à la fois la synthèse de la philosophie du langage qu'il a peu à peu élaborée et la somme de son savoir linguistique. Le titre exact est : *Sur la diversité dans la construction du langage humain et son influence sur l'évolution intellectuelle du genre humain* (*Ueber die Verschiedenheit des menschlichen Sprachbaues und ihren Einfluss auf die geistige Entwicklung des Menschengeschlechts*). L'œuvre projetée devait donner l'ensemble des points de vue et des savoirs de Humboldt sur les différentes manières dont se construisent les langues et sur les relations qu'elles entretiennent avec le développement intellectuel de l'homme. Un tel projet visait à faire la synthèse de ses travaux antérieurs sur tous les aspects du langage et sur les relations du langage avec la culture et la psychologie. C'était une œuvre dont la complexité était en fait immaîtrisable.

---

[1] Caussat, P. *Introduction à l'œuvre sur le kavi et autres essais*. Paris, 1974.

Véritable rocher de Sisyphe, ce projet a été caractérisé de la manière suivante par l'un des éditeurs posthumes des œuvres de Humboldt :

> "L'inventaire des manuscrits montre clairement que l'*Introduction* n'a été ni spécialement conçue ni écrite pour la langue kavi et le groupe malais-polynésien, ni encore moins élaborée en réponse à une quelconque incitation extérieure, et qu'elle n'a pas cessé au cours des quinze dernières années de la vie de Humboldt d'être au centre de sa pensée et de ses travaux. (...) Maintes fois remaniée, mise en pièces, réorganisée, sa genèse laborieuse explique bon nombre des surprises qui nous attendent : phrases dépourvues de liaison ou contenant des incorrections de style."[2]

L'extrême difficulté que présente la lecture de ce texte, l'impression de confusion qu'on peut avoir en face des reprises et variations qui caractérisent de nombreux écrits de Humboldt tiennent en réalité pour une large part au fait qu'il s'agit d'une pensée en constante évolution. D. Thouard caractérise bien la pensée de Humboldt : elle n'est, dit-il,

> "en rien dogmatique et déductive ; elle progresse en se faisant à elle-même des objections, et en s'appuyant sur des objections faites à la pensée courante. Elle séjourne volontiers dans les circonstancielles, le balancement des hypothèses contraires, la construction provisoire de points de tension, selon une sorte de micro-dialectique qui va aux difficultés, sans savoir si elle pourra s'en sortir."[3]

Thouard parle un peu plus loin du

> "phénomène durable de retraduction interne d'une pensée qui se cherche (...) à même la formulation."

C'est là ce qui fait que la lecture de Humboldt requiert beaucoup d'efforts[4]. L'impression de confusion est d'ailleurs encore amplifiée par les commentaires divers de certains de ceux qui

---

[2] Steinthal, cité par Caussat, P. *Introduction à l'œuvre sur le kavi et autres essais*. Paris, 1974 : 137.

[3] Thouard, D. "La difficulté de Humboldt", *Les dossiers de HEL*, supplément électronique à la revue *Histoire, Epistémologie, Langage* Paris SHESL, 2002, n° 1.

[4] Kant lui-même, pourtant orfèvre en la matière, jugeait ces textes difficiles d'accès.

ont prétendu y mettre de l'ordre, à commencer par son frère Alexander, l'explorateur.

Les centres d'intérêt de Humboldt étaient multiples. Il fut tour à tour linguiste (et il ne cessa d'élargir ses vastes connaissances sur toutes les langues du globe[5]), puis, conscient des malheurs de la Prusse après 1806, il interrompit pendant plus de dix ans (de 1808 à 1820) les travaux de recherche qu'il menait à Rome (où il occupait un poste de diplomate), pour devenir un des réformateurs de l'Etat prussien et du système scolaire de son pays et le fondateur de l'université de Berlin. Il est possible qu'il ait été un hyperactif compulsif, comme le laissent entendre certains commentateurs. Mais cette hyperactivité s'accompagne d'une étonnante constance depuis le premier texte de 1795. Ce qui décourage le lecteur est précisément ce qui fait la grandeur de l'œuvre de Humboldt. Il peut être regardé comme un des fondateurs de la linguistique moderne, mais plus encore que comme linguiste, il est important par sa réflexion sur la philosophie du langage, peu à peu élargie en une philosophie générale de la culture d'une étonnante modernité.

La difficulté, bien réelle, que présente la lecture de Humboldt trouve sa première cause dans sa démarche intellectuelle. Il

> "est à la recherche d'un objet qu'il construit progressivement, soucieux avant toute chose de saisir toutes les imbrications et les interactions entrevues. S'en suivent l'absence d'articulation entre les différents niveaux d'analyse et la difficulté à délimiter des champs conceptuels qui se trouvent être en perpétuelle interaction. A l'opposé de la démarche logico-déductive, la recherche de Humboldt est caractérisée par un va-et-vient incessant entre la partie et le tout."[6]

Cette analyse est juste ; il me paraît toutefois inexact de parler de "l'absence d'articulation entre les différents niveaux d'analyse" : une part importante de l'effort de Humboldt est

---

[5] Cassirer a rappelé qu'on doit à Humboldt "les premières tentatives d'une classification des langues du monde et de leur réduction à certains types fondamentaux. (...) On lui doit la première description analytique des langues aborigènes d'Amérique (...) (Il) a rédigé la première grammaire comparative des langues de l' Austronésie." *Essai sur l'homme*, 1975 : 174.

[6] Fryba - Reber, A.-M., *Cahiers Ferdinand de Saussure*. Genève, 2000. "Lire Humboldt aujourd'hui : chronique d'une lecture plurielle" : 10-11.

allée à la recherche d'une articulation et il l'a finalement trouvée dans un cadre épistémologique qu'il est sans doute le premier à entrevoir et à essayer de construire.

On ne peut rendre compte de la pensée de Humboldt qu'en reconstruisant la perspective dans laquelle s'inscrit sa recherche. "Penser Humboldt aujourd'hui" était l'objectif de Meschonnic[7]. Mais il l'entendait au sens d'une "pensée Humboldt" qui consistait à "refaire la pensée du langage à partir du poétique"[8]. Mon projet consiste simplement à tenter de suivre Humboldt, d'élucider ses écrits, multiples, redondants et souvent difficiles à interpréter, de rendre accessible sa pensée dans tous ses méandres,

> "malgré les obstacles trop présents, trop envahissants pour qu'on puisse les éviter."[9]

Humboldt a voulu construire pour le langage une philosophie cohérente en prenant pour point de départ ce que Kant venait de faire pour l'épistémologie. Kant, écrit Quillien[10]

> "a découvert que la question de la philosophie n'est pas celle de l'Etre, mais celle du sens, que jusqu'ici les philosophes n'ont rien fait d'autre que de vouloir construire le discours de Dieu ; or le discours est humain, n'est qu'humain. (...) Pour la première fois dans l'histoire de la pensée, la philosophie se comprend elle-même, en réfléchissant enfin sur elle-même, en comprenant qu'il ne s'est jamais agi que de sa propre compréhension, que lorsqu'elle s'interrogeait sur l'être, la substance, l'âme, c'est d'elle-même que, sans le savoir, elle parlait, d'elle-même, c'est-à-dire de l'homme. (...) Cette thèse centrale du kantisme est à la source et au fondement de toutes les recherches de Humboldt, en anthropologie et en esthétique, en théorie politique et en philosophie de l'histoire, dans le domaine du langage et des langues."

---

[7] Meschonnic, H. "Penser Humboldt aujourd'hui", in : *La pensée dans la langue. Humboldt et après*, sous la direction de H. Meschonnic. St-Denis (PU Vincennes) 1995 : 25-6.

[8] Meschonnic, op. cit. 14.

[9] ibid.

[10] Quillien, J., *L'anthropologie philosophique de G. de Humboldt*, Lille (P.U.) 1991 : 115.

Quillien propose une interprétation de Kant qu'on peut dire constructiviste. L'œuvre de Humboldt est directement issue de ce constructivisme. Kant, dit encore Quillien,

> "a compris la philosophie en sa signification profonde comme anthropologie, discours de l'homme. (...) Cette voie anthropologique est celle que Humboldt, dès ses débuts, de manière répétée et en toute netteté, a toujours revendiquée, convaincu d'œuvrer selon l'esprit, sinon la lettre, du criticisme, et de proposer une vue originale."[11]

D'une part, Humboldt est resté fidèle à ses options kantiennes initiales, au geste fondateur qu'il accomplit dans ses thèses de 1795 en ajoutant le langage aux conditions transcendantales de la pensée. Ce texte de jeunesse initie ce qu'un commentateur avisé a appelé une "seconde révolution copernicienne"[12], qui prolonge directement celle que Kant venait d'accomplir. Comme on sait, Kant avait qualifié de "révolution copernicienne" le renversement qu'il venait d'opérer avec la *Critique de la raison pure* dans la conception de la nature du savoir : de la même façon que Copernic avait montré que la terre tourne autour du soleil et non l'inverse, comme on le croyait jusqu'alors, Kant affirmait que le "centre" de la connaissance est le sujet connaissant, que la connaissance est le résultat d'une construction par le sujet. A quoi Humboldt ajoutait, et c'est l'apport de sa propre "révolution copernicienne", que ce sujet est un *sujet parlant* et que le langage est indissociable de la pensée, indispensable à la construction de la connaissance, et qu'il influe sur la nature de cette connaissance.

Humboldt est kantien jusque dans sa manière de philosopher, étayant constamment la réflexion théorique par les résultats d'une recherche empirique. Avec une différence toutefois : alors que Kant appuyait sa réflexion sur les travaux de Copernic et de Newton, Humboldt fait lui-même les travaux de description des langues les plus exotiques, sur lesquels il appuie sa réflexion. De là, les deux aspects imbriqués dans la plupart de ses écrits : une recherche linguistique universelle associée à la réflexion philosophique.

---

[11] *ibid.* 15.

[12] Hansen-Loeve, O. *La révolution copernicienne du langage dans l'œuvre de Wilhelm von Humboldt*, Paris, 1972.

Plus encore que la fidélité à ses prémisses épistémologiques, ce qui caractérise l'œuvre de Humboldt est sa dynamique. L'œuvre de Humboldt est portée vers un élargissement et un approfondissement constants, jusqu'à la découverte qu'on ne peut penser la langue que dans la complexité des choses humaines :

- chaque locuteur est en relation continuelle avec tout ce qui constitue son environnement : avec l'interlocuteur qui lui fait face et avec le groupe auquel il appartient ; c'est ce qui fait de sa langue une langue nationale ;
- par l'intermédiaire de cette langue, il est en relation avec les autres langues ;
- et la langue ne sert pas seulement à la communication quotidienne, mais elle a de multiples usages : notamment dans la littérature.

Il faut donc admettre que ce qu'on donne comme confusion, lourdeur, maladresse de style dans l'œuvre de Humboldt, doit, en réalité, être regardé comme le premier pas vers un élargissement et un approfondissement de la pensée. L'œuvre de Humboldt concerne non seulement la pensée linguistique, mais elle est la découverte inouïe d'une façon nouvelle de penser les problèmes philosophiques, ce que E. Morin a désigné comme la *philosophie de la complexité.*

Le premier pas a été de constater que tout passe par le langage : de "transcendantaliser le langage"[13]. Dès le texte de 1795, Humboldt a attribué au langage un tel statut transcendantal : le langage est la condition de possibilité de tout savoir. Ce statut transcendantal n'a jamais été remis en cause par la suite. Au contraire, Humboldt a passé sa vie à en tirer les conséquences en construisant, laborieusement, ce qu'on pourrait appeler une "écologie du langage", qui implique une reconnaissance de sa réalité objective et autonome et inclut l'esprit humain qui en est le producteur, le locuteur individuel et les interactions culturelles et sociales. On peut résumer tout cela en disant avec E. Morin :

---

[13] Morin, E. *La méthode. 4. Les idées.* Paris (Seuil) 162.

"le langage dépend des interactions entre individus, lesquelles dépendent du langage. Il dépend des esprits humains, lesquels dépendent de lui pour émerger en tant qu'esprits."[14]

Cette circularité, qu'à un certain niveau de la réflexion on doit certes s'efforcer de traquer comme un défaut rédhibitoire dans un raisonnement bien construit, s'est imposée objectivement à Humboldt : il y avait là de quoi troubler, et c'est ce trouble fondateur qu'on perçoit dans les textes de Humboldt.

Le double souci constant de Humboldt, d'une part, au plan de la méthode, étayer la réflexion philosophique par des faits, d'autre part, dans la perspective, élargir l'horizon à l'ensemble des faits de culture, se retrouvera un siècle plus tard, chez Cassirer, dans sa monumentale *Philosophie des Formes Symboliques*, dont le premier volume porte précisément sur le langage. Dans l'avant-propos, Cassirer situe son projet dans le droit fil de celui de Humboldt et il lui rend hommage :

"Sans doute est-ce une entreprise bien hasardeuse, et qu'on n'a guère osé tenter depuis les travaux fondamentaux de Wilhelm von Humboldt, que de considérer le langage dans ce qu'il a de purement philosophique, à partir d'un 'système' philosophique bien défini."[15]

On peut même dire que Cassirer a en commun avec Humboldt non seulement le point de départ kantien, mais aussi le projet global qui consiste à

"délimiter mutuellement les principales formes suivant lesquelles (l'homme) peut comprendre (le monde) et cerner d'aussi près que possible la tendance singulière et la forme spirituelle propre de chacune d'elles."[16]

Cassirer a voulu analyser les différentes façons inventées par l'homme au fil des âges et dans toutes les civilisations pour donner sens au monde à travers le langage, le mythe (ou la religion) et la connaissance scientifique. Humboldt en est resté au seul langage, dans lequel il voyait l'origine de toutes les activités intellectuelles. Son projet a été d'arpenter tous les

---

[14] Morin, E. op. cit. 163.

[15] Cassirer, E. *La philosophie des formes symboliques. I. Le langage.* Paris (Minuit), 1972 : 8.

[16] Cassirer, E., *Philosophie...*, p.7.

territoires de la pensée linguistique. Son œuvre est incontestablement le premier moment de la "morphologie de l'esprit" voulue et réalisée par Cassirer[17].

> "Il s'est (...) passé, dit E. Morin, un phénomène troublant dans le monde des idées de notre siècle : la croyance qu'on pouvait enfermer la problématique épistémologique, philosophique, anthropologique, sociologique dans celle du langage devenu l'être même de toute réalité humaine."[18]

De ce siècle, Humboldt est incontestablement le précurseur.

* *
*

Appliquant la leçon que Humboldt avait reçu de Kant et qu'il expose dans son essai sur *La tâche de l'historien*, je me suis efforcé dans ce qui suit de reconstruire le déroulement de l'œuvre de Humboldt comme la réalisation de "l'idée" que je me suis forgée du sens de son œuvre.

---

[17] Cassirer montre (*Philosophie...* pp. 103-111) en quoi Humboldt est à l'origine de sa propre pensée. Cf. également Cassirer, E., : *Essai sur l'homme*. Paris, 1975 : 173 sqq.

[18] Morin, E. *La Méthode. 4. Les idées*. Paris (Seuil), 1991 : 162.

II.

LE SOCLE ÉPISTÉMOLOGIQUE

Pensée et Langage

Ueber Denken und Sprechen

(1795)

Ce court texte est un des premiers que le jeune Humboldt ait écrits au cours de ses “années d’apprentissage”.

On peut en effet distinguer trois grandes périodes dans la vie de Humboldt. La première va de *1789 à 1806*, du déclenchement de la Révolution française à la défaite prussienne à Iéna. Ce sont ses années d’apprentissage. Les écrits de cette période sont nombreux et relèvent de domaines variés : anthropologie, art, philosophie, actualité politique.

La seconde période va de *1806 à 1820* : c’est la période du grand commis au service de l’Etat prussien. Le diplomate devient réformateur de l’administration ; il refonde l’université de Berlin, dont il veut faire un foyer de rayonnement intellectuel pour l’Allemagne entière.

La troisième période va de *1820 à 1835* : après sa démission et son retrait en 1820 dans son château de Tegel dans le Brandebourg, c’est la grande période d’épanouissement du savant et philosophe.

Ecrit en 1795, *Pensée et langage* est resté inédit jusqu’à la publication des œuvres complètes. C’est un texte d’une grande profondeur et d’une grande originalité, inspiré par la philosophie de Kant, à laquelle il donne un prolongement dans le domaine du langage. Les idées qui y sont développées sont la matrice épistémologique de toute l'œuvre ultérieure de Humboldt. Il n'existe pas jusqu'aujourd'hui de traduction en français de ce texte qui est pourtant décisif pour la compréhension de Humboldt[19].

Sur la pensée et le langage

"1. L'essence de l'activité de penser consiste dans la réflexion, c'est-à-dire dans la distinction entre celui qui pense et ce qu'il pense.
2. Pour réfléchir, l'esprit doit un instant arrêter le processus de son activité, saisir en une unité ce qu'il vient de représenter et, ainsi, le poser face à lui-même en tant qu' objet.
3. Les unités qu'il peut former de cette manière, il les compare à leur tour entre elles, les sépare et les réunit selon ses besoins.
4. L'essence de l'activité de penser consiste donc à découper des segments dans son propre déroulement et, par là, à former des totalités à partir de certaines portions de son activité ; à opposer chacune de ces formations séparément les unes aux autres, et toutes ensemble, en tant qu'objets, au sujet pensant.
5. Aucune activité de penser, même la plus pure, ne peut se produire autrement qu'à l'aide des formes générales de notre sensibilité ; c'est seulement en elles que nous pouvons saisir la pensée et pour ainsi dire la retenir.
6. Pour désigner les unités sensibles qui réunissent certaines portions de l'acte de penser pour les opposer en tant que parties à d'autres parties d'un ensemble plus vaste et en tant qu'objets aux sujets, on emploie le terme de langage au sens le plus large du mot.
7. Le langage commence donc immédiatement avec le premier acte de réflexion et, dès que l'homme quitte la torpeur de la convoitise où le sujet dévore l'objet et qu'il s'éveille à la conscience de soi, le mot est là et constitue pour ainsi dire la première impulsion que l'homme se donne à lui-même pour s'arrêter soudain, regarder autour de soi et s'orienter.
8. L'homme à la recherche du langage cherche des signes qui lui permettront, grâce aux parties qu'il a découpées dans son activité de penser, de saisir des ensembles en tant qu'unités. Pour de tels

[19] Le texte allemand est accessible dans *Wilhelm von Humboldt. Schriften zur Sprache*, édité par M. Böhler, Stuttgart (Reclam) 1973.

signes, les phénomènes liés au temps sont plus commodes que les phénomènes liés à l'espace.

9. Les contours de choses posées les unes à côté des autres se confondent facilement dans l'imagination comme elles le font devant les yeux. En revanche, dans la succession temporelle, l'instant présent découpe une limite nette entre le passé et le futur. Entre être et ne-plus-être, aucune confusion n'est possible.

10. L'œil ne distinguerait, immédiatement et à lui seul, pas d'autres frontières qu'entre différentes couleurs, mais pas les contours de différents objets. Il ne parvient à faire cette distinction que grâce à la main qui tâtonne et qui, donc, glisse sur l'objet en utilisant la succession du temps, ou bien grâce au geste qui détache un objet de l'autre. C'est sur l'un ou sur l'autre procédé qu'il construit ensuite ses conclusions par analogie.

11. De tous les changements dans le temps, les plus tranchants sont ceux que la voix opère. Ils sont également les plus brefs et, du fait qu'ils sont produits par l'homme lui-même avec le souffle qui l'anime et qu'ils disparaissent instantanément, ils sont de loin les plus vivants et les plus suggestifs.

12. Les signes verbaux sont donc nécessairement des sons et, selon l'analogie secrète qui existe entre toutes les facultés de l'homme, celui-ci devait, dès qu'il reconnaissait nettement un objet comme séparé de lui, immédiatement exprimer le son qui devait le désigner.

13. La même analogie poursuivit son action. Lorsque l'homme chercha des signes verbaux, son entendement eut la charge de faire des distinctions. Il constitua des totalités qui n'étaient pas des choses réelles, mais des concepts, qui permettaient donc un libre traitement, une séparation réitérée et une nouvelle liaison. En accord avec cela, la langue choisit donc aussi des sons articulés et les choisit tels qu'ils se composaient d'éléments permettant des compositions nouvelles multiples.

14. De tels sons n'existent pas ailleurs dans la nature parce que personne, en dehors de l'homme, n'invite ses semblables à comprendre en pensant avec lui, mais tout au plus les invite à agir en sentant avec lui.

15. L'homme n'accepte donc dans son langage aucun son naturel à l'état brut, mais il forme toujours un son articulé qui lui ressemble.

16. Il distingue même tout à fait du langage son propre cri d'émotion ; et, en cela, l'émotion guide très justement les personnes les plus cultivées aussi. S'il est si ému qu'il ne peut plus penser à détacher l'objet de lui au moins dans sa représentation, il

pousse le cri de nature ; dans le cas contraire, il parle et se contente de hausser le ton à la mesure de son affect."

* *
*

Pensée et langage propose, dans un esprit tout à fait kantien, l'analyse des conditions de la pensée et du langage. On peut répartir les thèses qui le composent en trois groupes.

1) Dans le premier, qui réunit les thèses 1 à 7, Humboldt pose les bases de sa pensée :

- il définit d'abord (thèses 1 à 4) *l'activité de penser* ; puis (thèse 5) *la fonction de la sensibilité* par rapport à l'activité de penser. Ainsi est défini le cadre dans lequel Humboldt va développer sa conception du langage ;
- les thèses 6 et 7 définissent *le langage et sa fonction*, qui est de fonder l'humanité même de l'homme.

2) Dans le second groupe (thèses 8 à 13), Humboldt expose *les conditions a priori d'exercice du langage* par rapport aux catégories du temps et de l'espace et leur lien au concept.

Le contenu de ces thèses 1 à 13 est de nature épistémologique et méthodologique.

3) Le dernier groupe (thèses 14 à 16), dont le contenu est de nature anthropologique, est très succinct : c'est l'ébauche d'une réflexion sur *la constitution de la communauté humaine par le langage*. Ce thème, qui est à peine esquissé ici, sera développé dans les principaux écrits de Humboldt.

1) L'activité de penser (thèses 1 à 4)

En quoi consiste la pensée ?

"1. L'essence de l'activité de penser consiste dans la réflexion, c'est-à-dire dans la distinction entre celui qui pense et ce qu'il pense."

Ce premier pas est important. Humboldt voit en effet "l'activité de penser" (das Denken) non comme l'adéquation entre un objet extérieur et la pensée qui le reflète, ainsi que le faisait Descartes, mais comme se réalisant dans l'acte de "*réflexion*" (Reflektieren).

Concept fondamental, la réflexion est définie comme "la distinction entre celui qui pense et ce qu'il pense". Elle est l'acte de pensée qui crée simultanément le sujet et l'objet, opposés l'un à l'autre : le premier est actif, il est le *sujet* ; le second, passif, est l'*objet* qui s'incarne dans la pensée du sujet. Le point de départ de Humboldt est clairement la *Critique de la raison pure* de Kant.

Ce renversement dans la conception de la connaissance par rapport à la conception de Descartes a en effet été l'acte fondateur du criticisme[20]. Kant lui-même dans la préface de la seconde édition (en 1787 ; la première édition datait de 1781) l'avait qualifié de "révolution copernicienne" : ce n'est plus l'objet qui oblige le sujet à se conformer à ses règles, c'est le sujet qui donne les siennes à l'objet pour le connaître[21]. C'est le point de départ de la pensée de Humboldt. Clairement affirmé dès 1795, il constitue, comme on aura l'occasion de le voir, l'épine dorsale de toute l'œuvre de Humboldt.

Après avoir posé le sujet-agent et la *réflexion* comme son point de départ, Humboldt analyse ce concept dans les deux thèses suivantes :

> "2. Pour réfléchir, l'esprit doit un instant arrêter le processus de son activité, saisir en une unité ce qu'il vient de représenter (das eben Vorgestellte) et, ainsi, le poser face à lui-même en tant qu'objet.
> 3. Les unités qu'il peut former de cette manière, il les compare à leur tour entre elles, les sépare et les réunit selon ses besoins."

---

[20] Fichte écrivait en 1795 également : "partir du sujet, voilà la pensée essentielle du kantisme." Cité par A. Renaut in : *Kant aujourd'hui*. Paris, 1997 : 54.

[21] On lit dans la préface à la seconde édition de la *Critique de la raison pure* (1787) : "Jusqu'ici on admettait que toute notre connaissance devait nécessairement se régler d'après les objets (...) Que l'on fasse donc une fois l'essai de voir si nous ne réussirions pas mieux, dans les problèmes métaphysiques, dès lors que nous admettrions que les objets doivent se régler d'après notre connaissance (...) Il en est ici comme avec les premières idées de Copernic, lequel, comme il ne sortait pas bien de l'explication des mouvements célestes en admettant que toute l'armée des astres tournait autour du spectateur, tenta de voir s'il ne réussirait pas mieux en faisant tourner le spectateur et en laissant au contraire les astres immobiles."

L'activité de l'esprit dans la réflexion est décomposée de la manière suivante :

1- le sujet suspend provisoirement le cours incessant de la pensée et porte son attention sur un de ses éléments ;

2- il donne une unité à ce que l'esprit vient ainsi de se représenter ;

3 - il l'isole, le pose comme objet.

Ainsi est créée une unité de pensée comme objet. La réitération de cette action de réflexion permet de créer des unités distinctes et de les comparer les unes aux autres, de les réunir pour former des unités plus grandes qui peuvent à leur tour être comparées, assemblées ou disjointes. Ainsi, *le monde reçoit son organisation de l'activité de réflexion du sujet.*

Ces trois thèses initiales de Humboldt ont été commentées par le psychologue von Glasersfeld dans les termes suivants :

> "Je ne connais pas de meilleure description de cette faculté mystérieuse qui nous permet de nous affranchir du flot de l'expérience immédiate, de nous en représenter une portion et de la considérer comme si elle était elle-même une expérience directe, bien que nous restions en même temps conscients du fait que ce n'est pas le cas".[22]

Venant d'un contemporain, cette appréciation fait apparaître la modernité de la position prise par Humboldt. Glasersfeld souligne que la réflexion opère un clivage entre l'expérience directe et la conscience que nous en prenons. Par là, le cerveau s'affranchit, s'enrichit de sa propre opération en se donnant une représentation de la connaissance dont il a fait l'expérience directe. La réflexion découpe une portion de l'expérience, en fait une unité discrète et en donne une représentation ; elle nous permet de considérer ces unités comme comparables à l'expérience, bien que nous sachions en même temps que ce

[22] Glasersfeld, E. v., *Radikaler Konstruktivismus*, Francfort, 1997 : 153, trad. allemande de *Radical Constructivism. A Way of Knowing and Learning*, Londres 1995). Il n'est sans doute pas sans intérêt de noter que, selon Glasersfeld, le terme de "réflexion" sera, un siècle plus tard, repris par Piaget en un sens tout à fait compatible avec celui que lui donne Humboldt à la suite de Kant et qu'il dénote un des concepts fondamentaux sur lesquels s'édifie son propre constructivisme. On peut dire que l'attitude de Humboldt est elle-même constructiviste.

n'est pas la même chose. C'est cette distance par rapport à son expérience qui constitue l'humanité de l'homme.

Glasersfeld propose le commentaire suivant :

> " 'Saisir en une unité ce que (l'esprit) vient de penser', cela veut dire le retrancher du flot constant de l'expérience. C'est *littéralement une sorte d'abstraction*, certes de l'espèce la plus simple. Une attention vigilante est dirigée sur une portion de l'expérience qu'elle isole de ce qui a précédé et de ce qui suit pour le traiter comme une unité close."[23]

On peut dire cela autrement :

> "La conscience (...) est réflexive par nature (réflexion sur soi, sur ses actes, sur sa connaissance). (...) *La conscience est ce quelque chose capable de se regarder soi-même*. Voilà le fruit le plus précieux et le plus fragile de la complexité humaine."[24]

Cette dernière formulation, empruntée à la théorie de la complexité[25] donne la mesure de la modernité de la pensée de Humboldt.

On peut aller plus loin encore. L'idée que la réflexion opère une modélisation de son propre contenu conduit à dire que la relation sujet-objet, qui les constitue l'un et l'autre, l'un par l'autre, l'un en face de l'autre, est une *relation circulaire*, ie. en boucle (mais non une relation spéculaire, ie.en miroir), car la conscience du sujet qui naît de cette relation introduit à une *connaissance de second ordre*, une méta-connaissance, laquelle

> "sans se séparer de la connaissance de premier ordre, se situe à un méta-niveau par rapport à celle-ci. La connaissance de la connaissance comporte réflexion permanente de la connaissance sur elle-même."[26]

---

[23] Glasersfeld, E. v., op. cit. 153-154.

[24] Morin,E., "L'épistémologie von Foersterienne", in *Seconde cybernétique et complexité. Rencontres avec Heinz von Foerster*, Andreevsky, E. / R. Delorme (éds.)., 2006 :101.

[25] Cf. Morin, E. : *Introduction à la pensée complexe* (1990).

[26] Morin, E., "L'épistémologie von Foersterienne", in *Seconde cybernétique et complexité. Rencontres avec Heinz von Foerster*, Andreevsky, E. / R. Delorme (éds.)., 2006 :100.

Cette connaissance de second ordre est un processus

> “dont les produits et les effets sont nécessaires à leur propre production et à leur propre causation. C’est un processus en boucle. (...) Les individus produisent la société, laquelle produit certaines qualités propres : culture, langage, etc. qui rétroagissent sur les individus. La société produit les individus qui produisent la société.”[27]

Ces dernières phrases formulent les sujets de recherche que, sa vie durant, Humboldt s’est efforcé de formuler et d’approfondir et qui concernent

- la relation entre les individus et la société à laquelle ils appartiennent et qu’ils fondent ;
- la relation réciproque entre la société, la langue et la culture.

Il paraît donc justifié de voir dans les thèses qui viennent d’être commentées la matrice de son œuvre future.

La 4è thèse résume cette conception de l’activité de penser :

> “4. L’essence de l’activité de penser consiste donc à découper des segments dans son propre déroulement ; par là, à former des totalités à partir de certaines portions de son activité ; à opposer chacune de ces formations les unes aux autres, et toutes ensemble en tant qu’objets au sujet pensant.”

Puis, en bonne orthodoxie kantienne, Humboldt précise le rôle de la sensibilité dans le processus de la connaissance. Ce sera l’objet de la thèse 5.

2) **La sensibilité** (thèse 5)

> “5. Aucune activité de penser, même la plus pure, ne peut se produire autrement qu’à l’aide des formes générales de notre sensibilité ; c’est seulement en elles que nous pouvons saisir la pensée et pour ainsi dire la retenir.”

La sensibilité est nécessaire à l’exercice de l’activité de penser ; c’est encore une proposition kantienne : on ne peut retenir la pensée que par les formes sensibles. Sur ce point également,

[27] Morin, E., op.cit. 98.

Humboldt prend appui sur Kant. Dans la *Critique de la raison pure*, par opposition à l'entendement, défini comme la faculté qui nous permet de penser les objets, la sensibilité est comprise comme la faculté de recevoir des représentations des objets matériels qui nous affectent. Avec Kant, Humboldt conçoit le processus de formation de l'objet de connaissance comme la rencontre d'un élément formel et d'un élément matériel. L'élément formel est fourni par l'activité de penser. L'élément matériel est constitué par les impressions faites sur la sensibilité par le monde extérieur. Les sens ne donnent qu'une multiplicité de sensations. La liaison de cette multiplicité est un acte de la faculté représentative. Nos représentations ne sont pas de simples réceptions et enregistrements passifs, mais des actes de l'esprit. Les images ne proviennent pas d'un objet tout fait, mais elles mènent à lui : ce sont les conditions constitutives de sa possibilité. C'est une "synthèse", dit Kant ; elle est produite par le sujet, c'est-à-dire que nous ne pouvons rien nous représenter comme lié dans l'objet sans l'avoir d'abord lié nous-mêmes.

Humboldt adopte la "synthèse" kantienne de conjonction de la sensibilité et de l'activité de penser. Comme le dira plus tard Husserl dans le sillage de Kant, "toute conscience est conscience de quelque chose", représentation d'un objet qui vient la limiter.

3) **La fonction de médiation du langage** (thèses 6 et 7)

Jusqu'ici, Humboldt a mis en place le cadre dans lequel il installe l'activité de penser. Il est maintenant en mesure de dire comment elle s'effectue. C'est l'objet de la thèse 6.

> "6. Pour désigner les unités sensibles qui réunissent certaines portions de l'acte de penser pour être opposées en tant que parties à d'autres parties d'un ensemble plus vaste et en tant qu'objets aux sujets, on emploie le terme de langage au sens le plus large du terme."

C'est par le langage que s'effectue la synthèse de l'entendement et de la sensibilité : le langage est une activité cognitive par laquelle une forme sensible peut être donnée aux unités qui résultent du découpage par la pensée de la réalité objective. S'il n'emploie pas les termes de "signifiant" et de "signifié", Humboldt a une conception de la structure du langage tout à fait analogue à celle de Saussure : une "forme sensible" est donnée à "certaines portions de l'acte de penser". Le langage permet d'objectiver le système d'oppositions entre les éléments hiérarchiques décrits dans la thèse 4. Le langage a donc désormais une fonction et une structure.

Avec la thèse suivante, on arrive au point où Humboldt donne au kantisme son prolongement naturel dans la philosophie du langage.

> "7. Le langage commence donc immédiatement avec le premier acte de réflexion et, dès que l'homme quitte la torpeur de la convoitise (Dumpfheit der Begierde) où le sujet dévore l'objet, et qu'il s'éveille à la conscience de soi, le mot est là et constitue pour ainsi dire la première impulsion que l'homme se donne à lui-même pour s'arrêter soudain, regarder autour de soi et s'orienter."

"Le langage commence avec le premier acte de réflexion" : il n'y a pas d'antériorité de la pensée, il y a au contraire concomitance. Avec le langage, l'homme s'éloigne de l'animalité (qui est en proie à la "convoitise" de l'instinct : "où le sujet dévore l'objet") et il accède à la condition d'homme. Le langage est *ce qui permet* à l'homme de "s'éveiller à la conscience de soi", c'est-à-dire qu'il est en réalité la cause de la réflexion. A tout le moins, il faut dire qu'il y a causation réciproque entre le langage et la conscience de soi.

Et le lieu de cette synthèse, c'est le *mot*. Pour Quillien,

> "Humboldt analyse ici comment le langage devait nécessairement être inventé. Il part d'un fait, l'acte de penser, et, selon une démarche transcendantale, cherche à atteindre, en l'analysant, sa condition de possibilité : il faut parler pour penser."[28]

Le langage est inséparable de la condition humaine.

Le philosophe américain contemporain Dennett a proposé dans *La diversité des esprits*[29] une phénoménologie de l'émergence du langage qui permet de mesurer la profondeur

---

[28] Quillien, J. *L'anthropologie philosophique de G. de Humboldt.* Lille, 1991 : 595.

[29] Dennett, D. *La diversité des esprits*, Paris, 1996.

de l'intuition de Humboldt. Il est donc intéressant de s'y arrêter.

Les animaux chassent, écrit Dennett, mais ils ne savent pas qu'ils chassent.

> "Des mécanismes dépourvus de pensées semblent tout à fait capables de produire les opérations suivantes : attraper et manger, se cacher et fuir, s'attrouper et se disperser. Mais existe-t-il (chez les animaux) des comportements qui soient nécessairement accompagnés, précédés et contrôlés par des pensées intelligentes ? (157)

Dennett établit une distinction radicale entre le comportement animal et le comportement humain. Comment la pensée naît-elle ?

> "Une étape importante pour la constitution de la personne consiste à passer du statut de système intentionnel de *premier degré* au statut de système intentionnel de *deuxième degré*. Un système intentionnel de premier degré désire et croit de nombreuses choses, mais ne désire et ne croit *pas* des désirs et des croyances. Un système intentionnel de deuxième degré croit et désire des croyances et des désirs, les siens ou ceux d'autrui." (...) L'étape décisive (est) le passage du premier au deuxième degré." (159)

C'est ce passage du premier au deuxième degré qui constitue l'homme dans sa spécificité : le passage du comportement rationnel (adapté) à la *représentation* de la rationalité du comportement. Les rationalités qui expliquent l'intentionnalité des animaux, même les plus évolués, sont contenues dans les plans de leurs systèmes nerveux. Les rationalités animales sont des capacités fixes,

> "c'est-à-dire qu'elles ne peuvent pas être 'transportées' pour être mises au service d'autres problèmes rencontrés par l'individu ou partagés par d'autres individus." (172-3)

En quoi peut bien consister la différence entre un cerveau qui ne possède que cette connaissance fixe et un cerveau qui se représente la connaissance dont il a déjà une représentation ? La réponse de Dennett est que le second dispose de *symboles*. Car un savoir implicite transcrit par un moyen de représentation explicite devient évidemment explicite. Les symboles sont des signes (ou des signaux) qui peuvent être déplacés et manipulés facilement comme des objets du monde extérieur ; ils peuvent former des structures plus grandes ; ils peuvent être échangés.

> "Un signe rend le monde plus simple, en remplaçant une tâche difficile --voire impossible-- fondée sur la mémoire et la reconnaissance par une tâche facile fondée sur la perception." (178)

Cette représentation devient donc un *outil* et

> "parmi les outils mentaux (...), il va de soi qu'il n'en est pas de plus important que les mots --parlés d'abord, écrits ensuite. Les mots nous rendent plus intelligents en facilitant la tâche de la connaissance, de la même façon (mais à une tout autre échelle) que des balises et des indices permettent aux créatures plus simples de naviguer plus facilement dans le monde. Naviguer dans le monde multidimensionnel des idées est tout simplement impossible si l'on ne dispose pas d'énormes stocks de signes que l'on peut déplacer et mémoriser pour pouvoir les partager, les critiquer, les enregistrer et les regarder selon diverses perspectives."[30]

Dennett conclut :

> "Dans l'histoire de l'esprit, aucune étape n'est plus décisive, foudroyante et riche en conséquences que l'invention du langage. Quand l'*Homo sapiens* a pu bénéficier de cette invention, toute l'espèce humaine a été en quelque sorte projetée à une telle distance qu'elle a laissé loin derrière elle toutes les autres espèces vivant sur terre, du moins en ce qui concerne le pouvoir de prédiction et de réflexion. Ce qui vaut pour les espèces vaut tout autant pour les individus. Dans la vie d'une personne, aucune étape n'est d'une importance aussi extraordinaire pour son développement que le fait d'"apprendre" à parler." (192)

Bien que ce soit chronologiquement paradoxal, on peut dire que Humboldt résume bien la pensée de Dennett lorsqu'il écrit dans sa thèse 14 :

> "Personne, en dehors de l'homme, n'invite ses semblables à comprendre en pensant avec lui, mais tout au plus les invite à agir en sentant avec lui."

La pensée verbalisée est un substitut manipulable de la réalité concrète. Les mots permettent de synthétiser nos représentations.

---

[30] *op. cit.* 191.

> "La pure et simple contemplation d'une représentation, écrit encore Dennett, suffit pour que toutes les informations appropriées viennent à l'esprit. Nous sommes maintenant à même de comprendre les objets que nous avons créés. Donnons donc le nom de concept à ces nœuds artificiels qui peuplent notre mémoire, à ces pâles ombres de mots prononcés et entendus. Un concept est donc une marque interne qui peut ou non inclure parmi ses multiples associations les caractéristiques d'un mot entendu et articulé (...) Je suppose donc que les mots sont les prototypes ou les précurseurs des concepts." (196)

Les animaux ont un savoir-faire, c'est-à-dire une sorte de sagesse pratique. Mais ce n'est pas un savoir qu'on peut prendre comme objet de représentation. Ce qui manque, c'est la réflexion et la possibilité de se prendre soi-même pour objet de réflexion.

> "Aucun mammifère dépourvu de langage ne peut avoir un concept de neige comme nous en avons un, parce qu'aucun mammifère dépourvu de langage n'a un moyen de considérer la neige "en général" ou "en elle-même." (206)

Ces développements d'un philosophe contemporain permettent de mesurer la portée implicite des thèses 6 et 7 de Humboldt sur l'émergence du langage. Pour Humboldt comme pour Dennett, la différence entre l'intelligence animale et la pensée humaine s'explique par la *réflexion* (comprise comme retour sur soi par l'un et par l'autre) et

> "la pensée --notre forme de pensée-- n'a pu émerger avant l'apparition du langage." (171)

Il y a donc causation réciproque entre la réflexion et le langage.

4) Les conditions d'exercice du langage (thèses 8 à 13)

Dans sa construction théorique, Humboldt est maintenant parvenu au point où il doit analyser la réalité concrète de la quête de l'homme qui, dit-il, est "à la recherche du langage".

> "8. L'homme à la recherche du langage cherche des signes qui lui permettront, grâce aux parties qu'il a découpées dans son activité de penser, de saisir des ensembles en tant qu'unités. Pour de tels

signes, les phénomènes liés au temps sont plus commodes que les phénomènes liés à l'espace."

Mais avant d'en venir à la place dévolue à l'espace et au temps, qui fait l'objet des thèses 8 à 12, il faut s'arrêter sur cette expression : "*l'homme à la recherche du langage*". On peut en effet se demander s'il n'y a pas une contradiction à dire maintenant que l'homme est à la recherche du langage, alors qu'on l'a auparavant défini par la faculté de langage.

Le moyen de lever la contradiction est d'inscrire les deux affirmations dans une dynamique de l'évolution à l'instar de ce que fait E. Morin lorsqu'il écrit :

> "Il est sensé de penser que c'est le langage qui a créé l'homme et non l'homme le langage, mais *à condition d'ajouter que l'hominien a créé le langage.*"[31]

Lorsqu'en 1820, Humboldt reviendra à ses études après une interruption de près de quinze années, il écrira dans un long texte programmatique intitulé *Sur l'étude comparée des langues en relation avec les différentes époques du développement du langage* (*Über das vergleichende Sprachstudium in Beziehung auf die verschiedenen Epochen der Sprachentwicklung*) la phrase suivante :

> "L'homme n'est homme que par le langage, mais pour inventer le langage, il devait déjà être homme" (§ 13).

Cette phrase est un écho direct de la précédente de 1795. On ne peut donc pas considérer qu'elle est une contradiction fortuite, une inconséquence, mais au contraire, on doit admettre qu'il s'agit de quelque chose de fondamental et accepter simultanément les deux affirmations.

S'il n'y a pas contradiction entre les deux affirmations, il y a du moins une certaine circularité. Cette circularité est celle de la relation sujet-objet, dont on a vu que Humboldt la posait en fait dès ses premières thèses (thèses 1 et 2) comme constitutive de l'homme.

Il est maintenant loisible d'aborder l'aspect de la thèse 8 qui concerne la place dévolue à l'espace et au temps comme conditions d'exercice du langage. Elles font l'objet non seulement de la thèse 8, mais également des thèses 9 à 12.

---

[31] Morin, E. *Le paradigme perdu : la nature humaine*.Paris, 1973 : 86.

Pour donner forme par la sensibilité à des unités de sens, les phénomènes liés au temps sont, dit Humboldt dans la thèse 8, “plus commodes que les phénomènes liés à l’espace.”

Humboldt prend pour point de départ l’idée kantienne que l’espace et le temps sont les conditions de possibilité de l'expérience. Le temps est même prioritaire : il est la condition de toute intuition, même spatiale. C’est ce qu’enseigne la *Critique de la Raison pure.* Humboldt s’aligne sur cette idée d’une supériorité du temps en affirmant que l’inscription dans le temps est “plus commode”. C’est cela qui fait de la langue la forme privilégiée du langage, comme l’affirment les propositions 9 à 11 :

> “9. Les contours de choses posées les unes à côté des autres se confondent facilement dans l’imagination comme elles le font devant les yeux. En revanche, dans la succession temporelle, l’instant présent découpe une limite nette entre le passé et le futur. Entre être et ne-plus-être, aucune confusion n’est possible.
> 10. L’œil, immédiatement et à lui seul, ne distinguerait pas d’autres frontières qu’entre différentes couleurs, mais pas les contours de différents objets. Il ne parvient à faire cette distinction que grâce à la main qui tâtonne et qui, donc, glisse sur l’objet en utilisant la succession du temps, ou bien grâce au geste qui détache un objet de l’autre. C’est sur l’un ou sur l’autre procédé qu’il construit ensuite ses conclusions par analogie.
> 11. De tous les changements dans le temps, les plus tranchants sont ceux que la voix opère. Ils sont également les plus brefs et, du fait qu’ils sont produits par l’homme lui-même avec le souffle qui l’anime et qu’ils disparaissent instantanément, ils sont de loin les plus vivants et les plus suggestifs.”

Supériorité du temps : il a un pouvoir discriminant plus grand que l’espace qui, d’une certaine manière, n’existe que par le temps. Supériorité de la voix parmi les phénomènes temporels : la vision, liée à l’espace, peut prêter à confusion, elle offre plus de latitude à l’imagination, alors que la succession temporelle découpe clairement l’instant présent entre le passé et le futur. Le privilège ainsi accordé au temps permet de passer du langage à la langue.

> “12. Les signes verbaux sont donc nécessairement des sons (Töne) et, selon l’analogie secrète qui existe entre toutes les facultés de l’homme, celui-ci devait, dès qu’il reconnaissait nettement un

objet comme séparé de lui, immédiatement exprimer le son qui devait le désigner."

Dire que "les signes verbaux sont nécessairement des sons" clôt la discussion sur les conditions d'exercice du langage. Postulant une "analogie secrète" des structures entre l'entendement et la sensibilité, Humboldt fait correspondre des unités sensibles (les sons) aux objets isolés par l'entendement : c'est-à-dire qu'il fait correspondre des signifiants sonores aux signifiés mentaux. Les thèses 6 et 7 étaient orientées vers la définition du terme *langage* et vers sa fonction. La thèse 12 indique pourquoi et comment c'est aux sons qu'a été confié le rôle de rendre le langage perceptible, ie. communicable, pourquoi c'est à la langue qu'a été confiée la fonction du langage.

Dans la thèse 13, Humboldt signale un autre avantage des sons pour la construction d'une langue articulée : la facilité avec laquelle ils peuvent se combiner correspond à la combinabilité analogue des concepts, ce qui sauvegarde le parallélisme indispensable entre les deux composantes de la langue.

> "13. La même analogie poursuivit son action. Lorsque l'homme chercha des signes verbaux, son entendement eut la charge de faire des distinctions. Il constitua des totalités qui n'étaient pas des choses réelles, mais des concepts, qui permettaient donc un libre traitement, une séparation réitérée et une nouvelle liaison. En accord avec cela, la langue (Zunge) choisit donc aussi des sons articulés et les choisit tels qu'ils se composaient d'éléments permettant des compositions nouvelles multiples."[32]

5) Constitution de la communauté humaine par le discours (thèses 14 à 16)

Les trois dernières thèses évoquent de manière succincte des problèmes qui dépassent l'objet principal de ce texte, qui était la relation entre pensée et langage dans la perspective ouverte par Kant. Elles sont l'embryon de développements futurs.

C'est d'abord (thèse 14) l'idée que le langage est un phénomène strictement humain qui invite à penser et à

[32] Humboldt choisit ici le terme "Zunge" pour désigner la seule composante matérielle de la langue, ce que ne pourrait faire le terme "Sprache".

comprendre à plusieurs, alors que les animaux ne savent qu'*agir* collectivement.

> "14. De tels sons n'existent pas ailleurs dans la nature parce que personne, en dehors de l'homme, n'invite ses semblables à comprendre en pensant avec lui, mais tout au plus les invite à agir en sentant avec lui." (souligné par moi)

C'est la communication humaine qui est évoquée ici. On voit apparaître dans cette thèse une anticipation sur la pensée verbale comme substitut manipulable de la réalité concrète qui fonde la supériorité de l'homme et de la société humaine. Cette thèse évoque déjà le dialogue, la mise en commun des pensées et tout ce que la communication peut entraîner pour le développement d'une communauté

C'est ensuite (thèse 15) l'idée que le langage humain est toujours un langage articulé dont les sons ressemblent aux sons naturels, mais ne se confondent pas avec eux.

> "15. L'homme n'accepte donc dans son langage aucun son naturel à l'état brut, mais il forme toujours un son articulé qui lui ressemble."

Cette thèse évoque peut-être l'idée de différences possibles entre les langues, aussi bien en ce qui concerne les sons eux-mêmes que la façon de les articuler.

C'est enfin (thèse 16), l'idée que le langage de la pensée, s'il se distingue de l'expression des émotions, peut tout de même leur faire place.

> "16. Il distingue même tout à fait du langage son propre cri d'émotion ; et en cela l'émotion guide très justement les personnes les plus cultivées aussi. S'il est si ému qu'il ne peut plus penser à détacher l'objet de lui au moins dans sa représentation, il pousse le cri de nature ; dans le cas contraire, il parle et se contente de hausser le ton à la mesure de son affect."

C'est la combinaison de la pensée et de l'émotion dans le langage humain et donc une complexité possible de sa fonction et de son organisation qui est évoquée.

En conclusion, on peut dire que le texte de 1795 établit de manière définitive que *tout passe par le langage*. Humboldt donne au langage un statut transcendantal en le pensant comme co-extensif à l'entendement et comme condition de possibilité de toute constitution d'un savoir et de toute action humaine. Cette seconde révolution eût naturellement été impossible sans la première révolution opérée par Kant. De cette seconde révolution, Humboldt passera toute sa vie à tirer les conséquences.

6) L'influence de Herder et de Kant

Les apprentissages que fit Humboldt au cours des années de 1789 à 1806, entre le déclenchement de la Révolution française et la défaite prussienne à Iéna, ont eu deux sources : les voyages et les lectures.

Humboldt voyagea en France et en Espagne. Il fit deux longs séjours à Paris en 1789 et en 1797. Lors du second, il fréquenta les cercles philosophiques et les salons mondains de Paris et se lia notamment avec Sieyès. Son intérêt pour le langage et les langues (notamment pour la langue basque) est manifeste dès ce moment. Il visita le pays basque et écrivit plus tard une monographie sur le pays et sa langue.

En ce qui concerne les lectures, Cassirer écrit que Humboldt

> "se trouve être à la fois l'élève de Herder et celui de Kant"[33].

Mais il est impossible de mettre l'un et l'autre sur le même plan. La vision critique de Kant a pour la conception même du premier texte de Humboldt une importance décisive. C'est elle qui lui permet de construire le socle sur lequel il édifie sa philosophie du langage. Et l'influence de Kant demeurera sensible dans d'autres domaines, comme on le verra. Quillien pense même, à raison, me semble-t-il, que Humboldt "finit par se rallier entièrement" à sa philosophie[34].

En 1795, Humboldt est à la recherche de lui-même, à la recherche de son propre questionnement et des catégories sur lesquelles il va fonder ses investigations. On le voit bien à la lecture des textes qu'il écrit alors. Outre celui qui a été com-

---

[33] Cassirer, E. *Logique des sciences de la culture* : 90.

[34] Quillien, J., *G. de Humboldt. Le 18è siècle, Plan d'une anthropologie comparée* Lille (PU) 1995 : 12.

menté ci-dessus, Humboldt rédige en 1796 et 1797 *Le Dix-huitième siècle* et *Plan d'une anthropologie comparée*, dans lesquels il se pose les questions concernant le devenir de l'humanité que suscitaient les événements historiques auxquels il avait assisté. Quillien, qui a édité ces deux textes, affirme que

> "ces écrits ne sont que des brouillons plus ou moins longs, des notes préparatoires en vue d'un ouvrage projeté",

dont le texte définitif n'a jamais vu le jour[35]. On peut, du reste, se demander si leur problématique anthropologique n'a pas été elle aussi inspirée par Kant, qui avait donné pendant plusieurs années un cours publié en 1797 sous le titre *Anthropologie du point de vue pragmatique*[36].

Herder avait écrit en 1772 un discours "*Sur l'origine du langage*" qui avait eu un grand retentissement. Cassirer écrit même à ce propos que le discours de Herder

> "a été décisif pour l'histoire spirituelle générale du 18è siècle"[37].

Pour Herder, toute l'histoire de l'humanité commence avec le langage. Comme on l'a vu, Humboldt souscrivait à une telle assertion. Mais pour Herder, dit Cassirer[38],

> "toute langue s'enracine dans le sentiment et dans son extériorisation immédiate et impulsive".

Une telle description est étrangère à ce que pense Humboldt. Cassirer poursuit :

> "L'essence et l'authentique 'forme' spirituelle du langage (...) ne naît que lorsqu'une nouvelle force primitive de l'âme, qui distingue dès l'origine l'homme de l'animal, se manifeste par son activité."[39]

Cette force est une

> "force primitive de *discernement* spécifiquement humaine".

---

[35]Quillien, J.Introduction à : *G.de Humboldt. Le dix-huitième siècle. Plan d'une anthropologie comparée*, Presses Universitaires de Lille, 1995

[36] Kant, I. *Anthropologie du point de vue pragmatique*, Paris 2009. Cf. l'introduction de M. Foucault p. 9.

[37] Cassirer, E. *Philosophie des Formes symboliques. I. Le langage.* Paris 1972 : 99.

[38] *ibid.*

[39] *ibid.*

Sur ce point aussi, l'influence de Herder est possible.

Cassirer cite ensuite un long passage du traité de Herder dans lequel certaines expressions entrent assurément en résonance avec certains passages de Humboldt :

> "L'homme montre de la réflexion lorsque la force de son âme agit assez librement pour pouvoir, dans tout l'océan de sensations qui gronde en elle par tous les sens, distinguer une vague, l'arrêter, y appliquer son attention, et prendre conscience de cette attention. Il montre de la réflexion lorsque, sortant du rêve de toutes ces images flottantes qui effleurent ses sens en passant, il peut se recueillir en un moment de veille, s'attarder volontairement sur une image, y appliquer un soin clairvoyant et plus serein, et en tirer des signes à son usage pour indiquer qu'il s'agit bien de cet objet et non d'un autre. Il montre également de la réflexion lorsque, non seulement il peut connaître avec netteté ou clarté toutes les propriétés, mais encore en reconnaître une ou plusieurs comme distinctives par soi (...). Qu'est-ce qui permet cette reconnaissance ? Un signe qu'il doit détacher et qui, comme signe de la réflexion, s'impose avec clarté en lui. Allons ! crions-lui eurêka ! Ce premier signe de la réflexion était le mot de l'âme ! Avec lui nous avons trouvé le langage humain."[40] (souligné par moi)

Il est indéniable que le concept de *réflexion* de Herder est bien celui de Humboldt. et les passages soulignés rappellent le mécanisme que décrit Humboldt. Mais pour Humboldt, la réflexion n'est pas "le mot de l'âme" : elle est le moment du retour sur soi de la conscience, qui fonde l'humanité de l'homme. Sa conception de la réflexion est proprement kantienne.

Il y avait entre Kant et Herder un désaccord profond, même s'il resta masqué quelque temps. Leurs conceptions philosophiques étaient antithétiques. Hansen-Loeve[41] a montré, à propos de la notion de "providence", l'ampleur de l'incompréhension réciproque. Pour Herder, la providence était

[40] Cassirer, E. *Philosophie des Formes Symboliques, I. Le langage* Paris 1972 :100.

[41] Hansen-Loeve, O. "Kant critique de Herder", in : Pénisson, P. (éd.) *Herder et la philosophie de l'histoire* 1997 : 139.

> “l’action que Dieu exerce sur le monde en tant que volonté conduisant les événements à des fins”.

Pour Kant, elle était “l’ordonnance d’un sage créateur”, comme il l’écrit dans son *Idée pour une histoire universelle du point de vue cosmopolitique* (1784)[42]. Elle

> “introduit, disait-il, une intelligibilité métaphysique dans l’histoire”.

Au contraire, dit Hansen-Loeve, Herder voyait dans la providence

> “un principe d’inintelligibilité, d’impénétrabilité qui est constitutif de sa vision de l’historicité.”[43]

Les rôles de Kant et de Herder dans la formation de la pensée de Humboldt sont donc clairs. Peut-être Humboldt est-il redevable à Herder d’une problématique linguistique ; mais celle-ci était, en fait, dans l’air du temps et les journaux de voyages de Humboldt montrent qu’elle lui appartenait bel et bien. Le rôle qu’elle joue dans le développement de sa pensée est du même ordre que la Révolution française : elle pose des problèmes. Mais c’est chez Kant que Humboldt a trouvé les moyens de répondre à ses interrogations.

Le respect qu’il témoigne à Kant apparaît de façon éclatante dans l’hommage qu’il lui rend en 1830 dans le texte intitulé *Sur Schiller et son évolution intellectuelle*[44] :

> “Kant entreprit et mena à bien l’œuvre la plus considérable dont la raison philosophante soit redevable à un seul homme. Il soumit à examen toute la procédure philosophique en empruntant une voie sur laquelle il devait nécessairement se confronter aux philosophies de tous les temps et de toutes les nations, il en arpenta, délimita et aplanit le terrain, il détruisit les constructions illusoires qui y étaient édifiées et, ce travail achevé, il posa les bases sur les-

---

[42] Ce texte, intitulé *Idee zu einer allgemeinen Geschichte in weltbürgerlicher Absicht*, est accessible dans *Kant. Opuscules sur l’histoire.* Paris 1990 : 69-89. Selon Piobetta, traducteur et éditeur du volume, Kant fait, dans cet opuscule de 1784, acte d’“historien philosophe” en réponse à l’attente suscitée par un entrefilet de la *Gothaische gelehrte Zeitung*”. Ce texte sera commenté au chapitre X.

[43] *ibid.*

[44] *Über Schiller und den Gang seiner Geistesentwicklung* SW 3 : 327- 354.

quelles l'analyse philosophique rejoignait l'esprit humain naturel, qui avait été souvent induit en erreur et abasourdi par les systèmes antérieurs. Il ramena, au sens le plus vrai du mot, la philosophie dans les profondeurs du cœur humain. Il possédait pleinement tout ce qui caractérise le grand penseur et réunissait en lui des choses qui paraissent s'opposer ; la profondeur et l'acuité, une dialectique qui n'a peut-être jamais été dépassée, sans que, pour autant, l'esprit perde le moyen de comprendre aussi la vérité qui ne peut être atteinte sur cette voie, et le génie philosophique qui développe dans toutes les directions les fils d'un vaste réseau d'idées et les fait tenir ensemble, et sans lequel aucun système philosophique ne serait possible. A propos des traces de son sentiment et de son cœur qu'on rencontre dans ses œuvres, Schiller a noté à juste titre que la haute vocation philosophique exige de réunir les deux qualités (de la pensée et du sentiment). Mais si on la laisse aller sur la voie où son esprit se révèle dans une direction, on apprend à connaître ce que le génie de cet homme a d'extraordinaire aussi dans son ampleur. Rien ne le laisse indifférent ni dans le domaine de la nature, ni dans le domaine du savoir, il fait tout entrer dans son cercle, mais comme le principe d'autonomie domine manifestement dans son intellectualité, son originalité brille le plus là où, comme dans les vues sur l'architecture du ciel étoilé, la matière, qui est en soi d'une nature sublime, offre un vaste champ à l'imagination sous la direction d'une grande idée. Car, chez Kant, l'ampleur et la puissance de l'imagination vont de pair avec la profondeur et l'acuité de la pensée. Je n'aurai pas l'outrecuidance de décider s'il subsiste peu ou prou de la philosophie kantienne jusqu'aujourd'hui et si elle subsistera à l'avenir, mais trois choses demeurent incontestablement assurées si on veut déterminer la gloire que Kant a apporté à sa nation et le profit qu'il a apporté à la pensée spéculative. Certaines choses qu'il a démolies ne se relèveront jamais ; certaines choses qu'il a fondées ne disparaîtront jamais ; et, ce qui est le plus important, il a ainsi donné un fondement à une réforme telle que toute l'histoire de la philosophie en connaît peu de semblable. Ainsi, avec la parution de sa Critique de la raison pure, la philosophie spéculative qui, chez nous, ne faisait guère parler d'elle fut éveillée à une activité dont il faut souhaiter qu'elle anime encore longtemps l'esprit allemand. Comme il enseigna moins la philosophie que le philosopher, qu'il communiqua moins ses découvertes qu'il n'alluma le flambeau de la recherche autonome, il suscita indirectement des systèmes et des écoles qui déviaient de lui et la liberté supérieure de son esprit est caractérisée par le fait qu'il fut capable de susciter des philosophies qui agissaient pour leur compte en parfaite liberté sur des voies qui leur étaient propres. Un grand homme est, dans chaque genre et à chaque époque, un phénomène dont la plupart du temps on ne peut rendre compte et, quand on le peut, ce n'est dans tous les cas que de manière très incomplète. Qui entreprendrait d'expliquer comment Goethe est soudain apparu, dans la plénitude et la profondeur de son génie, également grand dans les œuvres de son extrême jeunesse et dans ses œuvres plus tardives ? Et pourtant, il a fondé parmi nous une nouvelle époque de la poésie, il a donné à la poésie une forme nouvelle, il a imprimé à la langue sa forme, il a donné des impulsions décisives pour toute la suite à l'esprit de sa nation. Le génie, toujours nouveau et érigeant la règle, ne manifeste sa naissance que par son existence, et sa raison d'être ne peut être cherchée dans quelque chose qui existait auparavant et qui était connu ; en naissant, il se donne à lui-même sa direction. De l'état misérable dans lequel Kant découvrit la philosophie qui divaguait alors dans l'éclectisme, il ne put tirer une étincelle qui fût pour lui une incitation. Il serait également difficile de dire s'il trouva plus de choses chez les anciens philosophes ou chez les modernes. Lui-même, avec l'acuité de la critique qui est son côté le plus prégnant, était visiblement plus proche de l'esprit des temps nouveaux. C'est aussi un trait qui le caractérise d'avancer avec tous les progrès de son siècle, de prendre lui-même la part la plus active à tous les événements quotidiens. Tout en isolant plus qu'aucun autre avant lui la philosophie dans les tréfonds du cœur humain, personne sans doute ne lui a en même temps donné des applications aussi variées et aussi fécondes. De tels passages que l'on trouve en abondance dans tous ses écrits leur donnent un charme tout particulier."

III.

PRÉLUDE SUR LA LANGUE ET LA NATION

Latium et Hellas ou considérations sur l'antiquité classique

Latium und Hellas oder Betrachtungen über das klassische Altertum

(1806)

L'année 1806 a été marquée en Allemagne par des événements politiques considérables. La défaite de l'armée prussienne à Iéna et l'occupation du territoire de la Prusse par les Français ébranlèrent profondément la conscience nationale des Allemands. Humboldt, qui avait un poste diplomatique à Rome auprès du Vatican et s'occupait d'archéologie, écrivit à l'automne 1806 au ministre Hardenberg : "il m'est désormais pénible d'être oisif ici et de ne rien pouvoir faire pour ma patrie en difficulté". A partir de 1808, lorsqu'il fut appelé par le baron von Stein à la direction de l'enseignement et des cultes de la Prusse, Humboldt prit une part éminente à l'effort de reconstruction, notamment en initiant une réforme de l'université de Berlin. On voit apparaître dans les plans qu'il soumet au roi de Prusse l'idée que la fondation d'une véritable université à Berlin (il n'existait alors que quelques instituts et l'Académie fondée par Leibniz) contribuerait à unifier la nation autour de la Prusse en soutenant la langue allemande.

L'idée que la langue peut avoir un rôle politique joue déjà un rôle essentiel dans *Latium und Hellas*. L'admiration pour la culture gréco-latine caractérise la période classique en Allemagne (Winckelmann, Goethe, Schiller, Hölderlin) et l'admiration de Humboldt a été constante au long de sa vie. En 1793, il écrivit un essai "*Sur l'étude de l'antiquité, et de l'antiquité grecque en particulier*" (*Ueber das Studium des Altertums und des griechischen insbesondere*), auquel font suite "*Sur le caractère des Grecs*" (*Ueber den Charakter der Griechen*), puis en 1806 "*Latium et Hellas, ou considérations sur l'antiquité classique*" (*Latium und Hellas oder Betrachtungen über das klassische Altertum*). Son intérêt s'est manifesté également par d'importants travaux de traduction (Eschyle, Pindare). La Grèce antique était la patrie spirituelle de Humboldt.

> "Les Grecs, a-t-il écrit, ne sont pas seulement un peuple dont il est utile de connaître l'histoire, mais un idéal."

Ce sont les premières lignes de "*Über den Charakter der Griechen*".

> "Leurs mérites par rapport à nous sont tels qu'il est bon que nous imitions leurs œuvres et que nous rappelions dans notre âme oppressée par notre situation étouffante et mesquine la beauté et la liberté de la leur. (...) Ils sont pour nous ce que leurs dieux furent pour eux, la chair de notre chair, la moelle de nos os."[45]

La description des différents aspects de la civilisation et de l'histoire grecques qui y est déjà esquissée, se développe largement dans "*Latium und Hellas*". On peut penser que donner la Grèce en exemple avait alors à ses yeux une fonction patriotique.

Le texte de *Latium et Hellas* se divise en deux parties tout à fait différentes :

1) la première offre, sur un mode héroïco-lyrique, un tableau de la civilisation de la Grèce antique dans tous ses aspects. Cette description est entrecoupée de considérations philosophiques dont la cohérence n'est pas toujours aisée à établir, mais où l'on voit apparaître le concept d'"*idée*" qui est destiné à revêtir une importance particulière par la suite ;

2) la seconde partie propose un certain nombre de thèses sur la langue et la nation.

[45] "Ueber den Charakter der Griechen, die idealische und historische Ansicht desselben", *Schriften zur Altertumskunde SW* 2 : 25.

1) L'idée de "grécité"

La longue première partie descriptive s'achève dans un paragraphe qui en résume le sens par un néologisme : la "*grécité*" (*Griechheit*) :

> "A la question : comment se fait-il que cette forme excessivement belle de l'humanité ne se soit épanouie qu'en Grèce ? il n'y a en soi pas de réponse satisfaisante, dit Humboldt. C'était ainsi parce que c'était ainsi. Même l'instant où, et la manière dont la grécité (Griechheit) se manifesta pour la première fois sont historiquement difficiles à déterminer, et les causes qui contribuèrent à son développement sont à chercher par excellence en elle-même dans la mesure où elles sont de nature morale. (SW 2, 55, souligné par moi)

Comment faut-il comprendre le terme de "*grécité*" ? La réponse de Humboldt est qu'il n'y a pas d'explication au miracle grec : "c'était ainsi parce que c'était ainsi". C'est ce qu'il avait répété tout au long de la description qu'il vient d'en faire et qu'il redit en conclusion :

> "Si on se demande comment un peuple tel que les Grecs a pu apparaître, il serait vain de vouloir déduire pour ainsi dire mécaniquement sa formation de l'influence progressive de circonstances particulières." (SW 2, 54)

Pour Humboldt, tous les systèmes échafaudés pour expliquer la naissance des caractères nationaux sont insuffisants et contradictoires ; ils ne voient pas que le facteur auquel ils attribuent une influence

> "n'est en grande partie que la conséquence du caractère qu'ils doivent expliquer." (SW 3, 54)

Dans les mêmes conditions, d'autres nations auraient pris un autre tour. C'est faire injure à la nature humaine que de la croire soumise aux circonstances extérieures.

> "L'élément le plus essentiel dans la formation réussie du caractère d'une nation comme d'un individu est la forme originelle de sa particularité. (...) Toute la vie spirituelle de l'homme consiste à se saisir du monde, à le transformer en idée et à réaliser cette idée dans ce même monde qui lui donne sa matière, et la force et la manière dont cela se produit ne sont que définies autrement par

les circonstances extérieures, elles ne sont ni créées, ni fixées par elles." (SW 2, 54-55, souligné par moi)

Le terme de "particularité" d'une nation utilisé ici par Humboldt, la conception d'une "*idée*" à réaliser par la vie spirituelle de l'homme annoncent déjà des développements qui ne viendront que bien plus tard, à partir de 1820.

> "Une nation éminente ne doit donc son excellence qu'à sa seule individualité originelle et celle-ci naît d'elle-même et par miracle, aussi bien chez les individus que chez les peuples." (SW 2, 55, souligné par moi)

Avec le terme de "grécité", Humboldt résume l'essence de l'être-grec, ce qu'il appelle son "*idée*".

Qu'est-ce qu'une "*idée*" ? Dans son *Anthropologie du point de vue pragmatique* (publiée en 1797), Kant définit *l'idée comme un instrument de la raison* (qu'il faut distinguer de l'entendement : *Vernunft* vs. *Verstand*).

> "Les idées, écrit Kant, sont des concepts de la raison pour lesquels aucun objet ne peut être adéquatement donné dans l'expérience. (...) Elles sont les concepts d'une perfection dont l'homme peut toujours s'approcher sans jamais pouvoir l'atteindre pleinement"[46].

La "grécité" est le nom que Humboldt donne à l'*idée* qu'il se fait de la Grèce.

Un autre exemple d'un emploi strictement kantien du concept d'*idée* est donné par Schiller. Lorsque Goethe lui parla de la "plante originelle" (Urpflanze) qu'il croyait avoir découverte et dont il pensait qu'elle était à l'origine de tout le règne végétal, Schiller lui dit, à son étonnement, que cette "plante originelle" était pour lui non une expérience, mais une "*idée*", voulant dire par là : une construction sur la réalité, et même une construction sur la possibilité, à propos desquelles il ne se prononçait pas.

En ce qui concerne Humboldt, lorsqu'il parle de la "grécité", sa ferveur l'incite à croire à la réalité empirique de celle-ci, comme Goethe croyait à l'existence de la "plante originelle".

---

[46] *Kant. Anthropologie du point de vue pragmatique*, édité et commenté par M. Foucault. Paris 2009 : 150. "L'entendement est", dit-il (*ibid.*), "la faculté des règles, (...) la raison est le pouvoir de déduire du général le particulier."

2) Thèses sur la langue et la nation

Voici d'abord la traduction de la seconde partie de *Latium und Hellas*, consacrée au langage[47].

(1) "La plupart des circonstances qui accompagnent la vie d'une nation, le lieu de séjour, le climat, la religion, la constitution étatique, les mœurs et les usages, peuvent pour ainsi dire être détachées d'elle ; on peut en quelque sorte isoler, même s'il existe des effets en retour, ce qu'elles donnèrent et reçurent en fait de culture (Bildung). Mais l'une de ces circonstances est d'une nature absolument différente, elle est le souffle, l'âme de la nation elle-même, elle apparaît partout en même temps qu'elle et, qu'on la considère comme active ou passive, elle mène l'investigation dans un cercle permanent, c'est la langue.
(2) Si on ne prenait pas appui sur elle, toute tentative pour parler des qualités propres d'une nation serait vaine, car c'est dans la langue seulement que tout son caractère s'exprime et, en même temps, en elle, qui est le véhicule de l'intercompréhension du peuple, disparaissent les individualités pour faire apparaître quelque chose de général.
(3) En effet, un caractère individuel ne passe dans le caractère d'un peuple que par deux voies, la filiation et la langue. Mais la filiation elle-même paraît inefficace avant qu'un peuple soit né par la langue. Car on ne trouve que rarement que les enfants portent la particularité de leurs pères et on trouve toujours que les générations portent la particularité de leur groupe ethnique.
(4) La langue offre aussi une prise pour ainsi dire plus commode pour saisir le caractère, elle est un moyen terme entre le fait et l'idée et comme elle est formée d'après des principes généraux perçus au moins obscurément et qu'elle est composée la plupart du temps à partir d'un stock d'éléments préexistants, elle n'offre pas seulement des moyens de comparer plusieurs nations, mais elle fournit aussi une piste pour suivre l'influence d'une langue sur les autres.
(5) Nous devons donc examiner ici d'abord provisoirement les particularités de la langue grecque, commenter dans quelle mesure elle détermina le caractère grec ou dans quelle mesure celui-ci s'imprima en elle.

[47] Le texte allemand de cette dernière partie a été publiée sous le titre "Über die Natur der Sprache im allgemeinen" par M. Böhler dans : *Wilhelm von Humboldt. Schriften zur Sprache*, Stuttgart (Reclam) 1973. La numérotation des paragraphes est de mon fait et ne vise qu'à faciliter le commentaire.

(6) Si décrire le caractère d'un individu ou, à plus forte raison, d'une nation met déjà dans l'embarras, décrire le caractère d'une langue est encore plus problématique. Quiconque s'y est essayé, constate vite qu'il devient peu assuré quand il s'apprête à dire quelque chose de général et que, quand il veut entrer dans le détail, les formes solides lui échappent, comme un nuage qui couvre le sommet d'une montagne montre sans doute de loin une forme déterminée, mais s'effiloche en brouillard quand on y entre. Il sera nécessaire, pour vaincre cette difficulté, que nous nous engagions dans un développement détaillé sur le langage et sur la possibilité pour les langues particulières de se différencier.
(7) L'influence la plus pernicieuse sur un traitement intéressant de toute étude de langue a été exercée par la représentation limitée que la langue est née par convention et que le mot n'est que le signe désignant une chose qui existe indépendamment de lui ou le signe désignant un concept du même genre. Cette façon de voir, qui est, certes, incontestablement juste jusqu'à un certain point, mais tout à fait fausse au-delà, est fatale à tout esprit dès qu'elle commence à dominer et exclut toute vie et c'est à elle qu'on est redevable des lieux communs si souvent répétés : que l'étude des langues n'est nécessaire que pour des buts extérieurs ou pour développer occasionnellement des forces encore maladroites ; que la meilleure méthode est celle qui conduit au plus vite à la compréhension mécanique d'une langue et à son utilisation ; que toutes les langues sont à peu près équivalentes pour peu qu'on sache s'en servir correctement ; qu'il serait préférable que toutes les nations s'entendent sur l'usage de la même et tous les préjugés de la même espèce qu'on peut encore trouver.
A regarder de plus près, c'est exactement le contraire de tout cela qu'on découvre.
(8) Le mot est certes un signe dans la mesure où il est utilisé pour une chose ou un concept, mais, d'après la manière dont il est formé et dont il agit, il a un être propre et indépendant, il est un individu et la somme de tous les mots, la langue, est un monde intermédiaire entre le monde qui apparait en dehors de nous et celui qui agit en nous ; la langue repose certes sur la convention dans la mesure où tous les membres d'un peuple se comprennent, mais les différents mots ont d'abord été formés à partir du sentiment naturel du locuteur et compris par le sentiment naturel semblable de l'auditeur ; l'étude des langues enseigne donc, outre l'usage de la langue elle-même, à voir l'analogie entre l'homme et le monde en général et chaque nation en particulier qui s'exprime dans la langue et, comme l'esprit qui se manifeste dans le monde ne peut être connu de façon exhaustive par aucun ensemble donné de fa-

çons de voir, mais que chaque langue nouvelle découvre toujours quelque chose de nouveau, il serait bon au contraire de multiplier les langues différentes autant que le nombre des hommes habitant la terre le permet.

(9) Cela précisé, faisons maintenant une analyse aussi brève que possible de la nature du langage en général, d'où il ressortira bientôt par quels côtés les langues particulières dévient les unes des autres et à quel degré elles peuvent être différentes de valeur.

(10) La langue n'est rien d'autre que le complément de la pensée, l'effort pour élever les impressions extérieures et les sentiments intérieurs encore obscurs au rang de concepts clairs, et de lier ceux-ci les uns aux autres pour produire de nouveaux concepts.

(11) La langue doit donc adopter la double nature de l'homme et du monde, pour favoriser l'action dans les deux sens que l'un exerce sur l'autre ; ou plutôt, elle doit faire disparaître la nature propre de l'un et de l'autre, la réalité de l'objet et du sujet dans sa propre nature nouvellement créée, et ne garder de l'un et de l'autre que la forme idéale.

(12) Avant de poursuivre cette explication, nous voulons fixer provisoirement comme principe premier et suprême pour juger de toutes les langues : qu'elles ont toujours une valeur supérieure dans la mesure où elles n'ont pas de difficulté pour garder à la fois l'impression du monde avec fidélité, complètement et de manière vivante, les sentiments de l'âme avec force et émotion, et avec facilité la possibilité de réunir idéalement l'un et l'autre en concepts.

(13) Car la matière réelle que les langues saisissent doit être transformée idéalement et maîtrisée et parce que l'objectivité et la subjectivité -- qui sont en soi une seule et même chose -- ne sont distinguées l'une de l'autre que parce que l'action autonome de la réflexion les oppose l'une à l'autre, et puisque la compréhension est elle aussi une vraie action autonome qui a seulement été modifiée autrement, les deux actions doivent être réunies en une seule avec la plus grande exactitude possible.

(14) C'est-à-dire : il doit y avoir un accord libre entre les formes fondamentales originelles qui dominent l'âme et le monde, lesquelles formes ne peuvent être regardées distinctement en elles-mêmes, mais deviennent efficientes dès que l'esprit est mis dans l'état convenable -- un état que le langage justement, en tant qu'il est un produit né spontanément de l'action libre et naturelle de la nature sur des millions d'hommes à travers plusieurs siècles et sur de vastes étendues, en tant qu'il est une masse aussi considérable, insondable, mystérieuse que l'âme et le monde eux-mêmes, est en mesure de produire plus que quoi que ce soit d'autre.

(15) Pas plus que le mot n'est une image de la chose qu'il désigne, il n'est pour ainsi dire une simple indication que cette chose doit être pensée par l'entendement ou présentée à l'imagination. Il se distingue d'une image par la possibilité qu'il offre de se représenter la chose selon les points de vue les plus divers et de la manière la plus variée ; il se distingue d'une simple indication par sa forme sensible propre. Quiconque prononce le mot nuage (Wolke) ne pense ni à la définition, ni à *une* image déterminée de ce phénomène naturel. Tous les concepts et images différents qu'on en a, tous les sentiments qui s'ajoutent à sa perception, enfin tout ce qui est avec elle en quelque relation que ce soit, en nous et hors de nous, peut se (re)présenter (darstellen) à la fois à l'esprit, sans courir le risque de la confusion parce qu'*un* son le fixe et lui donne sa cohésion. Mais il fait encore plus et ressuscite tantôt l'un, tantôt l'autre, des sentiments qu'on a eus jadis grâce à lui et, quand il est en lui-même signifiant comme ici (où il suffit de comparer Woge (vague), Welle (lame), Wälzen (rouler), Wind (vent), Wehen (souffler), Wald (forêt), etc. avec lui pour s'en rendre compte), il met l'âme en accord avec l'objet, en partie de lui-même, en partie grâce au souvenir d'autres objets analogues. Ainsi le mot se révèle un être d'une nature tout à fait particulière, semblable à une œuvre d'art dans la mesure où, par une forme sensible empruntée à la nature, il rend possible une idée qui est étrangère à la nature, mais seulement dans la mesure où, pour le reste, les différences sautent aux yeux. Cette idée étrangère à toute nature est précisément ce qui rend seul les objets du monde susceptibles d'être utilisés comme matière à penser et à sentir, ce qui fait l'indétermination de l'objet, car ce qui est chaque fois présenté n'a besoin ni d'être toujours complètement peint, ni d'être fixé, mais au contraire présente toujours spontanément de nouvelles transitions --une indétermination sans laquelle l'autonomie de la pensée serait impossible--, ainsi que la vivacité sensible qui est une conséquence de la force spirituelle active dans l'usage de la langue. L'activité de penser ne traite jamais un objet isolément et ne l'utilise jamais dans la totalité de sa réalité. Elle prend seulement des relations, des rapports, des façons de voir et elle les relie. Le mot est donc loin d'être seulement un substrat vide dans lequel verser ces détails, mais il est au contraire une forme sensible, qui indique immédiatement par sa simplicité totale que l'objet exprimé lui aussi ne doit être présenté que selon les besoins de la pensée qui, par le fait qu'elle naît d'une action autonome de l'esprit, renvoie les forces de l'âme seulement conceptuelles à leurs limites, par sa capacité de transformation et par l'analogie avec les autres éléments verbaux prépare le lien que la pensée s'efforce de

trouver dans le monde et de produire dans ses propres productions et enfin par son évanescence lui permet de ne pas s'arrêter en un point, mais lui ordonne de se hâter vers le but du moment. De tous ces points de vue, la forme sensible, qui ne peut être pensée sans exercer en tant que telle une action qui devra être analysée plus loin, n'est en rien indifférente et on peut affirmer à raison que, même pour des objets tout à fait sensibles, les mots de différentes langues ne sont pas de parfaits synonymes et que quiconque dit *hippos*, *equus* et *Pferd* ne dit pas exactement la même chose.
(16) Là où il est question d'objets non sensibles, c'est encore plus le cas, et le mot acquiert une importance beaucoup plus grande en s'éloignant du concept habituel de signe encore beaucoup plus que pour les objets sensibles. Les pensées et les sentiments ont pour ainsi dire des contours encore plus flous, ils peuvent être saisis par des côtés encore plus variés et représentés dans des images sensibles plus variées qui suscitent chacune ses propres sentiments. Les mots de cette sorte, même lorsqu'ils renvoient à des concepts qui se résolvent parfaitement en définitions, sont donc encore moins synonymes."

3) Le nouveau socle théorique

Dans le premier paragraphe, la langue est rangée parmi les "circonstances qui accompagnent la vie d'une nation". Mais elle a un statut différent des autres circonstances, qui sont : l'implantation géographique, la religion, le régime politique et les mœurs. La langue est, dit Humboldt, "d'une nature absolument différente". Elle est "le souffle, l'âme" de l'être vivant collectif qu'elle constitue avec la nation (§ 1).

La définition qui est donnée ici de la langue est toute différente de la conception de 1795. Pour rendre l'allemand *Sprache*, on ne peut plus ici employer le terme de *langage* (qui désigne tout système de signes destiné à l'expression de la pensée et à la communication entre les hommes), mais on doit le traduire par *langue* (qui désigne le langage particulier d'un peuple). Dans le texte de 1795, le "langage" était considéré dans la perspective de *l'activité de penser* considérée dans l'abstrait, et il servait à la définition de l'humanité de l'homme. En 1806, la "langue" est considérée d'abord comme *ce qui fait exister une nation* en tant que telle. On est passé d'un universalisme abstrait à une conception ancrée dans le temps et l'espace. Langue et nation se présupposent réciproquement. Et si on ne prend pas appui sur la langue,

> "toute tentative pour parler des qualités propres d'une nation (est) vaine, car c'est dans la langue seulement que tout son caractère s'exprime et, en même temps, en elle, qui est le véhicule de l'intercompréhension du peuple, disparaissent les individualités pour faire apparaître quelque chose de général." (§ 2)

C'est la langue qui soude les individus en un peuple, qui forge son unité, ce n'est pas l'hérédité qui ne peut être que seconde, affirme encore Humboldt au § 3.

La langue offre, dit-il,

> "une prise pour ainsi dire plus commode pour saisir le caractère (national), elle est un moyen terme entre le fait et l'idée" (§ 4).

Si on prend le terme d'*idée* au sens du concept heuristique kantien qu'on a rencontré plus haut, on voit que la langue apparaît comme un moyen de saisir l'essence d'une nation.

> "Et comme elle est formée d'après des principes généraux perçus au moins obscurément et qu'elle est composée la plupart du temps à partir d'un stock d'éléments préexistants, elle n'offre pas seulement des moyens de comparer plusieurs nations, mais elle fournit aussi une piste pour suivre l'influence d'une langue sur les autres." (§ 4)

Avec ce paragraphe 4, Humboldt pose les fondements d'un programme de recherche sur les particularités nationales à la lumière des différences entre les langues. Ce programme sera réalisé à partir de 1820.

On peut mesurer en ce point l'évolution de Humboldt depuis 1795. Il voyait alors dans le langage une activité cognitive de l'individu consistant à donner une forme sensible aux unités résultant du découpage par la pensée de la réalité objective. A partir du texte de 1806, sans abandonner cette manière de voir, il donne de la langue une définition beaucoup plus complexe, il en fait l'instance médiatrice de l'action réciproque du monde et de l'homme. Un exemple en est donné, dit-il, par la langue grecque,

> "dans la mesure où elle détermina le caractère grec ou dans la mesure où celui-ci lui imprima sa marque." (§ 5)

Une description de la "grécité" doit donc passer par la description de la langue grecque et de son influence sur le caractère national. En généralisant, on peut dire qu'une description de l'*idée* doit emprunter la voie de la description de la langue. Mais décrire le caractère d'une langue est une tâche particulièrement délicate qui requiert comme préalable

> "un développement détaillé sur le langage et sur la possibilité pour les langues particulières de se différencier." (§ 6)

Une nouvelle conception de la nature du langage est exposée aux paragraphes suivants (§§ 7 et 8). "Le langage commence avec le premier acte de réflexion", avait-il écrit en 1795 : il n'y avait pas d'antériorité de la pensée sur le langage, et sans doute même fallait-il comprendre que, comme le langage est ce qui permet à l'homme de "s'éveiller à la conscience de soi", il est en réalité la *cause de la réflexion*. Comme on l'a vu, avec le langage, l'homme, ou plus exactement l'"hominien, change de statut en accédant à la véritable condition d'homme. En 1806, sans que cette fonction du langage soit remise en cause, Humboldt aborde le problème d'un point de vue différent. II revient d'abord (§ 7) sur les limites de la conception cartésienne de la langue.

> "L'influence la plus pernicieuse sur un traitement intéressant de toute étude de la langue, écrit-il, a été exercée par la représentation limitée que la langue est née par convention et que le mot n'est que le signe désignant une chose qui existe indépendamment de lui ou le signe désignant un concept du même genre." (§ 7)

Humboldt fait de la langue l'intermédiaire entre le monde phénoménal extérieur et le monde "qui agit en nous", investi par nos représentations et nos sentiments. La conception du langage de 1795 n'est pas répudiée :

> "le mot est certes un signe dans la mesure où il est utilisé pour une chose ou un concept (§ 8),

mais, en outre,

> "d'après la manière dont il est formé et dont il agit, il a un être propre et indépendant, il est un individu et la somme de tous les mots, la langue, est un monde intermédiaire entre le monde qui apparait en dehors de nous et celui qui agit en nous." (§ 8)

Le mot a une substance, la langue est un monde autonome entre le monde extérieur et le monde de nos représentations. La langue n'est pas seulement le résultat d'une convention, même s'il y a assurément convention dans la mesure où "tous les membres d'un peuple se comprennent" (§ 8). La langue repose aussi sur un "*sentiment naturel du locuteur*" :

> "Les différents mots ont d'abord été formés à partir du sentiment naturel du locuteur et compris par le sentiment naturel semblable de l'auditeur" (§ 8)

Le locuteur et l'auditeur, dont les rôles sont interchangeables, forment ensemble la cellule de base de la nation. Il faut donc admettre que "le mot est certes un signe", mais aussi qu'il est plus que cela :

> "d'après la manière dont il est formé et dont il agit, il a un être propre et indépendant, il est un individu et la somme de tous les mots, la langue, est un monde intermédiaire entre le monde qui apparaît en dehors de nous et celui qui agit en nous" (§ 8)

La langue a une substance, elle est un monde autonome entre le monde extérieur et le monde de nos représentations. La langue repose certes sur la convention, nécessaire pour permettre l'intercompréhension, mais la convention repose sur le fait que tous les hommes s'accordent pour voir le monde de manière analogue :

> "les différents mots ont d'abord été formés à partir du sentiment naturel du locuteur et compris par le sentiment naturel semblable de l'auditeur ; l'étude des langues enseigne donc, outre l'usage de la langue elle-même, à voir l'analogie entre l'homme et le monde en général et chaque nation en particulier qui s'exprime dans la langue." (§ 8)

L'étude des langues est un enrichissement, car chaque langue nouvelle découvre toujours quelque chose de nouveau, et de ce fait, dit Humboldt, non sans humour,

> "il serait bon (...) de multiplier les langues différentes autant que le nombre des hommes habitant la terre le permet." (§ 8)

4) Le langage est le facteur d'évolution de l'humanité

Ces huit premiers paragraphes ont permis d'établir le socle théorique sur lequel Humboldt appréhende la fonction du langage. Le langage, rappelle-t-il,

> "n'est rien d'autre que le complément de la pensée, l'effort pour faire d'impressions extérieures et de sentiments intérieurs encore obscurs des concepts clairs et de lier ceux-ci les uns aux autres pour produire de nouveaux concepts. " (§ 10).

Il crée un milieu homogène fait de représentations, dans lequel se déroulent les opérations de l'esprit, par le truchement desquelles le monde exerce son influence sur l'homme et l'homme peut agir en retour sur le monde. Le langage a pour fonction de

> "faire disparaître la nature propre de l'un et de l'autre, la réalité de l'objet et du sujet dans sa propre nature nouvellement créée, et (de) ne garder de l'un et de l'autre que la forme idéale." (§ 11)

Le "principe premier et suprême pour juger de toutes les langues" est qu'elles sont inégalement aptes à remplir leur fonction. Et il existe des critères pour les évaluer :

- le premier de ces critères concerne "*l'impression du monde*" : est-elle conservée "avec fidélité, complètement et de manière vivante" ?
- le second concerne "*les sentiments de l'âme*" : sont-ils conservés "avec force et émotion"?
- le troisième enfin concerne "*la possibilité de réunir idéalement l'un et l'autre en concepts*" : ce travail, qui est la fonction même de la langue, est-il accompli avec facilité ? C'est l'objet du § 12.

Le § 13 apporte encore quelque chose de nouveau. D'une part, comme en 1795, Humboldt fait "de l'action autonome de la réflexion" l'instrument de la distinction kantienne entre le sujet et l'objet :

> "l'objectivité et la subjectivité (...) ne sont distinguées l'une de l'autre que parce que l'action autonome de la réflexion les oppose l'une à l'autre." (§ 13).

Mais à cela il ajoute autre chose. Citée intégralement, la phrase ci-dessus est en effet la suivante :

> "l'objectivité et la subjectivité -- *qui sont en soi une seule et même chose* -- ne sont distinguées l'une de l'autre que parce que l'action autonome de la réflexion les oppose l'une à l'autre" (§ 13)

N'y a-t-il pas contradiction entre les deux éléments de la phrase ? Comment l'objectivité et la subjectivité peuvent-elles être "en soi une seule et même chose" et s'opposer l'une à l'autre par "l'action autonome de la réflexion" ?

Cette contradiction se résout si on tient compte de ce que le sujet est à la fois *un* et *multiple* : il est *un* dans sa fonction de sujet ; il est *multiple* parce que composé de deux ou plusieurs individus qui sont les interlocuteurs. Le sujet dont il est question ici n'est plus seulement le sujet transcendantal de 1795. C'est ce que laissait déjà entendre le § 8 dans la phrase :

> "la langue (...) repose certes sur la convention dans la mesure où tous les membres d'un peuple se comprennent, mais les différents mots ont d'abord été formés à partir du sentiment naturel du locuteur et compris par le sentiment naturel semblable de l'auditeur."

La langue est un bien commun à "tous les membres d'un peuple" qui se comprennent entre eux. Mais les mots de la langue "ont d'abord été formés à partir du sentiment naturel du locuteur", et ils ont été "compris par le sentiment naturel semblable de l'auditeur" dont l'action est symétrique de celle du locuteur. La langue s'est constituée dans l'intercompréhension et la cellule de base de constitution de la langue est faite du locuteur et de l'interlocuteur. Les deux actions, réflexion et compréhension,

> "doivent être réunies en une seule avec la plus grande exactitude possible" (§ 13).

Elles doivent coïncider. La communication n'est possible que parce que les interlocuteurs sont convaincus de cette coïncidence. Dans la réalité psychologique et sociale, la langue n'existe que dans la réciprocité de deux sujets qui doivent construire le même objet : le locuteur présuppose que son partenaire va faire un acte d'interprétation de même contenu que lui. C'est la présupposition de tout acte de communication. Dans une conception dialogique du langage, réflexion et compréhension sont inséparables et doivent se correspondre “avec la plus grande exactitude possible”. Et l’enjeu n’est pas mince : le langage est à même de créer la cohésion de la société par l’accord de ses membres sur l’interprétation du monde.

Empiriquement, ce processus s’est déroulé dans la durée : le langage est

> “un produit né spontanément de l’action libre et naturelle de la nature sur des millions d’êtres humains au cours de plusieurs siècles et sur de vastes étendues.” (§14).

Il est, de ce fait, quelque chose

> d’”aussi considérable, insondable, mystérieux que l’âme et le monde eux-mêmes” (§ 14).

Sa fonction est de mettre l’esprit dans “l’état convenable” pour créer

> “un accord libre entre les formes fondamentales originelles qui dominent l’âme et le monde” (§ 14).

Ces formes n’ont pu être distinguées que grâce au langage. C’est le langage qui a donné forme au monde par les mots, une forme récurrente, maîtrisable par l’esprit. Le langage est le facteur d’évolution de l’humanité.

⋆ ⋆
⋆

Le § 15 donne à la dernière partie de *Latium und Hellas* une conclusion qui élargit considérablement la perspective. Le point de départ est en effet le suivant :

> “Pas plus que le mot n’est une image de la chose qu’il désigne, il n’est pour ainsi dire une simple indication que cette chose doit être pensée par l’entendement ou présentée à l’imagination.”

Qu’est-il alors ? En 1795, le mot n’était considéré que comme une unité abstraite de découpage du monde dans une perspective kantienne élargie. En 1806, il ne cesse pas d’être cela, mais, en plus, Humboldt définit le mode d’être de cette unité :

- si *le mot n’est pas une image*, c’est en raison de la multiplicité des points de vue qu’il propose :

"il offre de se représenter la chose selon les points de vue les plus divers et de la manière la plus variée" (§ 15) ;

- s'*il n'est pas non plus "une simple indication"*, c'est en raison de sa forme sensible propre :

"Tous les concepts et images différents qu'on (...) a (par ex. du mot nuage : Wolke), tous les sentiments qui s'ajoutent à sa perception, enfin tout ce qui est avec (la perception) en quelque relation que ce soit, en nous et hors de nous, peut se (re)présenter (darstellen) à la fois à l'esprit, sans courir le risque de la confusion parce qu'*un* son unique le fixe et lui donne sa cohésion". (§ 15)

Le mot, dit Humboldt, n'est pas image *ou* indication, il est l'un *et* l'autre : *Wolke* est le dénominateur commun pour ce qu'il considère comme les aspects de la signification : *indication* pour l'entendement ou l'imagination ou *image* pour la sensibilité. Mais le rôle de cette image-indication est encore plus large :

- d'une part, elle

"rappelle tantôt l'un, tantôt l'autre, des sentiments qu'on a eus jadis grâce à lui", (§ 15)

- et, d'autre part, quand, en outre, elle est évocatrice (Humboldt dit "bedeutend") : par ex. quand *Wolke* entre en résonance avec *Woge*, *Welle*, *Wälzen*, *Wind*, *Wehen*, l'image-indication

"met l'âme en accord avec l'objet, en partie d'elle-même, en partie grâce au souvenir d'autres objets analogues" (§ 15).

Ce rôle nouveau semble pouvoir être désigné comme "*connotation*" (c'est-à-dire sens second, au-delà du sens conceptuel) opposée à la *dénotation*.

Le propos s'élargit ensuite au-delà des limites du mot :

"Ainsi, dit Humboldt, le mot se révèle être d'une nature tout à fait particulière, *semblable à une œuvre d'art* dans la mesure où, par une forme sensible empruntée à la nature, il rend possible une idée qui est étrangère à la nature, mais cela seulement dans la mesure où, pour le reste, les différences sautent aux yeux. Cette idée étrangère à toute nature est précisément ce qui rend les objets du monde susceptibles d'être utilisés comme matière à penser et à sentir, c'est ce qui fait l'indétermination (Unbestimmtheit) de l'objet, car ce qui est chaque fois présenté n'a besoin ni d'être toujours complètement peint, ni d'être fixé, mais au contraire présente toujours spontanément de nouvelles transitions (Übergänge)". (§ 15).

Il n'y a pas de barrière entre l'usage quotidien des mots et leur usage dans l'œuvre d'art (la littérature). Les mots ont "une forme sensible empruntée à la nature", mais ils la dépassent. Ils sont des

> "objets du monde susceptibles d'être utilisés comme matière à penser et à sentir," (§ 15)

ce qui leur donne une certaine "*indétermination*" :

> "car ce qui est chaque fois présenté n'a besoin ni d'être toujours complètement peint, ni d'être fixé, mais au contraire présente toujours spontanément de nouvelles transitions (Übergänge)". (§ 15)

Et cette indétermination donne à la pensée une "autonomie" et une

> "vivacité sensible qui est une conséquence de la force spirituelle active dans l'usage de la langue". (§ 15)

De plus,

> "l'activité de penser ne traite jamais un objet isolément et ne l'utilise jamais dans la totalité de sa réalité. Elle prend seulement des relations, des rapports, des façons de voir et elle les relie. " (§ 15)

Une première caractéristique est la *simplification*. Le mot est

> "une forme sensible, qui indique immédiatement par sa totale simplicité que l'objet exprimé lui aussi ne doit être présenté que selon les besoins de la pensée." (§ 15).

Il est né

> "d'une action autonome de l'esprit" (§ 15)

et, de ce fait,

> "renvoie les forces de l'âme seulement conceptuelles à leurs limites". (§ 15)

D'autre part,

> "par sa capacité de transformation et par l'analogie avec les autres éléments verbaux (il) prépare le lien que la pensée s'efforce de

> trouver dans le monde et de produire dans ses propres productions". (§ 15)

Enfin,

> "par son évanescence (il) lui permet de ne pas s'arrêter en un point, mais lui ordonne de se hâter vers le but du moment.." (§ 15)

La "forme sensible" n'est donc "en rien indifférente" et, par conséquent,

> "même pour des objets tout à fait sensibles, les mots de différentes langues ne sont pas de parfaits synonymes et quiconque dit *hippos*, *equus* ou *Pferd* ne dit pas exactement la même chose." (§ 15)

Dans le rapprochement qu'effectue ici Humboldt entre le mot dans son usage quotidien et l'usage artistique des mots dans la littérature, on peut voir une lointaine préfiguration de la place qu'occupera la langue dans la *Philosophie des formes symboliques* de Cassirer, considérée tantôt comme l'une de ces formes, tantôt comme la base même sans laquelle les autres formes, que sont l'art, la religion, la science, n'auraient pu apparaître.

Une interprétation du rôle de la langue constituait déjà l'essence du texte de 1795. Ce qui est nouveau en 1806, c'est que cette interprétation se fait par comparaison avec les autres facteurs qui contribuent à l'identité de la nation. Du transcendantal, on est passé à l'historique. Ces réflexions préfigurent donc ce qui deviendra plus tard, dans la grande période d'épanouissement intellectuel de Humboldt (et notamment dans le texte de 1820 *Sur l'étude comparée des langues*) un thème central de son travail philosophique : la langue dans ses rapports avec la nation.

IV.

MÉTHODOLOGIE

La tâche de l'historien

Über die Aufgabe des Geschichtschreibers

(1821)

C'est en 1821, au début de sa grande période productrice, un an après le manifeste que constitue *Sur l'étude comparée des langues* (1820) que Humboldt donna à l'Académie lecture du mémoire intitulé *La tâche de l'historien*[48].

C'est une réflexion sur les buts et les méthodes de la recherche historique. Humboldt avait déjà traité ces questions, en 1812-14 avec *Considérations sur l'histoire mondiale* (*Betrachtungen über die Weltgeschichte*) et en 1818 avec *Considérations sur les causes motrices dans l'histoire mondiale* (*Betrachtungen über die bewegenden Ursachen in der Weltgeschichte*)[49]. Caussat considère à juste titre que *La tâche de l'historien*

> "constitue le discours de la méthode de l'anthropologie cherchée et méditée par Humboldt."[50]

---

[48] La présentation de *Sur l'étude comparée des langues* fera ici suite à celle de *La tâche de l'historien.* Cette rupture avec l'ordre chronologique strict a pour but de mieux faire apparaître la proximité du texte méthodologique de 1821 avec le prélude de 1806.

[49] Les trois textes (les deux *Considérations* et *La tâche de l'historien*) ont été publiées en traduction française sous le titre *Guillaume de Humboldt. La tâche de l'historien* par J. Quillien aux Presses Universitaires de Lille en 1985. *La tâche de l'historien* a également été traduite par Caussat dans : Caussat, P. *Introduction à l'œuvre sur le kavi et autres essais* Paris (Seuil), 1974 : 33-63.

[50] Caussat, P. *op. cit.* 36.

Il cite Cassirer pour qui les idées qu'exprime ici Humboldt ne sont

> "rien d'autre que l'accomplissement des directions métaphysico-esthétiques annoncées dans la *Critique du Jugement* : tout phénomène doté d'une vie propre, qu'il s'agisse du caractère humain, d'un organisme, d'une œuvre d'art, est une représentation d'un contenu suprasensible ; toute forme sensible est l'effet d'un principe intelligible."[51]

Le principe d'intelligibilité dont parle Cassirer, c'est ce que, dans *Latium und Hellas*, Humboldt a nommé "*idée*" à la suite de Kant ; c'est le concept qu'on a vu émerger à propos de la "*grécité*", "*l'idée*" propre à la Grèce. *La tâche de l'historien* est, pour une part, la théorisation de ce qui a déjà été mis en œuvre dans *Latium und Hellas*.

1) Comparaison entre l'histoire et la littérature (§§ 1 à 15)

Humboldt envoya son mémoire à Goethe et l'accompagna d'une lettre dans laquelle il expliquait ce qu'il avait voulu faire, c'est-à-dire une comparaison entre le travail du poète et celui de l'historien :

> "n'y aurait-il pas après tout, écrivait-il, une profonde similitude dans la représentation de la figure humaine et celle des activités humaines ?"[52]

Il voulait examiner l'idée de Schiller selon laquelle l'historien accomplit d'autant mieux sa tâche qu'il s'inspire de la pratique du poète et qu'il n'établit pas un fossé infranchissable entre ces deux activités. Quelle est donc la relation entre les deux disciplines, la littérature et la science historique ?

La tâche de l'historien est difficile, dit Humboldt. Elle consiste dans "la représentation de ce qui s'est passé".

---

[51] Cassirer, *Das Erkenntnisproblemin der Philosophie und Wissenschaft der neueren Zeit, von Hegels Tod bis zur Gegenwart*, Stuttgart, 1957 : 245, sq.
[52] Caussat, *op. cit.* 35.

"La simple représentation est à la fois l'exigence première et indispensable de son métier et la chose la plus haute qu'il puisse réaliser. De ce point de vue, il semble n'avoir qu'à comprendre et à rendre, il semble n'être ni libre, ni créateur." (UTB 33, § 1)[53]

Mais la représentation exige plus que cela. L'historien doit compléter son récit objectif par des éléments subjectifs, ce qui, dit Humboldt, introduit un risque d'arbitraire.

"Ce qui s'est passé n'est visible que partiellement dans le monde sensible, le reste doit y être ajouté par le sentiment, le raisonnement, l'intuition." (UTB 33, §2, souligné par moi)

L'expression verbale peut encore aggraver ce risque :

"Quand on essaie de raconter le fait le plus insignifiant, mais en voulant ne dire que ce qui s'est réellement produit, on remarque vite que, si on ne respecte pas la plus extrême prudence en choisissant et en pesant les mots, partout se mêlent de petits détails qui dépassent ce qui s'est produit et, de là, peuvent naître des erreurs ou des incertitudes. Même la langue y contribue, car, jaillissant de l'abondance de l'âme, elle ne trouve pas toujours des expressions qui ne contiennent pas des concepts annexes. Rien n'est donc aussi rare qu'un récit littéralement vrai." (UTB 33, §2)

A ce danger qu'on pourrait qualifier de "stylistique" s'ajoute un autre plus fondamental.

"En isolant complètement ce qui s'est passé réellement, on n'atteint guère plus que le squelette de l'événement. Ce qu'on obtient alors, c'est la base indispensable de l'histoire, la matière dont elle est faite, ce n'est pas l'histoire elle-même. " (UTB 34, § 3)

La tâche de l'historien ne serait pas accomplie si on en restait là. Cela reviendrait à laisser de côté "la vérité interne fondée sur la connexion causale" au profit d'une vérité extérieure de façade, ce serait

"choisir une erreur certaine pour échapper à un danger incertain d'erreur. La vérité de ce qui s'est passé repose sur l'ajout de cette partie invisible dont j'ai parlé plus haut à chaque événement ;

[53] Les citations du texte de Humboldt renvoient à l'édition qui en a été faite par Trabant dans *Wilhelm von Humboldt. Über die Sprache*, UTB Münich 1994. Pour rendre la référence plus commode, j'ai numéroté les paragraphes.

> l'historien doit donc faire cet ajout. Ainsi il devient autonome et même créateur. " (UTB 34, § 3).

L'historien doit intervenir

> "en donnant par sa propre force une forme à quelque chose qu'il ne pouvait percevoir par sa seule réceptivité tel que cela est réellement. De manière différente, mais aussi bien que le poète, il doit transformer en une totalité ce qui était dispersé et qu'il a rassemblé." (UTB 34, § 3)

Il doit faire apparaître "*l'idée*" de ce qui s'est passé.

> "De manière différente, mais aussi bien que le poète, il doit transformer en une totalité ce qui était dispersé et qu'il a rassemblé." (UTB 34, § 3, souligné par moi)

Ce disant, Humboldt donne au discours de l'historien un statut inédit : l'historien ne se contente pas de rapporter des faits objectifs derrière lesquels il s'efface, il les *construit*. Pour Quillien, Humboldt effectue ici un "*renversement* " :

> "il faut partir, dit-il, non de l'histoire, mais de l'historien. La question n'est plus : 'qu'est-ce que l'histoire ?' (...), mais : 'que fait l'historien quand il fait de l'histoire ?' "[54]

Partir du sujet et définir l'objet en fonction du sujet, c'est le point de départ du criticisme. La "révolution copernicienne" opérée par Kant, dans le cadre de laquelle Humboldt avait déjà inscrit sa conception du langage, trouve ici, dans le domaine de l'histoire, une extension de son champ d'application.

> "Humboldt mène, dit encore Quillien, une analyse transcendantale, indépendamment du contenu concret de l'histoire et tente de répondre à la question : à quelles conditions une science de l'histoire est-elle possible ? Que doit être la conscience historienne pour pouvoir construire son objet ?[55]

Le travail de l'historien est comparable à celui du poète. Ce qui leur est commun, c'est la place que l'un et l'autre doivent accorder à l'imagination pour réaliser leurs buts respectifs. L'historien ne peut souvent atteindre la vérité de ce qui s'est

---

[54] Quillien,J. *Guillaume de Humboldt. La tâche de l'historien* Lille 1985 : 22.
[55] Quillien, *op. cit.* 24.

passé qu'en complétant et en reliant ce que les faits d'observation ont d'incomplet et de disloqué :

> "il ne peut faire cela que par l'imagination comme le poète. Mais il subordonne celle-ci à l'expérience et à l'investigation de la réalité et là réside la différence qui élimine tout risque de les confondre." (UTB 34-35, § 4)

En cela, l'activité de l'historien et celle du poète se rejoignent. Mais cette proximité ne peut aboutir à confondre leurs deux activités ; elle incite au contraire à les séparer. Car dans le rôle subordonné qu'elle joue dans le travail de l'historien,

> "l'imagination n'agit pas comme pure imagination et mérite plutôt d'être appelée capacité d'anticipation et de mise en relation." (UTB 34-35, § 4, souligné par moi)

Cette restriction ne saurait conduire à dévaloriser le travail de l'historien, car son but est le service de la vérité.

> "La vérité de ce qui s'est passé paraît simple, mais elle est ce qu'on peut penser de plus haut. Car, une fois entièrement conquise, elle dévoilerait tout ce qui fait du réel un enchaînement nécessaire. C'est donc ce qui est nécessaire que l'historien doit rechercher, il doit ne pas placer sa matière, comme le fait le poète, sous la domination de la forme de la nécessité, mais il doit garder obstinément à l'esprit les idées qui en sont la loi, parce que c'est seulement s'il en est pénétré qu'il pourra trouver leur trace dans sa réalité par la pure recherche du réel." (UTB 34-35, § 4, souligné par moi)

L'historien doit extraire la vérité de la réalité grâce aux "*idées*".

Mais il ne doit pas perdre de vue que, pour approcher la vérité historique, il lui faut emprunter simultanément deux voies :

- approfondir, "avec précision, impartialité et esprit critique", la description de ce qui s'est passé
- et, simultanément, "relier les résultats, pressentir ce que la description ne peut atteindre" (UTB 35, § 6), c'est-à-dire l'"*idée*" des événements, ce qui leur donne un sens.

L'*idée* est en effet ce qui donne *forme* à la matière de l'événement.

> "L'esprit doit seulement, en s'appropriant la forme de tout ce qui se produit, mieux comprendre la matière effectivement accessible à la recherche, apprendre à reconnaître en elle plus que ne peut la

seule opération de l'entendement. Tout dépend seulement de cette intégration entre la force qui fait la recherche et l'objet de cette recherche." (UTB 35, § 6)

C'est le sujet (l'historien) qui, par l'*idée*, donne forme à l'objet (les événements) et *construit* l'histoire. Cette construction de l'événement par l'historien est l'affaire de la raison. On est ici tout à fait dans la perspective kantienne et on pourrait parler d'"une conception constructiviste de l'histoire.

L'histoire n'est "pas moins que la philosophie et la poésie un art libre et achevé" (UTB 36, § 7). Quelle est la tâche qui lui incombe en propre ?

La réalité est toujours plus riche, plus chaotique, plus surprenante que la représentation qu'on peut en avoir. Il y a contradiction entre la puissance des événements et des forces qui les suscitent, d'une part, et la forme que l'homme cherche à leur imposer, mais qu'elles dépassent toujours, d'autre part. Le but ultime de l'historien est de donner un tableau du destin de l'humanité qui soit vrai, vivant et objectif. Mais il n'atteint ce but lointain qu'en poursuivant un but plus proche : la représentation simple des événements avec une fidélité exemplaire.

> "L'élément dans lequel se meut l'histoire est le sens de la réalité, où se rejoignent le sentiment du caractère fugitif de l'existence dans le temps, de sa dépendance à l'égard de causes qui l'ont précédée et l'accompagnent, ainsi que, en sens inverse, la conscience de la liberté intérieure et la reconnaissance par la raison (Vernunft) que la réalité, en dépit de son caractère apparemment fortuit, est liée par une nécessité interne. Si on parcourt en esprit ne serait-ce qu'une vie d'homme, on est saisi par ces différents moments par lesquels l'histoire nous excite et nous subjugue, et l'historien doit, pour s'acquitter de sa mission, combiner les événements de telle sorte qu'ils émeuvent l'âme de la même manière que la réalité." (UTB 36 - 37, § 8)

A la philosophie les problèmes métaphysiques, à l'art, et singulièrement à la poésie, la réalisation de l'idéal de beauté. Quant à l'histoire, elle doit prendre en charge la réflexion sur l'existence humaine. L'historien digne de ce nom doit représenter

> “chaque événement comme une partie d’un tout ou, ce qui revient au même, il doit représenter dans chaque événement la forme de l’histoire.” (UTB 37, § 10)

Parler de “la forme de l’histoire”, c’est encore une façon de rappeler la place de l’”*idée*”. Les événements se présentent à l’historien dans une confusion apparente, selon la chronologie et la géographie. C’est à l’historien qu’il revient de séparer le nécessaire du fortuit, de découvrir la succession interne, de rendre visibles les forces effectivement à l’œuvre, pour donner à sa représentation de l’histoire la forme sur laquelle repose la vérité de celle-ci, qui est l’exigence première et essentielle. Comment doit-il s’y prendre ?

> “La représentation historique est, comme la représentation artistique, imitation de la nature. La base de l’une et de l’autre est la reconnaissance de la forme vraie, la découverte de ce qui est nécessaire, l’exclusion du fortuit.” (UTB 38, § 12)

Comme les procédés de l’artiste sont plus faciles à reconnaître, ajoute Humboldt, il faut les étudier pour les appliquer ensuite à la tâche de l’historien. Plusieurs paragraphes (13 à 17 inclus) sont alors consacrés à l’art. Il y a, dit Humboldt, deux façons d’imiter une forme organique. Soit

> “en imitant les contours avec autant d’exactitude que possible”,

soit

> “en partant de l’intérieur, en étudiant préalablement comment les contours extérieurs naissent du concept et de la forme du tout par abstraction des proportions, par un travail grâce auquel la figure est reconnue comme tout à fait différente de ce qu’un regard profane perçoit, puis, enfantée à nouveau par l’imagination de telle sorte que, outre l’accord littéral avec la nature, elle porte une autre vérité supérieure. Car le plus grand mérite de l’œuvre d’art est de rendre manifeste la vérité intérieure des figures occultée dans l’apparence réelle.” (UTB 38, § 13, souligné par moi)

L’expérience sensible de départ doit être reconstruite par l’idée porteuse de la vérité interne supérieure. Voilà ce qui permet de distinguer l’art vrai et le faux, que représentent, aux yeux de Humboldt, les Egyptiens et les Mexicains,

> "deux peuples très éloignés l'un de l'autre, mais qui caractérisent l'un et l'autre le début de la civilisation." (UTB 38, § 13).

L'idée qui donne naissance aux œuvres supérieures de l'art repose sur les disciplines intellectuelles de la mathématique, (qui donne l'idée de la forme), et de la science de la nature (qui en donne le concept). C'est vrai pour les Egyptiens, c'est vrai aussi pour les Grecs.

> "Toute la diversité et la beauté de la vie ne servent donc à rien pour l'artiste, si ne lui fait pas pendant, dans la solitude de son imagination créatrice, l'amour exaltant de la forme pure." (UTB 40, § 15)

C'est cela qui permet de comprendre que l'art soit né dans un peuple où la vie n'était pas la plus animée, ni la plus agréable, mais dont l'esprit s'est tourné très tôt vers la mathématique et la mécanique, qui trouvait à son goût les bâtiments gigantesques, très simples, mais strictement réguliers, qui reporta cette architectonique des proportions sur l'imitation de la forme humaine. Quant aux Grecs, leur situation était différente en tout

> "ils avaient une beauté piquante, une vie animée et parfois même déréglée, une mythologie foisonnante (...) Leur sens artistique est d'autant plus admirable qu'en dépit de toutes les séductions superficielles, ils ont porté plus haut la rigueur égyptienne par une connaissance encore plus profonde de la structure organique." (UTB 40, § 15)

2) Les modalités de manifestation de l'idée et la tâche de l'historien (§§ 16 à 32)

Humboldt revient ensuite à ses considérations sur la place de l'idée et sur les rapports entre l'art et l'histoire.

> "L'imitation par l'artiste a donc des idées pour point de départ, et la vérté de la figure ne lui apparaît qu'au moyen de celles-ci. La même chose doit se produire pour l'imitation historique, car, dans les deux cas, la nature est ce qui doit être imité, et la seule question qui se pose est de savoir s'il y a des idées en mesure de guider l'historien et quelles elles sont." (UTB 41, § 17)

La suite exige la plus grande prudence pour que la seule mention d'idées n'altère pas la pureté de la fidélité historique. L'historien doit aller au cœur des choses, à partir duquel l'enchaînement vrai peut être compris ;

> "il doit donc rechercher la vérité de l'événement sur une voie analogue à celle sur laquelle l'artiste recherche la vérité de la figure. (UTB 41, § 18, souligné par moi)

Vérité de la figure, vérité de l'événement, l'art et l'histoire ont des objectifs différents, bien que le concept d'*idée* à partir duquel ils opèrent soit le même. Humboldt revient à une terminologie qui fait apparaître le fondement kantien de sa pensée :

> "Les événements de l'histoire sont encore bien moins évidents que les phénomènes du monde sensible pour qu'on puisse simplement les lire, leur compréhension exige la réunion de leur constitution interne et du sens qu'y ajoute celui qui les contemple et, comme dans le domaine de l'art, tout en histoire ne peut être déduit logiquement par une opération de l'entendement et analysé en concepts ; on ne saisit ce qui est juste, ce qui est subtil, ce qui est caché que parce que l'esprit est disposé à le faire." (UTB 41-42, § 18, souligné par moi)

C'est une construction de la raison qui permet d'accéder au sens, et cette construction a pour nom "*l'idée*". L'historien, comme le dessinateur, ne produirait que des caricatures s'il se contentait d'énumérer les circonstances les unes après les autres selon leur apparence, sans tenir compte de leurs liaisons internes, sans avoir une vision des forces qui agissent.

> "En ce sens, la compréhension de ce qui s'est passé doit être guidée par des dées." (UTB 42, § 18)

Le rôle du sujet est décisif. Les phénomènes du monde sensible ne sont pas si évidents que l'artiste puisse se contenter de les lire et de les reproduire ; il doit ajouter un sens à sa perception de leur constitution interne. De même, le sens des événements historiques leur est donné par "celui qui les contemple", car il est encore moins évident. Dans tous les cas, c'est une construction de la raison qui permet d'accéder au sens, et cette construction a pour nom "*l'idée*".

Le § 19 contient une mise en garde adressée à ses contemporains : ces idées surgissent d'une contemplation des événements entreprise dans un sens authentiquement historique ; elles ne doivent pas être prêtées à l'histoire comme un apport étranger, ce qui serait une faute dans laquelle l'histoire qui se dit philosophique tombe facilement. Humboldt désigne cette conception comme "téléologique", ce qui peut surprendre et exige qu'on précise qu'il s'agit, comme le souligne Trabant[56], non d'une critique de l'histoire philosophique en général, mais d'une critique de l'esprit de système, qui est une déviation de l'esprit de l'Aufklärung. L'art et l'histoire ont besoin d'être constamment réanimés par l'esprit. L'esprit de système ne peut être maîtrisé que dans la perspective historique selon laquelle les événements concrets sont des aspects de la manifestation d'une "idée".

De là découle, pour Humboldt, que l'historien doit se tourner vers les forces agissantes et créatrices.

> "Là, il est dans son domaine propre. Ce qu'il peut faire pour *apporter* aux événements labyrinthiques de l'histoire du monde, tels qu'ils sont inscrits dans son âme, la forme qui les fera apparaître dans leur cohérence véritable, c'est de *décalquer* cette forme des événements eux-mêmes. La contradiction qui existe ici apparemment disparaît si on y regarde de plus près." (UTB 43, § 20)

Cette position se fonde au plan épistémologique sur la position kantienne de la connaissance comme construction d'un accord entre le sujet et l'objet.

> "La compréhension n'est pas du tout un simple développement à partir du sujet, elle n'est pas non plus un emprunt à l'objet, mais elle est l'un et l'autre à la fois. Car elle consiste toujours dans l'application de quelque chose de général antérieuremment présent à quelque chose de particulier nouveau." (UTB 43, § 20)

La compréhension se développe dans la saisie de l'objet par le sujet. Humboldt conclut ce développement sur la conception de l'histoire en disant :

> "Ainsi, par l'étude des forces créatrices de l'histoire du monde, l'historien esquisse un tableau général de la forme de

[56] Trabant, J. *Von Humboldt. Über die Sprache*. 1994 : 242.

> l'enchaînement de tous les événements et dans ce cercle se trouvent les idées dont il était question précédemment. Elles ne sont pas introduites dans l'histoire, elles en sont au contraire l'essence. Car toute force vive ou morte agit selon les lois de sa nature et tout ce qui se produit est dans un lien indestructible selon l'espace et le temps." (UTB 44, § 21, souligné par moi)

Dans ce lien, si diverse et si vivante qu'elle s'offre à nos yeux, l'histoire apparaît comme obéissant à un déterminisme. Elle apparaît

> "comme un mécanisme mort, obéissant à des lois immuables et entraîné par des forces mécaniques." (UTB 44, § 22)

Tout effet a une cause. Et même la volonté de l'homme, qui paraît libre, est déterminée par des circonstances antérieures à sa naissance, antérieures même à la nation à laquelle il appartient. Mais le cours de l'histoire est complexe et impossible à maîtriser, faute de connaître tous les chaînons. Il y a aussi un au-delà du déterminisme et s'en remettre exclusivement à celui-ci détournerait de la compréhension des forces vraiment créatrices dont l'essentiel se dérobe à tout calcul. A côté de la détermination mécanique d'un événement par un autre, il y a des forces qui agissent et qui sont d'une autre nature.

> "Donc, à côté de la détermination mécanique d'un événement par un autre, il faut porter plus d'attention à la nature particulière des forces, et la première étape est leur action physiologique. Toutes les forces vivantes, l'homme comme les plantes, les nations comme l'individu, le genre humain et chacun des peuples, et même les productions de l'esprit (...) telles que la littérature, l'art, les mœurs, la société civile ont en commun une structure, des évolutions, des lois." (UTB 44-45, § 23)

Le terme "physiologique" est à prendre au sens de Kant, selon qui l'anthropologie comporte deux aspects :

> "Une doctrine de la connaissance de l'homme (...) peut être traitée du point de vue physiologique, ou du point de vue pragmatique. La connaissance physiologique de l'homme tend à l'exploration de ce que la nature fait de l'homme ; la connaissance

> pragmatique de ce que l'homme fait ou peut et doit faire de lui-même."[57]

Toutes les forces vivantes, l'homme comme les plantes, les nations comme l'individu, le genre humain et chacun des peuples, et même les productions de l'esprit telles que la littérature, l'art, les mœurs, la société civile ont en commun une structure, des évolutions, des lois. Elles s'inscrivent dans une histoire, elles arrivent peu à peu à un apogée, elles déclinent et beaucoup de choses peuvent ainsi s'expliquer.

> "Incontestablement, il y a là une foule d'enseignements historiques à tirer, mais cela ne rend pas visible le principe créateur lui-même, mais seulement une forme à laquelle il doit se plier." (UTB 45, § 23)

A côté de ce niveau "*physiologique*", il y a, dit Humboldt,

> "les forces psychologiques des capacités humaines qui s'enchevêtrent, sentiments, inclinations et passions (qui sont) les ressorts immédiats des actions" (UTB 45, § 24).

Ces forces, qui semblent correspondre au niveau que Kant appelle "*pragmatique*" (le niveau "de ce que l'homme fait ou peut et doit faire de lui-même"), sont

> "les motivations directes des actions et les causes les plus immédiates des événements qui naissent de là." (UTB 45, § 24)

et elles offrent à l'historien l'explication qu'il préfère.

> "Mais cette façon de voir exige la plus grande prudence. Elle n'est pas au niveau de l'histoire du monde et en rabaisse la tragédie à un drame de la quotidienneté, elle incite trop facilement à extraire l'événement particulier de l'ensemble et à substituer un mécanisme mesquin de motivations personnelles au destin du monde." (UTB 45, § 24)

L'idée fondamentale qui permet de comprendre les événements dans toute leur vérité n'est pas à ce niveau individuel. On ne peut trouver ici "l'impulsion libre et autonome d'une force originelle". On ne peut considérer que les explications en provenance du cercle de la nature suffisent.

---

[57] Cf. Kant. *Anthropologie du point de vue pragmatique*, 1797, édité par M. Foucault, Paris (Vrin) 2009 : 83, souligné par moi.

Où faut-il alors chercher les explications adéquates ?

> "Quelle que soit la manière dont on s'y prenne, le domaine des phénomènes ne peut être compris que d'un lieu extérieur et sortir avec circonspection de leur cercle est aussi peu dangereux que l'erreur est certaine si l'on s'y enferme. L'histoire du monde n'est pas compréhensible sans un gouvernement du monde." (UTB 46, § 26, souligné par moi)

La compréhension des événements ne peut être considérée comme achevée par des explications en provenance du cercle de la nature. Cela ne facilite certes pas le travail de l'historien qui ne peut comprendre par ses propres forces "les plans du gouvernement du monde". Cependant,

> "*la direction des événements, qui échappe à l'évolution naturelle, se révèle dans ces événements eux-mêmes*" (UTB 46, § 27)

Elle se révèle par des moyens qui ne peuvent être reconnus que si, quittant le domaine des phénomènes, on passe en esprit dans celui d'où ils tirent leur origine, c'est-à-dire dans le domaine des "*idées*". Telle est la tâche de l'historien : il doit parvenir par la réflexion à l'origine des événements qui est au-delà des phénomènes.

Le paragraphe suivant reprend cette conclusion :

> "Le nombre des forces créatrices en histoire n'est pas épuisé par celles qui apparaissent directement dans les événements." (UTB 46, § 28)

Humboldt énumère ces éléments :

> "l'apparence et les transformations du sol, les changements du climat, la capacité intellectuelle et l'état d'esprit des nations, et ceux encore plus particuliers des individus, les influences de l'art et de la science, celles, profondes et larges, des institutions civiles." (UTB 46-47, § 28)

Ce sont les circonstances qui accompagnent la vie des individus et des nations, comme il l'indiquait déjà *Latium und Hellas*[58]. Et, comme dans *Latium und Hellas*, après ces éléments superficiels,

---

[58] *Latium und Hellas* (§ 1) : " La plupart des circonstances qui accompagnent la vie d'une nation, le lieu de séjour, le climat, la religion, la constitution étatique, les mœurs et les usages, peuvent pour ainsi dire être détachées

> "il reste encore un principe qui agit plus puissamment, qui ne se manifeste pas de manière immédiatement visible, mais qui donne à ces forces l'impulsion et la direction, ce sont les idées qui, de par leur nature, se situent hors du cercle des choses finies, mais qui pénètrent et dominent l'histoire du monde dans toutes ses parties." (UTB 46-47, § 28, souligné par moi)

Celle de ces *idées* qui donnait son caractère à la Grèce antique était alors dénommée "*grécité*".

Il n'est pas douteux que certains phénomènes qui ne sont pas explicables par de simples lois de la nature doivent leur existence à de telles idées et que l'historien arrive de ce fait à un point où, pour connaître le vrai visage des événements, il est renvoyé à un domaine qui leur est extérieur.

> "L'idée a deux façons de se manifester : d'abord comme direction, qui, au commencement peu visible, devient peu à peu plus forte et finit par être irrésistible et saisit de nombreuses personnes en différents lieux et dans des conditions variables ; ensuite comme production de force qui, par son ampleur et sa majesté, ne peut être dérivée des circonstances qui l'accompagnent." (UTB 47, § 30, souligné par moi)

Comme exemple d'un tel avènement soudain, Humboldt cite à nouveau, comme il l'avait fait dans *Latium und Hellas* :

> "l'apparition soudaine de l'art sous sa forme pure en Egypte et peut-être plus encore l'apparition soudaine d'individus libres et modérés en Grèce qui ont porté la langue, la poésie et l'art, d'un coup, à un point de perfection dont on chercherait en vain le développement progressif." (UTB 47, § 32)

La Grèce incarne l'idée d'une individualité nationale qui fit d'elle le berceau de la civilisation. A la "*grécité*" de 1806, Humboldt donne maintenant le commentaire suivant :

> "La Grèce propose là une idée de l'individualité nationale qui n'a jamais existé ni avant ni après et, de même que le secret de toute existence est dans l'individualité, de même tout le progrès de

---

d'elle ; on peut en quelque sorte isoler, même s'il existe des effets en retour, ce qu'elles donnèrent et reçurent en fait de culture (Bildung). Mais l'une de ces circonstances est d'une nature absolument différente, elle est le souffle, l'âme de la nation elle-même, elle apparaît partout en même temps qu'elle et, qu'on la considère comme active ou passive, elle mène l'investigation dans un cercle permanent, c'est la langue." cf. ci-dessus.

l'humanité dans l'histoire du monde repose sur le degré, la liberté et le caractère particulier de l'effet réciproque produit par l'individualité." (UTB 48, § 32)

3) Un manifeste de l'idéalisme (§§ 33 à 40)

Certes, l'*idée* ne peut se manifester qu'en lien avec la nature, ce qui fait que le concours d'un certain nombre de circonstances favorables sera toujours nécessaire. Mais même des circonstances favorables ne peuvent rien sans une étincelle initiale.

> "Sans celle-ci, les circonstances favorables ne peuvent agir, aucun entraînement, aucune avancée progressive, même pendanr des siècles, ne peut conduire au but. L'idée ne peut se fier qu'à une force spirituelle individuelle." (UTB 48, § 33)

Quelles que soient les circonstances et les individus, tout montre que

> "c'est la nature autonome de l'idée qui s'accomplit dans le phénomène." (UTB 48, § 33)

Qu'il s'agisse d'un individu, d'une nation ou d'une langue, le principe spirituel de l'individualité continue d'agir ; "il cherche à faire une place à l'idée qui l'habite" (UTB 49, § 35).

> "Chaque individualité humaine est une idée enracinée dans le phénomène, et l'idée illumine certaines d'entre elles à tel point qu'elle semble n'avoir adopté la forme de l'individu que pour se manifester en elle." (UTB 49, § 35)

L'action des hommes a certes des causes qui la déterminent, mais elle trouve son fondement dans quelque chose d'originel qui est capable de donner un tour particulier aux influences qui s'exercent.

Il n'en va pas autrement de l'individualité des nations.

> "Au milieu des événements concernant les peuples qui sont imposés par le besoin, la passion et un hasard apparent, le principe spirituel de l'individualité continue à agir, et il est plus fort que ces éléments ; il cherche à faire place à l'idée qui l'habite et y parvient, comme la plante la plus fragile fait éclater par le gonflement orga-

> nique de ses vaisseaux des murs qui ont défié les siècles." (UTB 49-50, § 35)

Les langues, quant à elles, sont des formes idéales qui sont en rapport indirect avec l'individualité humaine.

> "Car, bien que l'esprit de la nation se reflète dans chacune d'elles, chacune a également une base antérieure plus indépendante et son être propre et sa cohésion interne sont si puissants et si déterminants que son autonomie exerce plus d'action qu'elle ne reçoit, et que toute langue importante apparaît comme une forme particulière de production et de communication d'idées." (UTB 50, § 36)

Et

> "les idées primitives (Urideen) éternelles de tout ce qui est pensable se procurent existence et validité de manière encore plus pure et plus pleine : la beauté dans les figures corporelles et spirituelles ; la vérité dans l'action immuable de toute force selon la loi qui lui est propre et que rien ne peut dévier ; le droit dans le cours inexorable des événements qui se jugent et se sanctionnent éternellement." (UTB 50, § 37)

L'homme ne peut deviner les plans qui régissent le monde, mais il y a indirectement accès par les idées qui les révèlent, car

> "toute l'histoire n'est que la réalisation d'une idée et dans l'idée gisent la force et le but ; et c'est ainsi, en se plongeant simplement dans la considération des forces créatrices, que l'on parvient, par une voie plus juste, aux causes finales que l'esprit poursuit naturellement. Le but de l'histoire ne peut être que la réalisation de l'idée que doit représenter l'humanité, dans toutes les directions et sous toutes les figures (Gestalten) dans lesquelles la forme peut se lier à l'idée, et le cours des événements ne peut s'interrompre que là où forme et idée ne sont plus en état de se pénétrer réciproquement." (UTB 50, § 38, souligné par moi)

Dès lors, la tâche de l'historien est claire :

> "Ramenée à l'essentiel, l'ultime affaire de l'historien est de représenter l'aspiration d'une idée à acquérir l'existence dans la réalité." (UTB 51, § 39, souligné par moi)

En conclusion, Humboldt dit avoir cherché à préciser deux choses :

– la première est que

> "en tout ce qui arrive règne une idée qui n'est pas immédiatement perceptible" ;

– la seconde que

> "cette idée ne peut être reconnue que dans les événements eux-mêmes". (UTB 51, § 40).

C'est ce qu'on pourrait appeler le paradoxe de l'historien : il doit se soumettre à l'événement et il doit en même temps énoncer la loi sous-jacente qui l'organise selon une *idée*.

V.

PROGRAMME DE RECHERCHE

Sur l'étude comparée des langues en relation avec les différentes époques de l'évolution des langues

Über das vergleichende Sprachstudium in Beziehung auf die verschiedenen Epochen der Sprachentwicklung

(1820)

Cet essai[59] a été le premier travail que Humboldt réalisa lorsque, en 1820, il reprit ses recherches de philosophie du langage après de longues années d'activité diplomatique et administrative. Ce fut la première conférence qu'il prononça devant l'Académie de Berlin, refondée par ses soins sur de nouvelles bases après 1810.

Trabant voit dans ce texte le pendant de ce que, un siècle plus tôt, Leibniz avait fait lors de la fondation de l'Académie de Berlin.

---

[59] Le texte est le plus facilement accessible dans l'édition de Trabant : *Wilhelm von Humboldt. Über die Sprache,* hg. v. J. Trabant. Tübingen u. Basel (UTB), 1994 : 11-32. Les références seront faites d'après cette édition.
Le texte de Humboldt a été traduit en français par
1) Caussat, P., sous le titre "La recherche linguistique comparative dans son rapport aux différentes phases du développement du langage", in : *Wilhelm von Humboldt. Introduction à l'œuvre sur le kavi et autres essais*. Paris (Seuil) 1974 : 65-96.
2) Thouard, D., dans *Wilhelm von Humboldt Sur le caractère national des langues et autres écrits sur le langage*. Paris (Seuil) 2000 : 64-111.
Les traductions qui seront proposées ici sont les miennes.

> "Le premier discours à l'Académie, écrit-il, est le résumé de vingt années de réflexions sur le langage et le point de départ du temps de recherche qui s'ouvre alors. Il contient Humboldt tout entier."[60]

Sa perspective s'est approfondie et élargie. Au cours de ses années d'apprentissage, de 1789 à 1806, Humboldt avait conduit, indépendamment l'une de l'autre, une réflexion anthropologique et une réflexion sur le langage. Le texte de 1820 reprend cette double thématique, mais en les intégrant : la linguistique, qui est centrale, ouvre sur une perspective anthropologique. Le texte de 1820 définit les grandes orientations de la recherche que Humboldt va conduire dans la décennie.

Sur l'étude comparée des langues est divisée en 23 paragraphes numérotés et sans titre :

1) §§ 1 à 4 : la langue comme organisme
2) §§ 5 - 11 : structure et emploi de la langue
3) §§ 12 -13 : la fonction d'hominisation du langage
4) §§ 14 -21 : diversité des langues et anthropologie culturelle
5) §§ 22-23 : conclusion.

1) La langue comme organisme (§§ 1 à 4)

L'étude comparée des langues, dit Humboldt,

> "ne peut conduire à des éclaircissements sûrs et importants sur le langage, l'évolution des peuples et la formation de l'homme que si on en fait une étude portant en elle-même son utilité et son but." (UTB § 1, 11)

L'étude comparée des langues exige d'être conduite de façon autonome pour pouvoir prendre place dans une véritable anthropologie, dont le but serait d'éclairer

> "l'évolution des peuples et la formation de l'homme."

Le projet de Humboldt trouve son originalité dans le rôle qu'il attribue au langage : fidèle à sa conception de toujours, il fait

[60] Trabant, J. op. cit.: 229.

de celui-ci le centre de son investigation et considère chaque fait de langue dans un cadre qui l'englobe et lui donne un sens.

Mais comment saisir les langues, objets que caractérisent leur diversité et leur multiplicité ?

> "Si on peut saisir aisément l'impression d'ensemble laissée par chaque langue, on se perd, si on en cherche les causes, dans une foule innombrable de détails apparemment sans importance et l'on voit bien vite que l'effet produit par les langues dépend moins de certaines grandes et fortes particularités qu'il ne repose sur l'impression homogène, à peine perceptible dans le détail, que donne la qualité de ses éléments. Sur ce point, c'est justement le caractère général de l'étude qui servira à rendre clairement sensible cet organisme finement tissé, car la netteté d'une forme diverse sur bien des points, et cependant toujours la même dans sa totalité, facilite l'investigation." (UTB 11, § 1)

Le principal outil de Humboldt pour maîtriser son objet, les langues, en dépit de leur diversité, est le concept d'*organisme* : la langue, a-t-il dit, est un "organisme finement tissé". Au paragraphe suivant, il parlera de la "construction organique" des langues. Le terme d'"organisme" appliqué aux langues revient constamment dans les textes de Humboldt. Il reviendra en particulier dès le début de *l'Œuvre sur le kavi* : l'étude comparative des langues, dira-t-il, doit être promue au premier rang, chaque langue devant être regardée comme un "*organisme intimement cohérent*".

Cassirer caractérise bien le rôle du concept d'*organisme* dans la pensée de Humboldt quand il écrit que

> "l'union de l'idée de forme organique et de l'idée de totalité caractérise la voie par laquelle Wilhelm von Humboldt va arriver à sa vision philosophique du monde, qui implique aussi une nouvelle fondation de la philosophie du langage."[61]

En revanche, on peut douter que Cassirer ait raison de voir dans l'emploi de ce terme l'influence du romantisme et en particulier de Friedrich Schlegel[62]. C'est à Kant qu'il le doit. Le concept d'*organisme* tient en effet une place importante dans la

---

[61] Cassirer, E. *La Philosophie des Formes Symbliques*. T. 1. *Le langage*. Paris 1972 : 103.

[62] Ce qui serait chronologiquement possible puisque le texte de Schlegel auquel renvoie Cassirer date de 1808.

Critique de la faculté de juger et notamment au § 61 intitulé "De la finalité objective de la nature".

Le § 65 de la *Critique de la faculté de juger* en donne une définition :

> "chaque partie, de même qu'elle n'existe que *par* toutes les autres, est aussi pensée comme existant *pour* les autres et *pour* le tout, c'est-à-dire comme instrument (organe) ; mais cela ne suffit pas (...), et c'est pourquoi on la conçoit comme un organe *produisant* les autres parties (chacune produisant donc les autres et réciproquement)." (1985 : 337, § 65)[63]

Parce qu'un organisme est dirigé vers un but, il est plus que la somme de ses parties.

> "Dans une montre, une partie est l'instrument du mouvement des autres, mais un rouage n'est pas la cause efficiente de la production d'un autre rouage ; une partie est certes là pour l'autre, mais elle n'est pas là par cette autre partie (...) Un être organisé n'est donc pas une simple machine, car celle-ci dispose exclusivement d'une *force motrice* ; mais l'être organisé possède en soi une *force formatrice* qu'il communique aux matériaux qui n'en disposent pas (il les organise), force motrice qui se transmet donc et qui n'est pas explicable par le simple pouvoir du mouvement (le mécanisme)." (1985 : 337-8, § 65)

Cette "force formatrice" qui permet de distinguer les organismes d'une machine est auto-organisatrice. Une caractéristique de la nature (qu'il s'agisse du monde externe ou du monde interne) est que

> "elle s'organise (...), dans chaque espèce de ses produits organisés, selon un même exemplaire dans l'ensemble, mais cependant avec des écarts convenables et exigés selon les circonstances pour l'auto-conservation de l'espèce." (1985 : 338, § 65),

Le § 66 de la *Critique de la faculté de juger* traite "*Du principe de l'appréciation de la finalité interne dans les êtres organisés*". Ce principe s'énonce comme suit :

---

[63] La *Critique de la faculté de juger* est citée d'après l'édition publiée sous la direction de F. Alquié, Gallimard (Folio), Paris 1985.

"*un produit organisé de la nature est un produit dans lequel tout est fin et réciproquement aussi moyen.* Rien en lui n'est gratuit, sans fin, ou imputable à un mécanisme naturel aveugle." (1985 : 340, § 66)

C'est bien comme un tel "produit organisé" que Humboldt voit les langues, bien qu'elles n'appartiennent pas à la nature. Et une organisation achevée des langues est le résultat d'une évolution :

"Tout comme le globe terrestre est passé par de grandes révolutions avant que les mers, les montagnes et les fleuves aient pris leur forme actuelle, il existe pour les langues un point d'organisation achevée à partir duquel la structure organique, la forme stable ne change plus." (UTB 11, § 2)

Parvenues à un point d'accomplissement, elles ne changent plus dans leur structure : on peut dire qu'elles sont alors devenues conformes à leur "idée". Mais comme ce sont des produits vivants de l'esprit, elles peuvent se perfectionner à l'infini à l'intérieur des limites données. Leur "type" fournit un cadre à ces variations :

"Les formes grammaticales essentielles restent les mêmes une fois qu'une langue a atteint sa forme ; celle qui n'a pas élaboré de genre, de cas, de passif, ne comblera plus ces lacunes ; de même, les grandes familles de mots, les formes principales de dérivation cessent de croître." (UTB 11-12, § 2)

Au paragraphe suivant, Humboldt donne une définition de la langue comme organisme :

"La langue ne peut faire autrement qu'apparaître d'un coup, ou, pour le dire plus précisément, elle doit posséder à chaque instant de son existence ce qui fait d'elle une totalité. Emanation immédiate d'une entité organique dans sa dimension sensible et spirituelle, elle partage de ce fait la nature de tout ce qui est organique, à savoir que chaque chose en elle n'existe que par l'autre, et l'ensemble n'existe que par la force qui pénètre le tout. Elle (...) est déjà présente dans son unité complète dans la phrase simple, dans la mesure où celle-ci repose sur une forme grammaticale et, puisque la liaison des concepts les plus simples engage tout le tissu des catégories de la pensée, (que le positif exige et amène le négatif, la partie le tout, l'unité la multiplicité, l'effet la cause, la réalité la possibilité et la nécessité, le conditionnel l'inconditionnel, une dimension de l'espace et du temps l'autre, chaque degré du senti-

> ment ceux qui en sont proches), alors, dès que l'expression du plus simple enchaînement d'idées est clairement et distinctement réussie, y compris dans l'abondance des mots, la langue est présente en totalité. Tout ce qui est énoncé donne forme à ce qui ne l'est pas ou le prépare." (UTB 12-13, § 4, souligné par moi)

De ce passage essentiel, on retiendra plusieurs caractères qui définissent les langues.

1) La langue étant "à la fois sensible et spirituelle", on peut dire, en termes saussuriens, qu'elle est l'union d'un signifiant et d'un signifié ; qu'elle est intrinsèquement double et constitue par là déjà un système.

2) Deux traits étroitement liés, *totalité* et *solidarité*, la définissent : la langue est un organisme parce qu'elle est une "totalité", et une totalité est un ensemble d'éléments solidaires :

> "elle partage la nature de tout ce qui est organique, à savoir que chaque chose en elle n'existe que par l'autre, et tout n'existe que par cette force qui pénètre le tout."

C'est ce caractère de totalité qui fait qu'elle n'a pu apparaître que d'un seul coup, qu'elle ne peut être progressivement construite de parties hétérogènes les unes aux autres (comme l'est une machine) ; tous les éléments qui la composent sont interdépendants.

3) Elle est un ensemble d'éléments, mais elle ne se réduit pas à cela : elle est plus que la somme de ses parties :

> "elle est déjà présente dans son unité complète dans la phrase simple",

et

> "dès que l'expression du plus simple enchaînement d'idées est clairement et distinctement réussie, une totalité de langue est là".

Elle est donc une totalité organisée en niveaux hiérarchiques.

4) Enfin,

> "l'ensemble n'existe que par la force qui pénètre le tout".

C'est donc à une "*force*" que Humboldt attribue la fonction de permettre la réflexion, dont il est acquis qu'elle est à l'origine de l'hominisation. Cette force, qu'on va retrouver dans le paragraphe suivant, est l'émanation du principe téléologique qui anime l'organisme. Humboldt dira plus tard (*Kawi-werk* § 12) que la langue comme activité est "*energeia*".

Aujourd'hui, plus volontiers que d'*organisme*, on parle de "*système*" : un organisme biologique est compris comme un système dans lequel aucune des parties qui le constituent ne domine les autres, mais toutes sont au contraire constamment en échange réciproque. Un système, c'est l'agencement d'une totalité. Une totalité peut aussi répartir ses éléments en niveaux hiérarchiques et une telle organisation fait émerger de nouvelles propriétés à chaque niveau. Plus les interrelations sont nombreuses, plus le degré d'organisation est élevé et plus grande est la *complexité* du système. On voit que, en fait, le texte de Humboldt de 1820 peut être regardé historiquement comme l'émergence, à partir d'un objet particulier, les langues, des concepts modernes de "système" et de "complexité".

2) **Structure et emploi de la langue** (§§ 5 à 11)

Un organisme a une structure et une fonction : c'est ce que fait apparaître le § 5, dans lequel on distingue deux parties.

Dans la première, Humboldt propose une analyse de la structure du langage. Le langage est partagé, dit Humboldt, en deux "domaines" :

> "Deux domaines se réunissent en l'homme, qui sont susceptibles de se diviser en un nombre fini d'éléments fixes, et de se combiner à l'infini (...). L'homme possède la force de diviser ces domaines, intellectuellement par la réflexion, physiquement par l'articulation, et d'en réunir les éléments, intellectuellement par la synthèse de l'entendement, physiquement par l'accent, qui unit les syllabes en mot et les mots en discours." (UTB 13, § 5, souligné par moi)

L'un de ces deux "domaines" est "*physique*" (au paragraphe précédent, il disait "sensible"), l'autre est *intellectuel*. Chacun peut être décomposé :

- "l'analyse du domaine intellectuel se fait par la '*réflexion*'",
- "celle du domaine physique est dénommée '*articulation*'".

Il peut aussi être recomposé :

- la réunion des éléments intellectuels se fait "par la *synthèse de l'entendement*",
- la réunion des éléments physiques "par l'*accent* qui réunit les syllabes en mot et les mots en discours".

L'analyse de la structure des langues qui est faite de nos jours est différente de cette symétrie totale dans les opérations mentales. Humboldt ne voit pas comment forme et signification s'articulent réellement l'une sur l'autre. C'est, plus d'un siècle plus tard, Martinet qui a permis de faire une analyse correcte. La morphologie des langues repose sur le mécanisme de la "*double articulation*" :

- la "*1è articulation*" concerne l'articulation des morphèmes en mot ; le morphème (Martinet parlait de "monème") est la plus petite unité formelle dotée d'une signification ; un mot se compose d'un ou de plusieurs morphèmes ;
- la "*2è articulation*" concerne la formation des morphèmes à partir des phonèmes, qui sont les sons d'une langue définis par des caractères distinctifs (ils permettent de distinguer par ex. en français "chat" et "rat").

L'intuition de Humboldt débouche donc sur une analyse partiellement erronée.

Dans la seconde partie du § 5, un autre phénomène d'une grande importance est mentionné. Il concerne la fonction et les conditions d'emploi du langage : parler met en présence deux individus, deux partenaires chez qui se déroulent symétriquement les processus d'organisation de la pensée et du discours qui viennent d'être décrits.

> "Lorsque la conscience (du locuteur) est devenue assez forte pour faire se compénétrer les deux domaines avec la force qui provoque le même phénomène de compénétration chez celui qui écoute, celui-ci est également en possession de la totalité des deux domaines. Leur compénétration réciproque ne peut s'accomplir que grâce à la même force et celle-ci ne peut émaner que de l'entendement. En outre, l'articulation des sons, l'énorme différence entre la mutité de l'animal et le discours humain ne s'expliquent pas physiquement. Seule la force de la conscience de soi contraint la nature physique à la stricte distinction des sons que nous appelons articulation." (UTB 13, § 5, souligné par moi)

En même temps qu'il accomplit le travail de synthèse du sens, le locuteur entre en interaction avec un interlocuteur. La mise en relation du locuteur et de son interlocuteur est assurée par la "*force de la conscience de soi*" de chacun, qui repose sur l'entendement. Il y a compénétration des domaines individuels de pensée des co-locuteurs. Ainsi, le langage émerge d'emblée sous une forme dialogique. Humboldt fait intervenir ici un *principe dialogique* qui bouleverse sa conception monologique antérieure. C'est de là, de la réflexion partagée par les interlocuteurs qu'émerge l'humanité. Dans le simple échange verbal, il y a à l'œuvre un principe d'action réciproque par le langage. Humboldt construit ainsi *un processus d'émergence de la civilisation et de la culture, auquel il donne pour origine le dialogue.* Il donnera une analyse détaillée du fait dialogique dans le texte de 1827 intitulé *Über den Dualis* (voir chapitre IX).

Mais parler du "langage" est une abstraction ; l'objet réel, ce sont les langues qui s'inscrivent dans l'espace et le temps. Humboldt examine aux §§ 6 et 7 diverses hypothèses sur l'évolution des langues.

Il adopte une attitude prudente vis-à-vis de l'éventualité d'une origine unique ou multiple des langues dont on discutait alors. La possibilité d'une origine multiple, dit-il, ne peut être contestée, mais on ne peut non plus rejeter l'autre hypothèse. Ce qu'il souligne quant à lui, c'est qu'il est probable qu'aucun peuple n'est resté sans mélange.

> "C'est pourquoi en linguistique, il faut, dit-il, adopter comme règle de conduite de rechercher un lien, aussi longtemps qu'un indice incite à le faire, et examiner pour chaque langue si elle s'est formée d'un seul jet de manière autonome ou si elle est issue d'un mélange dans sa construction grammaticale ou lexicale, et de quelle manière." (UTB 14, § 7)

Les langues sont des objets qui ont une histoire et cette histoire est celle de métissages plus ou moins réussis opérés selon des modalités diverses.

Les paragraphes 8, 9 et 10 dessinent le programme de recherche que Humboldt entreprend de réaliser. L'"analyse critique des langues" doit, dit Humboldt, comporter "trois moments" :

"- la formation initiale de leur structure organique ;
- les transformations par ingérence extérieure jusqu'à ce qu'elles retrouvent un état stable ;
- leur structure interne lorsque leur délimitation vis-à-vis de l'extérieur et leur structure globale sont stabilisées." (UTB 14, § 8)

Les deux premiers moments "ne se distinguent pas avec certitude". Mais le troisième est clairement différent, car il est le moment

"de l'organisation achevée, dans lequel la langue est en pleine possession de toutes ses fonctions et ne supporte plus de modification dans sa structure." (UTB 15, § 8)

Les distinctions proposées invitent donc, dit Humboldt, à opposer deux parties dans l'étude comparée des langues. Il faut les regarder

- d'une part, comme un "phénomène d'histoire naturelle" (naturhistorische Erscheinung), qui est la conséquence inévitable des différences entre les peuples et de leur isolement et fait obstacle à l'union du genre humain ;
- d'autre part, comme "un phénoméne intellectuel-téléologique" (intellectuell-teleologische Erscheinung), "moyen de formation des nations et véhicule de la riche diversité des productions intellectuelles", phénomène qui caractérise l'époque moderne. (UTB 15, § 9)

En résumé, on dira que les deux parties de l'étude comparée des langues peuvent être désignées comme

"- la recherche sur l'organisme des langues,
- la recherche sur les langues parvenues à leur maturité." (UTB 16, § 10)

L'organisme des langues naît de la capacité et du besoin des hommes de parler ; il a son origine dans la nation tout entière ; la culture d'une langue dépend de dispositions et de destinées particulières et repose en grande partie sur des individus qui apparaissent peu à peu dans la nation.

"L'organisme appartient à la physiologie de l'homme intelligent, le stade de maturité à la série des développements historiques." (UTB 16, § 10)

Le terme de "*physiologie*" doit ici être compris au sens de Kant[64] qu'on a déjà vu apparaître à diverses reprises. Lui fait pendant la "*pragmatique*", qui se préoccupe de "la série des développements historiques". Réunir ces deux objectifs implique à la fois de prendre en compte des langues très diverses, et même si possible toutes les langues, et également de prendre pour point de départ la connaissance précise d'une langue ou d'un petit nombre. Ainsi pratiquée, l'étude empirique comparée des langues montrera comment l'homme a produit le langage, quelle partie du monde de la pensée il est parvenu à y faire entrer, comment l'individualité des nations a agi sur les langues et les langues sur elle.

> "Car le langage, les buts que l'homme peut atteindre grâce à lui, le genre humain dans son évolution et les différentes nations, tels sont les quatre objets que l'étude comparée des langues doit prendre en considération dans leurs relations réciproques." (UTB 17, § 10)

En ce qui concerne la première des deux directions d'étude, "l'examen de l'organisme des langues" (la "physiologie"), Humboldt esquisse un programme de travail et le justifie. Il convient, selon lui, d'écrire, d'une part, des monographies de langues ("étudier en premier lieu chaque langue connue dans sa connexion interne") et, d'autre part, des monographies de structure à travers toutes les langues ("pour certaines parties de la structure linguistique, par ex. le verbe"). Les travaux sur le chinois sont un exemple du premier type d'étude, l'étude sur le duel un exemple du second. Ainsi obtiendra-t-on un quadrillage satisfaisant.

> "C'est seulement par cette double trame qu'on reconnaîtra avec quelle ampleur dans la diversité, le genre humain, et avec quelle conséquence chaque peuple construit sa langue, et que la langue et le caractère linguistique national s'éclairent". (UTB 18, § 11)

Ainsi se construira la linguistique comme science empirique. Et elle pourra devenir la base d'une anthropologie.

[64] Cf. Kant / Foucault, *Anthropologie du point de vue pragmatique*, Paris (Vrin) 2008 : 83.

> "Pour juger de la filiation des nations d'après leurs langues, les principes doivent être trouvés par une analyse précise (qui fait toujours défaut) de ces langues et dialectes dont la parenté a été prouvée historiquement par ailleurs." (UTB 18, § 11)

3) La fonction d'hominisation du langage (§§ 12 - 13)

Si précise et si complète que soit la recherche sur l'organisme des langues, c'est l'usage qui est fait d'elles qui détermine leur évolution. Pour bien juger de ce que peut faire le langage pour atteindre les buts de l'humanité, il est nécessaire de mener ces investigations en s'appuyant sur les langues dont il est fait un *usage complet,* c'est-à-dire celles qui ne sont pas seulement en usage dans la vie quotidienne, mais qui ont des relations avec la science et avec l'art (la littérature). C'est, dit Humboldt, "la clé de voûte de la science du langage", qui permet

> "d'examiner (...) la faculté de langage dans ses usages les plus hauts et les plus variés" (UTB 19, § 12).

Ce paragraphe sert de préface à ce qui va être dit sur les usages sociaux des langues à partir de l'insertion des langues dans l'espace et le temps, c'est-à-dire dans le monde social et l'histoire.

Ce développement s'articule autour d'une formule-choc, apparemment contradictoire :

> "*L'homme n'est homme que par le langage ; mais pour inventer le langage, il devait déjà être homme.*" (UTB 20, § 13)

Comment peut-on résoudre la contradiction que contient cette formule ? Que signifie sa circularité ?

Rappelons d'abord qu'on l'a déjà vu apparaître en 1795, au début de la réflexion philosophique de Humboldt ; sous la forme suivante. Humboldt évoquait, à la thèse 8, "*l'homme à la recherche du langage*", alors qu'il avait auparavant *défini l'homme par la faculté de langage.* La réitération de cette contradiction après plus de vingt ans, de surcroît sous une forme parfaitement élaborée, ne peut être fortuite. Il convient au contraire de lui attribuer la plus grande importance.

Au début du paragraphe, Humboldt affirmait sa conviction profonde que le langage doit être considéré comme ayant été "*directement déposé en l'homme*",

> "car il est tout à fait inexplicable en tant qu'œuvre de l'entendement accomplie dans la clarté de la conscience. Il ne sert à rien de concéder des millénaires et des millénaires pour l'invention du langage. Le langage ne pourrait être inventé si son type n'était déjà présent dans l'entendement humain." (UTB 19, § 13, souligné par moi)

Si on laisse de côté l'aspect créationniste de la formulation, reste l'affirmation de la *concomitance, et même de l'identité, entre l'apparition du langage et le devenir-homme.* Cette position est constante chez Humboldt depuis le début.

En même temps, Humboldt parle du langage comme d'une totalité dont les éléments sont solidaires, c'est-à-dire comme d'un organisme. La conjonction de ces deux idées apparaît lorsqu'il poursuit :

> "Pour que l'homme comprenne vraiment ne serait-ce qu'un seul mot, non comme une simple stimulation sensible, mais comme un son articulé désignant un concept, il faut que le langage soit en lui tout entier et dans sa cohérence. Il n'y a rien d'isolé dans le langage, chacun de ses éléments ne s'annonce que comme une partie d'un tout. Si naturelle que soit l'hypothèse d'une formation progressive des langues, son invention n'a pu se faire que d'un coup. Car l'homme n'est homme que par le langage ; mais pour inventer le langage, il devait déjà être homme." (UTB 19-20, § 13, souligné par moi)

En fait, il n'y a là rien de mystérieux ou de miraculeux, car *le langage "sourd nécessairement de l'homme"*.

> "Certes il ne le fait que peu à peu, mais de telle sorte que son organisme n'est pas une masse inerte dans l'obscurité de son âme, mais la loi qui conditionne les fonctions de sa faculté de penser et qui le fait de telle sorte que le premier mot fait résonner et présuppose la langue entière." (UTB 20, § 13, souligné par moi)

Partant de là, Humboldt fait un parallèle entre le langage et l'instinct des animaux : le langage est à l'homme ce que l'instinct est à l'animal. L'instinct des animaux est premier. De même, pour l'homme, le langage est présent dès l'origine. Lorsque Humboldt écrit que le langage est un "produit de la raison humaine", c'est le terme de *Vernunft* qu'il emploie, et non celui de *Verstand.* Et, pour lui, comme pour Kant, la raison (Vernunft) est une catégorie *a priori* et non une catégorie de l'expérience comme l'est l'entendement. Dire que le langage est un produit de la raison revient à lui attribuer un statut transcendantal et n'implique nullement une antériorité de l'entendement sur le langage à la manière de Descartes. La formule :

> " L'homme n'est homme que par le langage ; mais pour inventer le langage, il devait déjà être homme. "

nous installe donc au cœur de l'anthropologie de Humboldt, dont l'originalité est d'attribuer au langage une fonction fondamentale d'hominisation.

L'innovation la plus radicale de la formule de Humboldt qu'on vient d'analyser réside peut-être dans le fait qu'elle introduit à un nouveau paradigme de la pensée : le paradigme de la "*pensée complexe*" pour reprendre le titre d'un ouvrage d'E. Morin[65]. En effet, il n'est pas sans intérêt de comparer la formule de Humboldt avec l'affirmation suivante :

> "Il nous faut penser circulairement que la société fait le langage qui fait la société, que l'homme fait le langage qui fait l'homme, que l'homme parle le langage qui le parle."[66]

Cette formule rend plus explicite la portée de la formule de Humboldt en soulignant sa circularité. Le langage est l'instrument de l'hominisation de l'homme : "l'homme n'est homme que par le langage", mais, en même temps, circulairement, "pour inventer le langage, il devait déjà être homme". Le langage est à la fois le lieu, l'instrument et le résultat du processus d'hominisation. A son idée de l'hominien créant le langage qui, en retour crée l'homme, E. Morin ajoute :

> "Dès lors, le langage n'est plus seulement l'instrument de la communication et plus largement de l'organisation complexe de la socété. Il devient aussi le capital culturel porteur de l'ensemble des savoirs et des savoir-faire de la société. "[67]

---

[65] Cf. Morin, E. *Introduction à la pensée complexe*. Paris (Seuil) 2005.
[66] Morin, E. *La méthode. 4. Les idées*. Paris (Seuil), 1991 : 162.
[67] Morin, E. *Le paradigme perdu : la nature humaine.* Paris (Seuil), 1973 : 86.

4) Diversité des langues et anthropologie culturelle (§§ 14 - 21)

Le paragraphe § 14 introduit la dernière partie en répondant à la question posée au début du § 13, à savoir :

> "toute langue est-elle susceptible de donner naissance à une culture importante, ou bien y a-t-il des formes de langues qui font obstacle à l'épanouissement de l'humanité ?" (UTB 19, § 13)

Une première réponse à cette question est donnée par l'évolution historique. Humboldt esquisse ici une histoire générale des langues. Le principe selon lequel cette histoire s'organise est le suivant :

> "l'essence du langage consiste à couler la matière du monde phénoménal dans la forme des pensées ; tout l'effort qui le porte est formel et, comme les mots tiennent la place des objets, il faut aussi opposer à la matière qu'ils représentent une forme à laquelle ils sont soumis." (UTB 21-22, § 14),

Ce principe est conforme à son analyse constante de la structure du langage : le langage consiste à mettre des mots à la place des objets ; à chaque objet correspond une forme qui lui est donnée par la langue. Mais ce qui compte ici est que les langues ont une histoire. Elles passent par "plusieurs états intermédiaires". Le principe d'organisation des langues primitives est d'accumuler les déterminations dans un même groupe syllabique, ce qui les rend indigentes dans la maîtrise de la forme. Tout leur secret consiste à aligner et accumuler les éléments signifiants.

> "La forme s'y ajoute par la pensée ou bien elle est donnée par un mot important en lui-même, qu'on prend aussi pour tel, qu'on prend donc pour une matière." (UTB 22, § 14)

Vient ensuite un "second grand niveau de la progression" qui voit la naissance

> "des flexions grammaticales et des mots à signification grammaticale, c'est-à-dire formelle." (UTB 22, § 14)

Mais cette formalisation est incomplète. Par exemple, en ce qui concerne la distinction entre le singulier et le pluriel, le pluriel est pensé comme multiplicité, mais le singulier ne l'est pas comme singularité, mais comme l'expression du concept ; le verbe et le nom sont confondus là où l'on n'a pas à exprimer la personne ou le temps. D'une manière générale, on peut dire qu'à ce stade :

> "la grammaire ne domine pas encore dans la langue, mais n'apparaît qu'en cas de besoin." (UTB 22, § 14)

Le troisième niveau n'est atteint que quand plus aucun élément n'est pensé comme dénué de forme et que celle-ci y est perceptible. C'est à peine si les langues les plus cultivées atteignent ce niveau (dont dépend l'eurythmie dans la construction des périodes). Pour parvenir au stade ultime de l'évolution, là où l'esprit est incité à une pensée formelle, il n'est pas de meilleur moyen que *le métissage des nations et des langues.*

> "L'organisme originel est certes perturbé, mais la force nouvelle venue en renfort est elle aussi une force organique et ainsi le tissage de la langue est poursuivi sans interruption, mais selon un plan plus vaste et plus varié. Les migrations apparemment confuses et sauvages des peuples des temps primitifs préparaient donc l'épanouissement du discours et du chant dans les siècles futurs." (UTB 23, § 14)

Le métissage, commente Trabant,

> "est pour Humboldt la voie historique vers un développement linguistique et politique de l'humanité."[68]

La question générale posée en commençant sur les rapports entre langue et culture est reprise au § 15 dans les termes suivants :

> "comment faut-il regarder la diversité des langues par rapport à la culture du genre humain : n'est-elle qu'une circonstance fortuite qui accompagne la vie des nations, mais qui peut être utilisée avec de l'habileté et de la chance, ou bien est-elle un moyen nécessaire irremplaçable pour labourer le champ des idées ?" (UTB 23, § 15)

Car, dit Humboldt, toutes les langues convergent vers ce centre, le domaine des idées, comme les rayons d'une roue,

> "et leur relation à ce centre qui est leur contenu commun est le terme de notre investigation." (UTB 23, § 15)

---

[68] Trabant, J. *Wilhelm von Humboldt. Über die Sprache*, 1994 : 237.

Même si toutes les langues n'ont pas la même valeur, toutes ont un but commun vers lequel elles convergent : "labourer le domaine des idées". Chacune apporte sa contribution propre. Humboldt refuse l'idée que le contenu de la pensée est indépendant de la langue dans laquelle il se manifeste : il refuse le cartésianisme. Mais si la pensée ne précède pas les langues, alors, étant donné leur diversité, seule la totalité des langues peut donner forme à la totalité de la pensée. Si les contenus qu'elles véhiculent et leur expression ne sont pas indépendants, l'étude des différences entre les langues revêt "une importance absolue et décisive". L'anthropologie culturelle que Humboldt veut construire exige cette universalité de la recherche.

Le moyen le plus sûr pour savoir si le contenu véhiculé par la langue est indépendant de celle-ci, comme l'affirme le cartésianisme, ou s'il ne l'est pas, est d'interroger le vocabulaire. Il faut "comparer le mot simple avec le concept simple". Le mot est la partie la plus importante de la langue, ce à quoi correspond l'individu dans le monde vivant. Pour juger d'une langue, il faut examiner si elle exprime par une périphrase ce pour quoi une autre langue utilise un seul mot. La loi de l'articulation de la pensée et de la langue souffre nécessairement si ce qui se présente comme une unité dans le concept n'apparaît pas comme une unité dans l'expression. Si ce n'est pas le cas l'efficacité vivante du mot en tant qu'individu disparaît pour le concept qui ne trouve pas l'expression correspondante.

> "A l'acte de l'entendement qui produit l'unité du concept correspond celle du mot comme signe sensible et, dans la pensée verbale, l'un et l'autre doivent s'accompagner au plus près." (UTB 24, § 16)

Mais la pensée n'est pas seulement dépendante de la langue en général. Elle dépend aussi dans une certaine mesure de chaque langue en particulier. On a voulu donner aux mots des différentes langues la même valeur générale qu'aux lignes, aux nombres et à l'algèbre. Mais cela n'épuise qu'une petite partie de ce qui est pensable, à savoir ce qui peut être produit par le seul entendement. Dès qu'il est question de perception intérieure ou de sentiment, la langue devient indispensable, car il s'agit de la faculté de représentation individuelle. Certes, un tel centre de toutes les langues existe. C'est, fait remarquer Trabant[69], ce qui est lié aux formes transcendantales de l'intuition et de l'entendement et ce qui permet la traduction. Mais il y a un nombre bien plus grand de concepts et il y a des propriétés grammaticales indissolublement liées à l'individualité de leur langue.

> "Une part très importante du contenu de chaque langue est dans une dépendance si incontestable de cette langue que l'expression ne peut en être indifférente." (UTB 25, § 17)

D'une certaine manière, le § 18 redouble le précédent. Le mot, "qui fait du concept un individu dans le monde de la pensée" (UTB 25, § 18), lui apporte beaucoup. Il entretient des relations avec la perception et le sentiment qui fait naître une impression, laquelle devient une habitude qui contribue à individualiser encore le concept.

> "A tout mot d'une certaine importance s'agrègent les sentiments qu'il a peu à peu suscités, les conceptions et les représentations qu'il provoque occasionnellement". (UTB 25, § 18)

Les pensées ont une "coloration" qui leur est donnée par la langue, et l'ensemble des mots d'une langue ont une coloration qui lui est propre. Dans chaque langue, il y a une "individualisation du concept". Chaque langue suscite des réactions spécifiques qui sont inséparables des significations des mots. Le texte de 1806 disait déjà :

> " on peut affirmer à raison que, même pour des objets sensibles, les mots de différentes langues ne sont pas de parfaits synonymes et que quiconque dit *hippos*, *equus* et *Pferd* ne dit pas exactement la même chose."(§ 15)

En 1820, cela devient :

> "En amenant un objet à représentation, un mot éveille, bien que ce soit souvent de manière imperceptible, un sentiment qui correspond à sa nature et à celle de l'objet et, en l'homme, la suite ininterrompue des pensées est accompagnée d'une série également ininterrompue de sentiments, déterminée certes par les objets représentés, mais d'abord, pour ce qui est du degré et de la couleur, par la nature des mots et de la langue." (UTB 25-26, § 18)

[69] Trabant, J. *Wilhelm von Humboldt Über die Sprache.* 1994 : 238.

Mais les langues actuelles sont le résultat du grand melting-pot que sont les nations, qui les reçoivent des générations antérieures. Dans la langue,

> "se mélange, se purifie et se transforme la manière de représenter de tous les âges, de toutes les générations, de tous les états, de tous les caractères et esprits différents présents dans un même peuple." (UTB 26, § 19)

Il s'y ajoute des mots et des langues de différentes nations et de tout le genre humain. Par ce mouvement qui embrasse toute l'humanité s'effectue le passage des subjectivités particulières à l'objectivité globale :

> "la langue devient le grand point de passage de la subjectivité à l'objectivité, de l'individualité toujours limitée à l'existence englobant tout en elle en même temps." (UTB 26, § 19)

L'objectivité est faite de la somme des subjectivités individuelles ou nationales. La diversité a toujours existé. Il n'y a pas d'origine commune à toutes les langues qu'on puisse déterminer par l'expérience. Elles sont nées du besoin de se faire comprendre et chacune devait constituer en elle-même un système cohérent et conforme à la faculté de langage propre à tous les hommes.

> "Ce sont surtout les éléments principaux des langues, les mots qui migrent de nation en nation. Cela est plus difficile pour les formes grammaticales, car elles sont d'une nature intellectuelle plus subtile, elles ont leur siège plutôt dans l'entendement que dans la matière de la langue et elles ne s'attachent pas aux sons. Entre les générations toujours en renouvellement et le monde des objets à représenter se trouvent donc un nombre infini de mots qu'on peut regarder, tout comme les hommes et les objets, (...) comme des êtres autonomes, explicables seulement par l'histoire, nés peu à peu des forces unies de la nature, des hommes et des événements." (UTB 27, § 19)

Chaque langue s'est formée peu à peu à partir des éléments dont chaque peuple disposait.

> "Leur suite remonte si loin dans les ténèbres du passé qu'on ne peut plus en déterminer le commencement ; leur ramification embrasse tout le genre humain, aussi loin qu'un lien a pu exister ; leur action et leur reproduction ne pourraient trouver un point fi-

> nal que si toutes les races actuellement vivantes étaient anéanties et si tous les fils de la tradition étaient rompus d'un coup." (UTB 27, § 19)

Ainsi se trouve analysé en quoi consistent les langues et comment elles peuvent assumer leur fonction d'intermédiaire entre la subjectivité et l'objectivité, entre l'individu et les divers ensembles auxquels il appartient et auxquels il est redevable. Chaque langue particulière est

> "le résultat de trois actions différentes qui se rejoignent, à savoir :
> 1) la nature réelle des objets, dans la mesure où elle fait impression sur l'âme (Gemüt),
> 2) la nature subjective de la nation,
> 3) la nature particulière de la langue, par le matériau étranger qui s'y intègre et par la force avec laquelle tout ce qui est entré en elle (...) permet une création continuée dans certaines limites d'analogie." (UTB 27, § 19)

Vient ensuite, au § 20, une récapitulation. Humboldt revient encore une fois à ce qui a été son point de départ de 1795 et qui définit de manière constante sa position philosophique : la pensée et le mot sont dans un rapport de "dépendance réciproque".

> "Du fait de la dépendance réciproque de la pensée et du mot, il devient évident que les langues ne sont pas à proprement parler des moyens de représenter la vérité déjà connue, mais plutôt des moyens de découvrir une vérité auparavant inconnue. Leurs différences ne résident pas dans les sons et les signes mais dans les façons de voir le monde. Là se trouve le fondement et le but ultime de toute recherche sur le langage. La somme de ce qui est connaissable, qui est le champ que doit labourer l'esprit humain, se trouve entre toutes les langues et indépendamment d'elles, en leur centre ; l'homme ne peut approcher ce domaine purement objectif autrement que selon sa manière de connaître et de sentir, donc par une voie subjective. " (UTB 28, § 20, souligné par moi)

En 1795, le langage était une façon de construire le monde par la relation entre le sujet et l'objet. C'est ce que récapitule la première ligne de ce passage. La seconde partie va au-delà. Aujourd'hui, où l'on ne parle plus du langage, mais de langues multiples, le "connaissable", ie. le champ d'investigation de l'esprit humain,

> “se trouve entre toutes les langues et indépendammant d’elles, en leur centre” (UTB 28, § 20).

Le domaine objectif du connaissable ne peut être saisi que par le truchement d’une langue “par une voie subjective”. Les différences entre les langues ne résident pas dans les façons d’enregistrer ce qu’est le monde “objectivement”, mais dans les façons de le construire “subjectivement”. Et l’objectivité réside dans la somme des interprétations subjectives. C’est cette somme qui constitue *l’objectivité*, au sens de “ ce qui existe en dehors de la pensée “. Mais

> “l’homme ne peut approcher ce domaine purement objectif autrement que selon sa manière de connaître et de sentir, donc par une voie subjective.“ (UTB 28, § 20)

L’objectivité n’est connaissable que par la voie de la subjectivité, elle est faite de la somme des subjectivités. L’entendement seul, “mécanique et logique”, ne suffira pa à cette tâche :

> “la vérité objective émane de toute la force de l’individualité subjective et cela n’est possible qu’avec et par la langue.” (UTB 28, § 20).

Mais la langue est un objet complexe :

> “en tant qu’œuvre de la nation et des époques antérieures, (elle) est pour l’homme quelque chose d’étranger.” (UTB 28, § 20)

Elle est à la fois entrave, lien et simultanément enrichissement, libération, stimulation. Face à l’objet de la connaissance, elle est subjective et, en même temps, elle oppose à l’homme son objectivité. De là, la formulation paradoxale :

> “En posant sa subjectivité face au connaissable, elle offre à l’homme son objectivité. “ (UTB 28, § 20)

Par l’ensemble des langues,

> “la subjectivité de l’humanité entière devient de nouveau en elle-même quelque chose d’objectif. <u>L’accord originel entre le monde et l’homme sur lequel repose la possibilité de connaître la vérité est donc reconquis par morceaux et progressivement sur la voie du phénomène</u>. Car l’élément objectif reste toujours ce qui doit être conquis et quand l’homme s’approche de ce but sur la voie subjective d’une langue parti-

culière, le second but qu'il poursuit est de séparer le subjectif et d'en extraire l'objet aussi pur que possible, même si ce ne peut être qu'en échangeant une subjectivité de langue contre une autre. " (UTB 28, § 20, souligné par moi)

En définitive, l'objectivité réside dans la totalité des subjectivités.

Après ces considérations épistémologiques, l'analyse de la signification est reprise dans le cadre d'une même langue dans les termes d'une opposition entre "signe" et et "image". Chaque langue, dit Humboldt, est "à la fois image et signe". En tant que *signe*, elle est "le produit de la liberté des locuteurs" et du travail d'abstraction par lequel ils construisent le signe. En tant qu'*image*, elle est "le produit de l'impression faite par les objets" sur la réceptivité du locuteur qui reçoit "toute l'action exercée par la matière particulière de la langue". Et l'âme (Gemüt) incline

> "à prendre le mot tantôt comme image et tantôt comme signe". (UTB 29, § 21)

A ces deux usages de la langue correspondent deux modalités du discours.

> "L'un de ces usages sera nommé scientifique, l'autre rhétorique." (UTB 29-30, § 21)

L'usage "scientifique" correspond à la langue comme signe. Relèvent aussi de cet usage, la langue des affaires et la langue de tous les jours que Humboldt désigne comme "l'usage conventionnel". En outre, il fait encore, à l'intérieur de l'usage scientifique, de plus subtiles distinctions. En effet,

> "l'usage scientifique, au sens où nous le prenons ici, n'est applicable qu'aux sciences de pure construction de pensée et à certaines parties des sciences expérimentales et à certaines manières de les traiter". (UTB 30, § 21)

Ne voir dans la langue que des signes est licite dans le champ scientifique, car il s'agit là de "retrancher toute subjectivité de l'expression", "de donner à l'état d'âme un tour objectif". Un tel emploi se justifie aussi en affaires. En revanche,

> “l’usage conventionnel déplace ce traitement de la langue dans un champ qui aurait besoin d’une réceptivité libre” (UTB 30-31, § 21).

Il brouille les frontières entre les deux emplois

> “et produit une éloquence et une poésie dégénérées”. (UTB 30-31, § 21)

A l’inverse, l’usage rhétorique, c’est-à-dire la langue comme image, intervient

> “pour toute connaissance qui exige les forces indivises de l’homme”. (UTB 30, § 21)

Cette sorte de connaissance rayonne sur toutes les autres

> “et une nation qui ne cherche ni ne trouve le centre de sa culture dans la poésie, la philosophie et l’histoire, lesquelles appartiennent à cette connaissance, perd rapidement l’effet en retour bienfaisant de la langue sur elle, parce que, par sa propre faute, elle ne la nourrit plus avec la matière qui peut seule maintenir en elle jeunesse et force, éclat et beauté.” (UTB 30, § 21)

Mais cette dichotomie est elle-même encore trop simple. L’éloquence, qui appartient évidemment à l’usage rhétorique,

> “peut, à tort ou à raison, passer dans l’usage scientifique et dans l’usage des affaires.” (UTB 30, § 21)

Et l’usage scientifique de la langue et son usage quotidien doivent être séparés. Ils appartiennent certes à la même classe dans la mesure où ils ne veulent voir dans la langue que des signes et éliminent tout effet particulier qu’elle produit en tant que matière autonome. Mais l’usage scientifique le fait dans un champ où cela est licite et le fait en éliminant toute subjectivité de l’expression, alors que l’usage conventionnel le fait dans un champ qui exigerait une libre réceptivité.

5) **Conclusion** (§§ 22-23)

La recherche comparative sur les langues, dont ce texte a tracé le programme et les perspectives, vise à parcourir dans sa totalité le domaine des langues et des cultures.

> “L’organisme originel de la langue ne peut être étranger à ces derniers usages de la langue qui sont les plus essentiels. C’est en lui que se trouve le premier germe qui donnera naissance au développement qui suivra. C’est à partir de l’investigation de la grammaire et du répertoire de mots de toutes les nations, dans la mesure où les moyens de le faire existent, et à partir de l’examen des monuments écrits des nations cultivées, que la manière de produire des idées et le niveau auxquels sont parvenues les langues humaines doivent être présentées avec cohérence et clarté, ainsi que, dans leur structure, l’influence des diverses propriétés sur leur épanouissement ultime. “” (UTB 31, § 22)

Pour atteindre ce but, il faut d’abord réunir l’origine et le plein développement des langues. Les langues sont en effet des organismes qui ont une origine, un développement, un apogée et un déclin. Considérée dans la perspective “pragmatique”, c’est-à-dire dans la perspective de ce que l’homme “fait ou peut et doit faire de lui-même”, l’organisme qu’est la langue est dans la dépendance de sa configuration intime, quand on la considère du point de vue “physiologique”. La recherche qui la concerne comporte deux éléments complémentaires : recherche sur la langue comme système et recherche sur les monuments culturels écrits qu’elle a rendus possibles. Les langues en effet, du moins celles qui sont “parvenues à une élaboration supérieure”, traduisent ”des façons propres de voir le monde”.

Ainsi peut-on déterminer le champ des recherches comparées sur les langues, fixer son but en montrant que, pour l’atteindre, il faut rassembler “l’origine et le plein développement des langues”.

> “C’est seulement sur cette voie que ces recherches pourront conduire à regarder les langues de moins en moins comme des signes arbitraires et à chercher dans le caractère particulier de leur construction les moyens d’approfondir et de reconnaître la vérité et la formation de l’état d’esprit et du caractère.” (UTB 32, § 23)

VI.

SUR LA NAISSANCE DES FORMES GRAMMATICALES

Sur la naissance des formes grammaticales et leur influence sur le développement des idées

Über das Entstehen der grammatischen Formen und ihren Einfluss auf die Ideenentwicklung

(1822)

En 1820, le texte *Sur l'étude comparée des langues* avait marqué le début de l'étape centrale du travail de Humboldt sur les langues et les cultures. Une idée essentielle de ce texte était que les langues ont une histoire qui les conduit d'un stade primitif vers une maîtrise progressive de leur forme. On peut dire qu'elles ne parviennent à ce stade ultime que lorsque l'esprit est incité par elles à une pensée formelle. Chaque langue est un système complexe : pour en rendre compte, il faut regarder non seulement le vocabulaire, mais également la grammaire, qui est l'élément formel de la langue.

> "L'essence du langage consiste à couler la matière du monde phénoménal dans la forme des pensées ; tout l'effort qui le porte est formel et, comme les mots tiennent la place des objets, il faut aussi opposer à la matière qu'ils représentent une forme à laquelle ils sont soumis." (UTB 21- 22, § 14)

Au stade suprême du développement des langues,

> "plus aucun élément n'est pensé comme dépourvu de forme" (§ 14).

La conséquence en est que l'esprit est

> "incité par le sentiment du formel à une pensée formelle" (§ 14).

Ainsi peut-on résumer la pensée de Humboldt en 1822, lorsqu'il entreprend d'écrire *Sur la naissance des formes grammaticales et leur influence sur l'évolution des langues*. Il s'agissait maintenant pour lui d'étudier

> "l'origine des formes grammaticales et leur influence sur l'évolution des idées." (UTB 52, § 1)

Mais il ne s'agit pas pour Humboldt d'écrire une histoire de l'évolution des langues, mais de reconstruire comment celles-ci contribuent idéalement à l'épanouissement de l'esprit humain. Pour pouvoir embrasser toutes les langues, Humboldt veut faire ce travail de synthèse, ainsi que le dit Trabant, comme une "une histoire idéale de processus (...) présents dans toutes les langues"[70]. Qu'est-ce qu'une "histoire idéale" ? C'est une histoire qui repose sur "*l'idée*", comprise comme principe d'intelligibilité de tout phénomène humain autonome. On se souvient que le concept d'*idée* était au centre du texte de 1821 sur *La tâche de l'historien*[71]. Humboldt écrira donc cette histoire idéale

> "dans la perspective d'un déploiement et d'une montée optimiste de l'esprit humain d'une forme "inférieure" (mais néanmoins tout aussi humaine) vers une forme "supérieure" de langue".[72]

L'idéologie du progrès est incontestablement présente à l'esprit de Humboldt.

1) Perspective et mise en garde

Pour faire cette "histoire idéale" des formes grammaticales, Humboldt estime qu'il doit répondre à deux questions concernant la place de la grammaire dans la construction du discours. Ces deux questions sont les suivantes :

---

[70] Trabant, J. *Wilhelm von Humboldt Über die Sprache*. 1994 : 244.
[71] Cf. infra chap. IV.
[72] Trabant, J. *op. cit., ibid.*

> "comment naît dans une langue cette manière de désigner les relations grammaticales qui mérite d'être appelée une forme ? et dans quelle mesure est-il important pour l'activité de penser et le développement des idées que les relations soient désignées par des formes réelles ou qu'elles le soient par d'autres moyens ?" (UTB 52, § 1)[73]

La réponse à ces deux questions structure le texte dans son ensemble :

- la réponse à la première question est double : une longue description de formes verbales dans les langues les plus diverses est suivie d'un résumé intitulé "*1. Naissance des formes grammaticales*" (cf. UTB pp. 73 - 74).
- la réponse à la deuxième question porte le titre : "*2. Influence des formes grammaticales*" (cf. UTB pp. 75 - 81).

On a, en somme, d'abord une partie descriptive empirique, suivie d'une partie synthétique double dont les titres répondent aux deux questions posées en commençant (naissance et influence).

Les premiers paragraphes (§§ 2 à 6) définissent la perspective dans laquelle Humboldt entend traiter le problème de la naissance des formes grammaticales :

> "comme il est question ici de la naissance progressive de la grammaire, les différences entre les langues se présentent, lorsqu'elles sont considérées de ce point de vue, comme des étapes dans leur progression." (UTB 52, § 2)

Cette affirmation semble impliquer que toutes les langues évoluent selon un schéma analogue. Mais Humboldt apporte aussitôt une correction : il faut tenir compte en effet de ce que

> "on doit se garder de vouloir tracer un type général de formation progressive de la langue et de vouloir juger tous les phénomènes d'après ce schéma. Partout dans les langues, l'effet du temps se combine à l'effet de la particularité nationale." (UTB 52, § 3, souligné par moi)

On ne peut donc pas traiter l'évolution des langues en les isolant du contexte national. Il demeure cependant que,

[73] Pour faciliter les références, j'ai procédé à la numérotation des paragraphes. Leur indication fait suite à l'indication de la page.

> “pris dans sa plus grande extension, le langage connaît un centre ultime dans le genre humain” (UTB 52-53, § 4)

Le problème de l’évolution des langues doit donc être traité dans un cadre universaliste, dans la perspective d’un progrès continu qui est celui du genre humain, tout en tenant compte des particularités nationales. A la question :

> “à quel degré de perfection l’homme a-t-il porté jusqu’ici le langage ?” (UTB 53, § 4)

la réponse est :

> “Un développement progressif de la faculté de langage est reconnaissable, et l’est à des signes certains, en ce sens, on peut à bon droit parler d’une différenciation par degrés des langues.” (UTB 53, § 4)

L’évolution des langues apparaît donc comme un phénomène dans lequel, d’une part, le langage connaît un développement progressif et, d’autre part, ce développement s’effectue dans le cadre national, ce qui implique que les langues ne sont pas toutes simultanément au même stade de développement, mais qu’elles suivent la même voie. Humboldt veut s’attacher à la reconstruction “idéale” de ce processus.

Il le fera en s’occupant de la grammaire, qui est l’élément formel des langues. Comme il ne doit être question que du concept des relations grammaticales et de leur expression en langue,

> “nous n’avons à nous occuper que de discuter la première exigence pour le développement des idées et à déterminer les premiers degrés de la perfection linguistique”. (UTB 53, § 5).

Comme on ne peut douter que toute langue, même la plus imparfaite et la plus primitive, possède des formes grammaticales authentiques, on ne cherchera des différences entre les langues que

> “dans la finalité, la complétude, la clarté et la brièveté de ces formes. “ (UTB 53, § 6)

Sur ces critères d’évaluation pourra se fonder une hiérarchisation des formes grammaticales.

Le projet de Humboldt est donc clairement défini. Mais avant d'aborder la question : qu'entend-on par "forme grammaticale" ?, il consacre un long développement (§§ 7 à 18) à deux mises en garde méthodologiques.

La première (§§ 7 à 11) invite à adopter une attitude prudente de *relativisme dans l'appréciation des langues*, à ne pas juger une langue en fonction de critères importés d'une langue plus évoluée, ce qui introduirait un biais.

> "Les relations grammaticales dépendent absolument de l'intention qu'on leur prête. Elles dépendent moins des mots que de ce que les interlocuteurs leur prêtent." (UTB 54, § 8)

Il est beaucoup plus facile d'introduire une grammaire dans une langue que des significations pour les mots.

Ce qui fait les mérites et les faiblesses d'une langue, c'est ce à quoi elle invite par sa propre force interne.

> "Sa mesure est la clarté, la netteté et l'agilité des idées qu'elle suscite dans la nation à laquelle elle appartient, par l'esprit de laquelle elle a été formée et sur laquelle elle agit en retour." (UTB 54, § 9)

Toute langue doit être comprise au sens où elle a été formée par la nation et non dans un sens qui lui est étranger.

Une langue qui n'a pas de vraie forme grammaticale trouvera d'autres modalités pour caractériser les relations grammaticales. Ce sera certes une langue imparfaite, mais il est possible de transposer dans une telle langue tous les types de discours (UTB 55, § 10). Cette possibilité n'abolit toutefois pas l'idée d'une hiérarchie entre les langues :

> "ce n'est pas parce que presque n'importe quelle langue peut indiquer toutes les relations grammaticales que chacune possède des formes grammaticales au sens où les langues de haute culture les connaissent." (UTB 55, § 11).

La seconde mise en garde (§§ 12 à 18) concerne *ce qu'on pourrait appeler un ethnocentrisme.*

> "Comme on aborde d'ordinaire l'étude d'une langue inconnue du point de vue d'une langue connue, la langue maternelle ou le latin, on cherche à savoir comment les relations grammaticales de celle-ci sont désignés dans la langue inconnue (...) Mais très fréquemment, ces formes n'existent pas dans la langue en question et sont remplacées par d'autres. On doit (...) étudier chaque langue dans

sa particularité, de telle sorte qu'une analyse précise des parties qui la constituent permette de reconnaître quelle forme désigne quelle relation grammaticale." (UTB 56, § 12)

De nombreuses erreurs ont été commises, concernant notamment les langues américaines, comme le montrent les exemples analysés dans les paragraphes suivants (§§ 13 à 18).

Ces mises en garde débouchent directement sur la question des relations grammaticales et de leur expression. Les mots sont les objets dans la langue, les relations grammaticales les relient, mais le discours n'est possible que par les deux ensemble. On pourrait dire qu'ils constituent un "organisme". Mais Humboldt ajoute une précision importante : les liens que sont les relations grammaticales peuvent être

"ajoutés par la pensée sans avoir partout des signes dans la langue" (UTB 58, § 19)

Disant cela, Humboldt dissocie la *relation* grammaticale de la *forme* grammaticale. Et la structure de la langue peut être telle que les malentendus et la confusion sont néanmoins évités, du moins jusqu'à un certain point.

"Dans la mesure où les relations grammaticales ont alors une expression déterminée, une telle langue possède pour l'usage une grammaire sans avoir cependant de forme proprement grammaticale." (UTB 58, § 19, souligné par moi)

La liaison se fait seulement dans la tête des locuteurs, elle n'a pas de signe dans la langue.

Disant cela, Humboldt ne sait pas encore qu'il s'apprête à ouvrir la boîte de Pandore lorsqu'il prendra en compte le chinois[74].

A ses yeux, si les deux solutions sont possibles, elles n'ont cependant pas la même valeur :

"si le développement des idées doit se faire avec une vraie netteté, et en même temps avec rapidité et de manière féconde, l'entendement doit être dispensé d'avoir à faire cet ajout, et la relation grammaticale doit être désignée par la langue, comme le sont les mots. " (UTB 58, § 20)

[74] Cf. chapitre VIII.

En effet, les formes grammaticales ont pour fonction de représenter l'action de l'entendement dans la construction par la langue d'un état de choses. La présence de formes grammaticales, qui permettent à la langue de "représenter l'activité de la pensée", est donc un critère de supériorité dans l'évaluation et la hiérarchisation des langues. La vraie conception de la forme grammaticale est la modification des mots qui désignent les choses. C'est le seul moyen qui reste si on élimine

1) l'ordre des mots avec relation grammaticale ajoutée mentalement,

2) l'absence de désignation.

La conséquence de cela est l'affirmation de la supériorité intellectuelle des peuples dont la langue possède une morphologie :

> "le développement des idées ne peut prendre un véritable essor que quand l'esprit prend plaisir à la production de la pensée et cela dépend toujours de l'intérêt pris à la seule forme. Cet intérêt ne peut être éveillé par une langue qui n'est pas habituée à représenter la forme en tant que telle. " (UTB 59, § 22)

Il y a là un facteur de différenciation dans l'appréciation des langues.

Humboldt passe ensuite à une longue description des moyens dont usent les langues pour distinguer les formes grammaticales : flexions ou mots grammaticaux, qui ont chacun leurs avantages et leurs inconvénients (§§ 23 à 45, UTB 59-72).

> "Jusqu'ici j'ai tenté surtout de distinguer des formes grammaticales leurs analogues (...) Convaincu que rien ne nuit plus à l'étude des langues qu'un raisonnement général qui ne serait pas fondé sur la connaissance convenable, j'ai étayé chaque détail par des exemples, bien que je sente qu'une vraie conviction ne peut provenir que d'une étude complète d'au moins une des langues prises ici en considération. Pour parvenir à un résultat décisif, il est maintenant nécessaire de résumer toute la question sans y mêler des faits." (UTB 72, § 47)

La synthèse qu'il annonce est proposée maintenant, comme je l'ai indiqué, dans les deux parties intitulées :

1. *Naissance des formes grammatiocales* ;
2. *Influence des formes grammaticales.*

en réponse aux deux questions posées initialement :

> "comment naît dans une langue cette manière de désigner les relations grammaticales qui mérite d'être appelée une forme ? et dans quelle mesure est-il important pour l'activité de penser et le développement des idées que les relations soient désignées par des formes réelles ou qu'elles le soient par d'autres moyens ?" (UTB 52, § 1)

2) Naissance des formes grammaticales

Dans cette partie, Humboldt donne un résumé de l'évolution des formes grammaticales. Il procède à une reconstruction de l'"histoire idéale" des langues.

A l'origine, la langue se contente de désigner des objets et laisse à l'interlocuteur

> "le soin d'ajouter par la pensée les formes qui tissent le discours." (UTB 73)

Mais le locuteur cherche à faciliter le travail de la pensée en recourant à un ordre des mots qui donne des indications sur leur relation et en donnant ces indications par certains mots eux-mêmes.

> "Ainsi, au niveau le plus bas, la désignation grammaticale se fait par des locutions (Redensarten), des propositions (Phrasen), des phrases (Sätze)." (UTB 73)

De là, on passe à un second niveau : lorsque le moyen qu'on vient d'indiquer est employé avec une certaine régularité

> "l'ordre des mots devient permanent, les mots cités ci-dessus perdent peu à peu leur usage indépendant, leur signification d'objet, leur son originel." (UTB 73)

Il se produit alors une certaine stabilisation du système et les mots qui avaient un double usage se spécialisent dans leur fonction formelle et modifient leur signifiant.

> "Ainsi, au second niveau, la désignation grammaticale se fait par des ordres fixes des mots et par des mots qui balancent entre une signification objectale et une signification formelle." (UTB 73)

On est encore à une étape intermédiaire. Cette étape en précède une troisième :

> "Les ordres des mots gagnent en unité, les mots à signification formelle s'y ajoutent et deviennent des affixes[75]. Mais le lien n'est pas encore solide, les jointures sont encore visibles, le tout est un agrégat, mais pas une unité. Ainsi, au troisième niveau, la désignation grammaticale se fait par des analogues de formes." (UTB 73)

On arrive enfin au stade purement formel des langues à leur maturité.

> "Le caractère formel s'impose enfin. Le mot a une unité, il n'est modifié dans ses relations grammaticales que par l'inflexion ; chacun relève d'une partie du discours déterminée et il n'a pas seulement une individualité lexicale, mais aussi grammaticale ; les mots qui désignent une forme n'ont plus de signification annexe gênante, mais sont l'expression pure de relations.
> Ainsi, au niveau le plus élevé, la désignation grammaticale se fait par des formes véritables, par la flexion et par des mots purement grammaticaux." (UTB 73 - 74)

En résumé,

> "L'essence de la forme consiste dans son unité et dans la domination du mot auquel elle appartient sur les sons annexes qui l'accompagnent. Cela est sans doute facilité par la perte de signification des éléments et par l'usure des sons au cours d'un long usage. Mais la naissance de la langue n'est jamais entièrement explicable par un effet aussi mécanique de forces inertes et on ne doit jamais perdre de vue l'action de la force et du caractère individuel de la pensée." (UTB 74)

Aux éléments grammaticaux ("formes véritables", "flexion", "mots purement grammaticaux"), dont il a parlé, Humboldt ajoute dans un dernier paragraphe *l'accent* comme un des éléments par lesquels la désignation grammaticale se fait. Quel est son rôle propre ?

> "L'unité du mot, dit Humboldt, est assurée par l'accent. Celui-ci est en soi de nature plus spirituelle que les sons accentués eux-mêmes, et on le nomme <u>l'âme du discours</u>, non seulement parce que c'est lui qui rend le discours véritablement compréhensible, mais aussi parce qu'il est réellement, plus directement que quoi

[75] En linguistique, le terme *affixe* désigne le *préfixe*, l'*infixe* ou le *suffixe*.

> que ce soit d'autre, l'émanation du sentiment qui accompagne le discours.(...) Quelles que puissent être les destinées d'une langue, elle ne parviendra jamais à une structure grammaticale d'excellence si elle n'a pas la chance d'être, au moins une fois, parlée par une nation composée de gens d'esprit ou de penseurs profonds. Sinon, rien ne la sauvera de la médiocrité de formes paresseusement assemblées et qui n'aiguillonnent nulle part la pensé. (UTB 74, souligné par moi).

Ainsi est affirmée une position qui permet à Humboldt de maintenir des liens entre la langue et la nation, car

> " quelles que soient les destinées d'une langue, elle ne parviendra jamais à une structure grammaticale d'excellence si elle n'a pas la chance d'être, au moins une fois, parlée par une nation composée de gens d'esprit ou de penseurs profonds." (UTB 74)

3) Influence des formes grammaticales

Le deuxième chapitre de la synthèse est intitulé "*L'Influence des formes grammaticales*". Humboldt y répond à la deuxième des questions qui avaient été posées en commençant et envisage quel usage les différentes langues font des formes grammaticales pour l'activité de pensée. Et il les évalue en fonction de ce critère.

Il prend pour point de départ le principe fondamental de sa philosophie du langage :

> "l'activité de pensée, qui s'effectue par l'intermédiaire du langage est dirigée soit vers des buts corporels externes, soit vers elle-même, c'est-à-dire vers des buts intellectuels. Dans ces deux directions, elle a besoin de concepts clairs et distincts qui, en langue, dépendent pour la plus grande part du mode de désignation des formes grammaricales." (UTB 75).

L'ambiguïté peut en effet naître de périphrases, ou d'un ordre des mots incertain, ou même de formes analogiques. Et, même quand la compréhension est assurée, très souvent le concept demeure mal défini. Et

> "si l'activité de penser se tourne vers une vraie contemplation intérieure et pas seulement vers des activités extérieures, la seule clarté

et netteté des concepts fait naître d'autres exigences difficiles à remplir sur cette voie.
Car toute activité de pensée vise la nécessité et l'unité. Toute l'aspiration de l'humanité va dans la même direction. Elle ne vise comme résultat ultime rien d'autre que trouver une régularité ou bien la fonder." (UTB 75)

Pour faire droit à la pensée, la langue doit dans sa structure autant que possible correspondre à l'organisme que constitue la pensée :

"Sinon, du fait qu'elle doit en tout être symbole, elle n'est plus qu'un symbole imparfait de ce avec quoi elle est dans une relation immédiate. Tandis que, d'une part, la masse de ses mots donne une idée de l'ampleur de son monde, sa construction grammaticale représente la façon dont elle voit l'organisme de la pensée." (UTB 75)

Donc, la pensée

"doit pouvoir passer en elle sans discontinuité d'un élément à l'autre et trouver en elle les signes pour tout ce dont elle a besoin pour sa cohérence. Sinon, des lacunes apparaissent, là où la langue s'éloigne de la pensée au lieu de l'accompagner." (UTB 75)

La langue doit épouser toutes les nuances de la pensée et se soumettre à elle. Réciproquement, l'esprit ne peut développer ce à quoi il aspire qu'avec l'aide de la langue.

"Bien que l'esprit aspire partout et toujours à l'unité et à la nécessité, il ne peut les développer que peu à peu à partir de lui-même et à l'aide de moyens plus sensibles. La langue est parmi les plus utiles de ces moyens, car, même pour ses buts les plus conditionnels et les plus modestes, elle a besoin de règles, de formes et de régularités. Donc, plus l'esprit trouve élaboré dans la langue ce à quoi il aspire pour lui-même, plus il pourra s'unir étroitement à elle." (UTB 75 - 76, souligné par moi)

Mais les langues ne satisfont ces exigences que

"si elles possèdent des formes authentiquement grammaticales et non des analogues de règle." (UTB 76)

Le premier besoin et la plus essentielle exigence de l'esprit envers la langue est

> "qu'elle sépare proprement la chose et la forme, l'objet et la relation et non qu'elle les mêle. Si la langue habitue l'esprit à ce mélange ou lui rend difficile de faire la distinction, elle paralyse et falsifie toute l'activité intérieure de l'esprit. Mais la séparation n'est proprement assurée que dans la création de la forme authentiquement grammaticale par la flexion ou par des mots grammaticaux." (UTB 76, souligné par moi)

C'est ce que montrait dans la première partie l'échelonnement dans le temps de la création des formes grammaticales.

Il existe dans la pensée de Humboldt une analogie entre l'exigence de rationalité et de clarté que doit réaliser toute langue et l'évolution des langues telle qu'il l'a reconstruite dans la partie précédente. Il transforme ainsi l'histoire des langues en un récit de l'avènement de la raison. Mais toutes les langues ne peuvent prétendre à cette perfection.

> "En toute langue qui ne connaît que des analogues de formes, il subsiste des éléments de matière dans la désignation grammaticale qui ne devrait être que formelle." (UTB 76)

Là où la fusion de la forme n'est pas totale, l'esprit croit toujours voir séparément les éléments

> "et la langue n'a pas pour (l'esprit) l'accord exigé avec les lois de l'activité de celui-ci." (UTB 76)

L'esprit éprouve l'existence de lacunes et s'efforce de les combler ;

> "il ne travaille donc pas avec la même rapidité et la même adresse, avec un plaisir égal à nouer des relations aisées entre des concepts particuliers et des concepts plus généraux au moyen de formes linguistiques adaptées en accord avec ses propres lois." (UTB 76)

Une forme grammaticale a sur l'esprit un effet qui repose sur le fait qu'elle reflète directement la pensée qui lui a donné naissance.

> "Dans une langue qui ne serait pas ainsi formée grammaticalement, l'esprit trouve des lacunes et des imperfections dans le schéma général d'enchaînement du discours, dont l'expression

> appropriée en langue est la condition indispensable pour toute activité de pensée réussie." (UTB 77)

Il y a un "effet en retour de la langue sur l'esprit", par lequel

> "la forme authentiquement grammaticale donne, même lorsque l'attention n'est pas intentionnellement dirigée sur elle, l'impression d'une forme. " (UTB 77)

On peut dire également que :

> "lorsqu'une langue présente à l'entendement les formes grammaticales de manière impure et déficiente, plus cette action dure, plus il est difficile d'échapper à cet obscurcissement d'une vision purement formelle." (UTB 77)

Et cela a naturellement des conséquences pour la nation entière :

> "il reste toujours très <u>difficile à comprendre qu'une nation puisse parvenir d'elle-même, sur la base demeurée immuable d'une telle langue, à une haute culture scientifique</u>. Dans ce cas, l'esprit ne reçoit pas de la langue, et celle-ci ne reçoit pas de l'esprit, ce dont l'un et l'autre ont besoin et le fruit de leur action réciproque devrait, pour devenir salutaire, être d'abord une modification de la langue." (UTB 77-78, souligné par moi)

Tels sont les critères qui permettent de distinguer les langues grammaticalement formées des autres, même si

> "aucune peut-être ne peut se vanter d'un accord parfait avec les lois générales du langage, aucune peut-être n'a reçu intégralement une forme dans toutes ses parties." (UTB 78)

On doit toujours considérer que la domination de la forme dans la structuration de la langue est un critère absolu :

> "la distinction qui oppose nettement deux classes de langues l'une à l'autre n'est pas complètement relative, consistant seulement en un plus ou un moins, mais c'est réellement une différence absolue, car la présence ou l'absence d'une domination de la forme est toujours parfaitement visible." (UTB 78)

Vient alors le diagnostic définitif :

> "<u>il est indéniable que seules les langues grammaticalement formées possèdent une aptitude parfaite à développer les idées</u>." (UTB 78, souligné par moi)

4) Que faire de la langue et de la civilisation chinoises ?

Cette question cruciale surgit alors. En effet, Humboldt doit l'admettre,

> "Le chinois donne l'exemple le plus éclatant d'une littérature florissante depuis des millénaires dans une langue presque dépourvue de grammaire au sens ordinaire du mot." (UTB 78)

C'est un démenti éclatant à la thèse qu'il vient de développer.

> ""Il est connu, poursuit-il, que, dans ce qu'on appelle le style ancien, dans lequel sont rédigés les écrits de Confucius et de son école, lequel style est aujourd'hui encore généralement en usage pour toutes les grandes œuvres philosophiques et historiques, on ne désigne les relations grammaticales que par la position ou par des mots séparés et que le soin est fréquemment laissé au lecteur de deviner à partir du contexte s'il doit prendre un mot pour un substantif, un adjectif, ou un verbe ou s'il doit le prendre pour une particule. Le style mandarin et le style littéraire ont certes veillé à introduire plus de détermination grammaticale dans la langue, mais même chez eux, elle ne possède pas de formes véritablement grammaticales et la littérature qui vient d'être mentionnée, la plus célèbre de la nation, est entièrement indépendante de ce traitement." (UTB 78-79)

Humboldt découvre une contradiction majeure entre le système de pensée qu'il vient de construire dans la première partie de son texte et certains faits avérés. Il cite le nom du sinologue Abel-Rémusat, qui faisait alors autorité. Il évoque également les travaux d'un autre Français sur la langue copte, qui est issue de la langue des anciens Egyptiens.

> "Si, dit-il, deux des peuples les plus remarquables purent atteindre le niveau de culture intellectuelle qui fut le leur avec des langues qui se passent, totalement ou pour leur plus grande part, de formes grammaticales, il en découle, semble-t-il, une objection importante contre la nécesité affirmée de ces formes." (UTB 79)

La construction théorique idéale de l'évolution des langues qu'il vient d'établir semble mise à mal : ni le copte, ni le chinois ne peuvent s'y inscrire.

Alors, Humboldt s'efforce de trouver des arguments pour réfuter cette mise en cause :

"il est indéniable, écrit-il, que la rapidité et l'acuité de la pensée, que favorise une abondance de formes grammaticales clairement et facilement formées, se manifeste de la manière la plus brillante dans le discours de la dialectique et de l'éloquence, que celui-ci se déploie avec sa plus grande force et sa plus grande finesse dans la prose attique. A propos de l'ancien style chinois, même ceux qui, par ailleurs, émettent un jugement favorable sur la littérature de ce peuple, admettent qu'il est confus et décousu, si bien que le style qui a suivi, mieux adapté aux besoins de la vie, devait s'efforcer de lui donner plus de clarté, un caractère plus défini et plus de variété. Cela apporte donc au contraire des preuves en faveur de notre affirmation." (UTB 79)

Il réaffirme son point de vue.

"Que des langues qui n'ont pas de forme grammaticale ou des formes très imparfaites ont une action gênante sur l'activité intellectuelle au lieu de la favoriser, cela découle, comme je crois l'avoir démontré, de la nature de l'activité de pensée et du discours. " (UTB 80)

Il réaffirme la supériorité du sanscrit et du grec qui en est issu.

"Le sanscrit est la plus ancienne et la première des langues que nous connaissons à posséder une vraie architecture de formes grammaticales, et cela avec une telle perfection et une telle complétude de son organisme que, sur ce point, peu nombreuses sont celles qui l'ont rejointe. A ses côtés, se trouvent les langues sémitiques ; mais c'est la langue grecque qui a sans conteste atteint la plus grande perfection dans sa construction." (UTB 81)

Malgré ces dénégations, la construction idéale de l'évolution des langues à laquelle il vient de procéder est si bien remise en cause que Humboldt va bel et bien être conduit par sa propre rigueur intellectuelle à remanier son système de pensée.

A cette exigence intérieure va s'ajouter la pression intellectuelle exercée par Abel-Rémusat, qui écrivit en 1824 un compte-rendu de son texte[76]. Abel-Rémusat voyait dans le propos de Humboldt l'examen des deux questions suivantes :

---

[76] Le texte de Rémusat est accessible dans : Rousseau, J. / D.Thouard *Lettres édifiantes et curieuses sur la langue chinoise. Humboldt / Abel-Rémusat 1821-1831.* Lille 1999 : 119-124.

"D'où vient, dans les langues, cette manière d'exprimer les rapports grammaticaux que l'on nomme *forme grammaticale* ? Jusqu'à quel point peut être important, pour l'exercice de la faculté de penser et pour le développement des idées, que les rapports soient marqués par des formes proprement dites, plutôt que de tout autre manière ? "[77]

Cette analyse correspond bien aux deux parties selon lesquelles Humboldt avait organisé son essai. Après avoir résumé la position de Humboldt sur la nécessité de formes grammaticales, Abel-Rémusat contestait l'affirmation que le chinois exprimerait

"les rapports grammaticaux par la seule position des mots ou par des mots significatifs appliqués temporairement à cet usage,".[78]

ce qui,

"suivant M. de Humboldt, (revient à) employer le mode le plus imparfait et le moins satisfaisant."

Pour Rémusat, certains rapports ne perdent rien à être exprimés par la position : on trouve cela même en latin avec le génitif qui exprime de multiples rapports ; c'est aussi le cas en allemand et en anglais avec les mots composés. En conclusion, Rémusat souligne certes "la haute importance philosophique" de la pensée de Humboldt, mais il lui conseille de poursuivre son étude du chinois, car, dit-il,

"dans une langue dépourvue de formes grammaticales, où tous les mots presque sans exception, peuvent tour à tour jouer le rôle qu'on assigne ailleurs aux noms, aux adjectifs, aux verbes, aux adverbes et même aux particules, trouver des règles claires, constantes et positives, pour arriver toujours à l'expression nette et précise de la pensée, avec toutes les modifications dont elle est susceptible ; voilà, dans sa généralité, le phénomène que présente la grammaire chinoise, et il faut ajouter que la langue où on observe ce phénomène a servi à exposer d'une manière aussi lucide que le grec, les doctrines platoniciennes et les subtilités de la métaphysique des Brahmanes."[79]

---

[77] *op. cit.* 119-120.
[78] *op. cit.* 120.
[79] *op. cit.* 124.

L'opposition entre Humboldt et le sinologue est frontale. Le texte d'Abel-Rémusat marque le début d'une longue correspondance entre les deux savants qui dura jusqu'à la mort prématurée du Français en 1831[80].

[80] Voir Rousseau / Thouard, *op. cit.* : 221-318.

VII.

L'ÉCRITURE ALPHABÉTIQUE ET LA CONSTRUCTION DES LANGUES

Sur l'écriture alphabétique et sa relation avec la construction des langues

Über die Buchstabenschrift und ihren Zusammenhang mit dem Sprachbau

(1824)

En 1824, poussé sans doute par les travaux de Champollion dont on parlait beaucoup, Humboldt s'arrêta sur un problème nouveau : celui de *l'écriture*. Mais cela ne le détournait pas complètement du problème, resté pendant, que posait le chinois : le type d'écriture est en effet un point sur lequel le chinois et les langues indo-européennes divergent radicalement. Et on peut légitimement se demander s'il existe une relation entre le système d'écriture d'une langue et le type de langue qu'elle représente.

> "Il m'a toujours semblé, écrit Humboldt en commençant, en réfléchissant sur ce qui relie l'écriture alphabétique à la langue, que la première était dans un rapport précis avec les mérites de la seconde et que l'adoption et l'élaboration de l'alphabet, et même sa manière d'être et peut-être aussi son invention, dépendaient du degré de perfection de la langue et, plus profondément encore, des dispositions de chaque nation envers la langue." (UTB 98, § 1)[81]

[81] La numérotation des paragraphes est de mon fait. Je l'ai introduite pour la commodité des références.

Telle est, dans le droit fil de sa position de 1822, la thèse que Humboldt va défendre dans ce nouvel écrit. Il y réaffirme avec vigueur sa conviction qu'il existe une hiérarchie entre les langues. L'adoption de l'écriture alphabétique, dit-il, témoigne d'un degré de perfection supérieur des langues qui l'utilisent.

⋆ ⋆
⋆

Avant d'aborder l'analyse du texte de Humboldt, quelques précisions terminologiques sont peut-être utiles. On désigne comme *écriture alphabétique* le système de notation à la base duquel se trouvent les sons d'une langue, selon le principe : *un signe représente un son*. Ces sons sont dénommés "*phonèmes*". Le phonème est la plus petite unité discrète ou distinctive (c'est-à-dire permettant de distinguer les mots les uns des autres) que l'on puisse isoler. Un phonème est en réalité une entité abstraite, qui peut correspondre à plusieurs sons. Les caractères écrits représentent les phonèmes ; ils n'ont pas de signification sémantique et constituent ensemble un alphabet.

L'écriture alphabétique s'oppose aux *écritures logographiques*, comme le chinois ou comme les hiéroglyphes de l'Égypte antique, qui ont des signes pour désigner des unités sémantiques (mots, concepts, idées). Ces signes sont des *logogrammes*. L'écriture logographique rend le concept d'une chose par un signe unique (qui peut être composite) et non par des caractères qui s'assemblent pour représenter un mot. Un logogramme est la plus petite unité significative du langage comme signe unique écrit qui représente un mot complet, indépendamment de la langue. Un *idéogramme* est un logogramme notant un élément abstrait de la réalité.

Le principe qui commande la graphie dans les écritures phonétique et logographique n'est donc pas le même : sémantique pour les écritures logographiques, phonétique pour les écritures alphabétiques.

1) L'écriture alphabétique et la structure des langues

La supériorité, du point de vue de leur organisation interne, des langues disposant de l'écriture alphabétique sur celles qui ne l'ont pas est, pour Humboldt empiriquement ("historiquement", dit-il) confirmée

> "par l'étude du sanscrit et de quelques langues apparentées et par la prise en considération de l'architecture du chinois" (UTB 98, § 2).

L'écriture alphabétique est, dit-il,

> "si intimement liée aux langues sémitiques et au sanscrit qu'il n'existe pas le moindre indice que ces langues se soient un jour servi d'une autre écriture." (UTB 98, § 2, souligné par moi)

Et si les Chinois n'ont pas adopté ce système, qu'ils connaissaient fort bien depuis longtemps,

> "ce n'est pas seulement par attachement à la tradition et par éloignement de ce qui est étranger, c'est, à en juger d'après leurs dispositions pour les langues et d'après la structure de leur propre langue, que le besoin intime d'une écriture alphabétique ne s'est pas encore éveillé en eux." (UTB 98-99, § 2, souligné par moi)

Pour l'égyptien ancien, relayé aujourd"hui par la langue copte, non seulement l'Egypte a possédé une écriture alphabétique, mais certains témoignages la donnent pour le berceau de cette écriture (§ 3). Le problème de l'écriture est donc présenté comme un nouvel aspect de l'opposition entre deux types de langues et semble s'inscrire dans le schéma de progression des langues proposé dans le texte de 1822.

> "Ecriture alphabétique et disposition linguistique sont dans la relation la plus étroite et en rapport constant l'une avec l'autre." (UTB 99, § 4)

C'est, dit Humboldt, ce qu'il va s'efforcer de montrer théoriquement et historiquement.

Deux raisons l'ont poussé à s'intéresser à cet objet. La première est théorique :

> "la nature du langage ne peut être comprise complètement si on n'examine pas en même temps sa relation avec l'écriture alphabétique" (UTB 99, § 4, souligné par moi).

La seconde raison est simplement conjoncturelle : les travaux de Champollion ont fait

> “redoubler l’intérêt pour les travaux portant sur l’invention et l’appropriation de l’écriture.” (UTB 99, § 4)

L’intérêt théorique du travail est souligné. On peut certes faire valoir en faveur de l’écriture alphabétique des arguments d’ordre pratique : elle présente une grande utilité dans l’usage quotidien et pour la diffusion des connaissances ;

> “son importance de ce point de vue, dit Humboldt, est trop évidente, et peu nombreux devraient être ceux qui méconnaissent les avantages de l’écriture alphabétique sur les autres types d’écriture.” (UTB 99, § 5).

On sait effectivement aujourd’hui qu’on doit l'invention de l'alphabet à des marchands (syriens ou phéniciens) soucieux de la rédaction rapide des contrats et de la vérifiabilité des comptes, ce que permet l’écriture. Mais ces questions ne sont pas celles qui intéressent Humboldt.

> “Je me limite, dit-il, à *l’influence de l’écriture alphabétique sur la langue et son traitement.* Si cette influence est réellement importante, si la relation de la langue avec l’usage d’un alphabet est intime et solide, alors les causes d’une appropriation avide de l’écriture alphabétique ou d’une froide indifférence à son égard ne peuvent rester dans l’incertitude.” (UTB 99, § 5).

L’enjeu est d’importance, car ignorer l’écriture place une civilisation en marge du progrès. La relation entre la langue et l’écriture est décisive. La démonstration occupe les paragraphes qui suivent (6 à 11).

2) Une innovation radicale (§§ 6 à 11)

On prétend souvent au contraire, dit Humboldt, que la variété des langues n’aurait pas d’importance,

> “car, quels que soient le son et la manière dont le discours se construit, ce serait en définitive la même pensée qui apparaitrait.” (UTB 100, § 6)

C'est le vieil argument cartésien toujours refusé par Humboldt. On prétend aussi que

> "ceux qui se servent fréquemment de l'écriture, et plus encore ceux qui s'en servent de manière réfléchie, ne sont qu'une petite partie de chaque peuple. Toutes les langues ont donc non seulement existé pendant longtemps sans écriture, mais elles continuent pour une grande part de vivre de cette manière." (UTB 100, § 6)

Cet argument élitiste est, à ses yeux, erroné.

Pour étayer sa position, Humboldt prend pour point de départ ce qui constitue depuis toujours le point de départ de sa pensée :

> "le mot qui résonne (das tönende Wort) est pour ainsi dire une incarnation de la pensée, l'écriture est une incarnation du son". (UTB 100, § 7)

La proposition fondamentale de 1795 est donc maintenue et elle est appliquée également à l'écriture. Du même coup, une nouveauté radicale est introduite. Car l'écriture

> "a pour effet le plus général <u>de fixer la langue</u> et par là <u>de rendre possible une réflexion sur celle-ci tout à fait différente</u> que si le mot, disparaissant avec le son, ne trouvait de lieu de séjour que dans la mémoire." (UTB 100, § 7, souligné par moi)

L'action du langage sur l'esprit est, comme on sait, de permettre la prise de conscience de soi, et cette action est décisive dans l'humanisation de l'homme. A cela s'ajoute désormais l'action spécifique de la désignation par les signes écrits.

De quelle nature est l'incitation qu'ils apportent ?

> "Il appartient aux lois de cette activité de considérer ce qui est pensable et ce qui est concret comme signe et signifié (Zeichen und Bezeichnetes), de les susciter réciproquement et de les mettre en différentes positions l'un par rapport à l'autre." (UTB 100, § 7)

Par cette formule, Humboldt indique que *l'écriture permet de donner un support matériel, visible et isolable, au monde verbal des représentations*, qu'elle permet donc d'en jouer plus librement, comme avec des objets qu'on peut manipuler. Par là, l'écriture donne une nouvelle dimension et une nouvelle force à la prise de conscience de soi qui était le premier effet du langage.

L'activité intellectuelle reçoit de la nature particulière de l'écrit une incitation particulière. La désignation écrite permet

> "à l'occasion d'une idée ou d'une intuition, de faire agir celles qui sont apparentées et, ainsi, la transposition sur un objet visuel d'une pensée qui n'avait été fixée que comme son peut donner à l'esprit des directions très différentes selon la manière dont elle s'effectue." (§ 7)

En rendant visible, l'écriture renforce les possibilités de jeu. Mais les formes d'écriture ne sont pas équivalentes :

> "d'évidence, pour que l'effet total ne soit pas troublé, il faut que la pensée dans la langue, le discours et l'écriture soient en accord et sortis d'un moule unique." (UTB 100, § 7, souligné par moi)

On voit donc quelles sont les conséquences considérables de l'adoption ou du rejet de l'écriture alphabétique.

Avant d'examiner les différentes formes d'écriture, Humboldt écarte à nouveau le pseudo-argument historico-sociologique qu'on a vu apparaître au paragraphe 6. L'écriture est certes, dit-il, la propriété d'une partie minoritaire de la nation (en 1824, l'instruction publique n'était pas obligatoire) et elle n'est apparue que tardivement, alors que la construction de la langue était déjà fixée. Néanmoins, son influence n'est pas moins importante pour le peuple entier, car la vie des peuples est en étroite liaison avec leur langue,

> "car le discours commun enveloppe le peuple entier (certes plus ou moins selon le mode de vie) et l'effet produit sur les individus s'étend indirectement à tous ". (UTB 101, § 8)

L'usage de l'écriture marque le début d'un traitement plus subtil de la langue et permet de distinguer le caractère particulier des langues beaucoup mieux que ne le fait leur structure originelle.

Avec le § 9, Humboldt reprend les choses à la racine et déroule son système de pensée dans sa continuité et sa cohérence.

Il donne à l'idée fondamentale, acquise depuis 1795, que la langue crée le monde intellectuel au moyen des sons, la formulation suivante :

> "Le propre du langage est, en se plaçant entre l'être humain et les objets du monde extérieur, d'attacher un monde de pensée à des sons. " (UTB 101, § 9)

Le langage crée un monde intermédiaire que l'homme est seul à posséder. Toutes les propriétés de chaque langue sont liées à leurs deux traits principaux :

> "leur idéalité et leur système de sons" (UTB 101, § 9),

signifié et signifiant. C'est le cadre dans lequel Humboldt va prendre en compte le fait que le système des sons est transcrit.

Il rappelle ensuite ce qu'il a déjà établi dans les deux essais qui ont précédé :

- celui de 1820 *Sur l'étude comparée des langues*, dans lequel il définissait toute l'orientation de ses recherches à venir,
- et celui de 1822 *De la naissance des formes grammaticales et de leur influence sur l'évolution des idées*, qui était une reconstruction idéale de l'histoire des langues.

Et il ramène cette orientation antérieure aux trois propositions suivantes :

> "que le vocabulaire de chaque langue, même en l'absence de toute liaison entre les mots, édifie un monde intellectuel qui, sortant entièrement du domaine des signes arbitraires, possède essentialité et autonomie (Wesenheit und Selbständigkeit) en lui-même ;
> que ces systèmes de mots n'appartiennent jamais à un peuple seul, mais, suivant une voie de transmission que ni l'histoire, ni la linguistique ne sont en mesure de suivre entièrement, ils deviennent une œuvre de toute l'humanité à travers tous les siècles de son existence, et que chaque mot porte en lui, de ce fait, un élément de culture qui est double : physiologique, car issu de la nature de l'esprit humain, et historique, dans la manière dont il est né ;
> que le caractère des langues qui ont été le plus parfaitement formées est déterminé par le fait que la nature de leur architecture prouve que l'esprit n'attache pas seulement de l'importance au contenu, mais surtout à la forme de la pensée." (UTB 101, § 10, souligné par moi)

Le système des mots de chaque langue construit un monde autonome. Et chaque langue particulière crée un monde particulier. L'ensemble de ces systèmes constitue l'œuvre de toute l'humanité. On peut en prendre une connaissance "physiologique", (au sens de Kant) et une connaissance "historique" (que Kant appelait "pragmatique"), c'est-à-dire qu'on peut prendre connaissance des structures et des effets. Lorsqu'elles sont parvenues à leur maturité, les langues ont un caractère formel dont la grammaire est la manifestation, alors que les mots sont la manifestation de sa matière.

C'est à cela, c'est-à-dire à tout ce qui a constitué son système de pensée jusqu'ici, qu'il affirme vouloir rattacher ce qu'il a maintenant à dire sur l'écriture.

Et, à propos des systèmes d'écriture, Humboldt réaffirme avec force ce qu'il avait déjà dit en conclusion de l'essai de 1822 :

> "il est maintenant évident que l'écriture alphabétique favorise déjà négativement l'idéalité de la langue dans la mesure où elle stimule l'esprit d'une manière qui ne s'écarte pas de la forme de la langue, mais que le système phonique ne peut devenir solide et complet que par elle, car la désignation par les sons (Lautbezeichnung) constitue son essence." (UTB 101-102, § 11)

La désignation par les sons, c'est-à-dire l'élément constitutif des langues dans leur matérialité, trouve dans la transcription alphabétique quelque chose qui lui correspond exactement sous une forme visible et non plus seulement audible, ce qu'on peut regarder comme un gain de matérialité. On arrive ici à une proposition cardinale : *ce qui fonde la supériorité des écritures alphabétiques, c'est qu'elles sont en accord avec la nature des langues*. L'écriture alphabétique consolide et complète le système des sons ; elle ne s'écarte pas de la forme de la langue. En cela, elle s'oppose à toutes les autres formes d'écriture. L'écriture alphabétique stimule l'activité de l'esprit et potentialise le rôle du langage. Par conséquent, elle potentialise aussi la réflexion sur la langue, ainsi que la réflexion sur la société et sur l'esprit. Elle est à l'origine des civilisations modernes, qui reposent sur l'écrit.

On peut mesurer la perspicacité de Humboldt en comparant ce qu'il dit à ce que l'anthropologue britannique J. Goody a écrit au XXè siècle sur la force de levier intellectuel de l'écriture.

> "Essayez, écrit-il, d'exprimer des idées sous la forme du syllogisme. Essayez de comparer des versions de la même histoire et de percevoir la diversité et les contradictions. Essayez de formuler l'opposition et l'analogie dans des cas où, à la fois, l'opposition et l'analogie existent dans le même cadre temporel, (...) Essayez tout

cela *sans* écrire, sans vous servir de graphèmes. En un sens, ce type de formalisation est implicite dans l'écriture même."[82]

De plus,

> "l'invention de l'alphabet (...) amena une réduction considérable du nombre de signes et un système d'écriture potentiellement illimité à la fois dans sa capacité de transcrire la parole et dans son accessibilité à tous. 'Démocratie' contre 'théocratie' ".

Au contraire,

> "la graphie logographique (le chinois) gênait le développement d'une culture démocratique".

Et

> "il y a clairement certains liens entre la croissance générale de la science et l'élaboration croissante de systèmes d'écriture plus abstraits ; (...) nous devons relier la croissance de la science grecque à la liberté donnée par une forme d'écriture aisée non seulement au sens technique (du fait qu'elle apporte le premier alphabet avec consonnes et voyelles), mais aussi dans un sens sociologique plus large (c'est-à-dire dans la liberté relative à l'égard d'un contrôle exercé par les prêtres et par les scribes permettant plus de liberté d'expression et de communication)."[83]

3) Critique des autres systèmes d'écriture

Dans les paragraphes suivants, Humboldt se livre à la critique des systèmes d'écriture autres que le système alphabétique.

Il fait d'abord une critique radicale de *l'écriture hiéroglyphique.* Toute écriture pictographique gêne l'effet que produit la langue en suscitant la vision d'un objet réel. La représentation de l'objet devrait se soumettre à la pensée. Or, c'est le contraire qui se passe avec l'écriture hiéroglyphique. La langue exige de voir, mais ce que la langue veut voir, c'est la forme du mot qui est liée au son.

---

[82] Goody, J.,*Entre l'oralité et l'écriture.* Paris 1993 : 85.
[83] Goody, op. cit 78.

> "Lorsque l'image s'élève au rang de signe d'écriture, elle repousse involontairement ce qu'elle veut désigner, à savoir le mot." (UTB 102, § 12)

Une confusion se crée. L'idéalité de la langue souffre de la puissance réelle de l'apparence :

> "l'écriture, qui ne doit être que signe du signe, devient en même temps signe de l'objet." (UTB 102, § 12)

L'écriture hiéroglyphique sollicite simultanément deux activités de l'esprit, l'activité intellectuelle qui considère le mot comme un signe et l'activité de représentation de l'objet dans le hiéroglyphe. Le résultat est une dispersion et non un renforcement de l'effet produit.

A *l'écriture idéographique* (chinoise), Humboldt attribue des avantages et des inconvénients. Elle "semble favoriser l'idéalité de la langue", dit-il,

> "car ses signes choisis arbitrairement n'ont, pas plus que les signes alphabétiques, quelque chose qui pourrait distraire l'esprit, et la régularité interne de leur formation ramène l'activité de pensée à elle-même." (UTB 102, § 13)

Cependant, une telle écriture agit en sens inverse de la nature idéale du langage qui est de transformer le monde extérieur en idée.

> "<u>L'individualité des mots</u>, dans chacun desquels il y a toujours autre chose que sa seule définition logique, <u>est attachée au son</u> dans la mesure où <u>c'est lui qui éveille immédiatement dans l'âme l'effet qui leur est propre.</u>" (UTB 103, § 14, souligné par moi)

C'est le son qui traduit l'activité de la pensée et peut seul changer le monde en idées. Or les signes représentant le monde par l'écriture idéographique négligent le son. De ce fait, ils ne peuvent représenter l'effet produit sur l'âme que de manière imparfaite.

> "Un système fait de tels signes ne donne que des concepts décolorés du monde extérieur et intérieur ; or la langue doit contenir ce monde lui-même, transformé certes en signes de pensée, mais dans toute la plénitude de sa variété riche, colorée et vivante." (UTB 103, § 14)

Humboldt examine enfin (§§ 15 à 17) un autre type d'écriture qu'il désigne comme "*Begriffsschrift*", ce qu'on peut traduire par "*écriture conceptuelle*". Ce terme paraît avoir été forgé par Humboldt[84] pour désigner le programme de *lingua rationalis* de Leibniz, qui pensait que tous les concepts peuvent être construits à partir de concepts élémentaires et qu'il serait donc possible de construire une langue idéalement rationnelle dans laquelle le sens des expressions complexes dépendrait exclusivement du sens des composantes et de la manière dont on les relie.

C'est cette idée d'une langue intégralement et exclusivement rationnelle que critique Humboldt. Pour lui, l'existence d'"une écriture purement conceptuelle est impossible. Car l'écriture prend les signes des mots nécessairement dans une langue qui leur a déjà donné un sens.

L'écriture ne crée pas de mots nouveaux, même si on peut se figurer qu'il serait possible de le faire en les subordonnant à un système conceptuel afin de leur donner une valeur indépendante. Faire cela, dit Humboldt, reviendrait contradictoirement à créer une structure de langue avec une langue existante. En réalité, l'écriture ne fait que prendre les mots au sens qu'ils ont dans la langue, parce que ce sens est celui du signe. Il y a donc une contradiction dans l'idée même d'écriture conceptuelle.

Pour Humboldt, la langue a réuni au cours de l'histoire un son et un concept, puis est intervenue l'écriture, qui traduit graphiquement la structure de la langue et à laquelle on ne saurait attribuer le statut de langue. Ecrire des concepts, c'est toujours en même temps écrire des sons, car concept et son sont les deux faces dont la réunion constitue une langue. L'écriture assigne à chaque mot un signe graphique qui le re-

[84] La création du terme de *Begriffsschrift* est cependant fréquemment attribuée à un philosophe peu connu du nom de Trendelenburg (1802-1872). Cette attribution est difficile à admettre, puisque le texte de Humboldt date de 1824 et que l'écrit de Trendelenburg qui porte le titre de *Begriffsschrift* date de 1867. Rendons donc à César ce qui lui appartient. Le terme de "Begriffsschrift" a été ensuite annexé par Frege qui a publié en 1879 sous ce titre un petit livre inspiré par l'idée de Leibniz (celle-là même que critique Humboldt) d'une langue universelle, *lingua characterica universalis*, qui devait présenter un système ordonné de tous les concepts.

présente, mais elle ne peut lui donner un sens autre que celui qu'il a dans la langue orale. Qu'elle soit écrite ou orale, la langue ne peut avoir valeur de langue conceptuelle que dans la mesure où le locuteur respecte la valeur logique existante des mots. Quelle que soit la langue, l'écriture est toujours une transcription des sons. Elle est seconde par rapport à la langue. Elle est une autre forme du signifiant qui laisse intact le signifié.

Il n'a jamais existé d'écriture conceptuelle et il ne peut en exister une qui serait purement formée d'après des concepts et sur laquelle les mots saisis dans les sons déterminés de la langue pour laquelle ils ont été inventés, n'auraient exercé l'influence principale.

> "Car, du fait que la langue précède l'écriture, celle-ci cherche naturellement pour chaque mot un signe et elle prend ceux-ci, même si, en vertu d'une subordination systématique à un système conceptuel, ils avaient une valeur indépendante du son, au sens des mots qui leur sont sous-jacents." (UTB 103, § 15)

Pour cette raison,

> "toute écriture conceptuelle est toujours en même temps une écriture des sons (Lautschrift)" (UTB 103, § 15)

En privilégiant les concepts, l'écriture conceptuelle invite à passer outre les sons pour "former la pensée directement" :

> "elle devient une langue pour elle-même et affaiblit l'impression naturelle pleine et pure de la vraie langue nationale". (UTB 104, § 16)

On arrive donc à une situation paradoxale. D'un côté, elle cherche à se libérer de la langue en général, ou du moins d'une langue particulière et, d'autre part, elle substitue à l'expression naturelle de la langue par le son, la contemplation par l'œil, qui est bien moins appropriée.

> "Elle va donc tout droit à l'encontre du sens instinctif de la langue chez l'homme et, plus elle s'impose avec succès, plus elle détruit l'individualité de la désignation linguistique, laquelle n'est certes pas seulement présente dans le son de chaque langue, mais est liée à lui par l'impression que produit spécifiquement tout ensemble de sons articulés." (UTB 104, § 16)

Humboldt conclut que le but poursuivi par l'écriture conceptuelle, qui est de "s'efforcer de se rendre indépendante d'une langue déterminée",

> "doit nécessairement avoir un effet dévastateur sur l'esprit, car la pensée sans la langue est impossible." (UTB 104, § 17)

Le seul moyen pour éviter cela serait que son système ne soit pas "réalisé de manière conséquente" et que,

> "dans l'usage, elle (soit) reçue phonétiquement." (UTB 104, § 17)

C'est-à-dire qu'il faudrait restituer l'étape intermédiaire des sons,

> "respecter l'ordre naturel dans lequel la pensée doit être stimulée en fonction de l'impression faite par le son et dans lequel l'écriture doit fixer celui-ci non en soi, mais sous cette forme déterminée." (UTB 104, § 18).

4) Avantages de l'écriture alphabétique

Les paragraphes 18 et 19 sont un résumé des mérites déjà connus de l'écriture alphabétique par opposition avec les autres formes d'écriture :

> "§ 18. L'écriture alphabétique (...) est simplement *un signe du signe*, qui ne distrait pas par un concept annexe, elle accompagne partout la langue sans se mettre en avant ou à égalité, n'évoquant rien d'autre que le son et respectant ainsi la subordination naturelle selon laquelle la pensée doit être suscitée d'après l'impression que fait le son, et l'écriture ne doit pas le retenir en soi, mais sous cette forme déterminée."
> § 19. En se conformant ainsi strictement à la nature particulière de la langue, l'écriture alphabétique en renforce l'action en renonçant aux avantages clinquants de l'image et de l'expression conceptuelle. Elle ne gêne pas la nature cognitive de la langue, mais l'augmente au contraire par l'emploi sans ornement de traits en eux-mêmes sans signification ; elle purifie et rehausse son expression sensible en décomposant le son articulé qui est lié dans la parole en ses parties fondamentales, en rendant perceptible le lien qui les unit entre elles et pour former un mot, et en agissant en retour sur le discours audible en le fixant devant les yeux." (UTB 104 - 105, §§ 18 - 19, souligné par moi)

Pour juger de l'influence de l'écriture alphabétique sur la langue, il faut s'en tenir à la décomposition du son lié comme étant l'essence de l'écriture alphabétique.

Humboldt note d'abord que l'écriture alphabétique prolonge l'action du discours. Celui-ci

> "constitue dans l'esprit du locuteur, jusqu'à l'épuisement d'une idée, un ensemble lié dans lequel il faut recourir à la réflexion pour distinguer les différentes parties." (UTB 105, § 21)

L'analyse logique ainsi effectuée par le discours lui-même ne va que jusqu'au mot. Or il importe d'aller plus loin : c'est ce que peut seule permettre l'écriture alphabétique qui décompose le mot.

> "Une langue qui se sert d'une autre écriture n'accomplit donc pas jusqu'au bout le travail de division de la langue, mais fait halte là où le perfectionnement de la langue commande de poursuivre." (UTB 105, § 21)

Certes, une analyse phonémique est pensable en dehors de l'écriture alphabétique. La langue chinoise connaît une forme d'analyse des sons liés, mais cette analyse n'est que relative et imparfaite et l'effet produit n'est pas celui d'une analyse poussée à son terme. En revanche,

> "la lecture et l'écriture alphabétiques exigent à chaque instant de reconnaître les éléments phoniques qui sont également perceptibles par l'oreille et par l'œil et elle habitue à les séparer et à les réunir facilement ; elle généralise donc une conception parfaitement juste du fait que la langue peut être décomposée en ses éléments." (UTB 106, § 22)

Cette conception plus juste de la langue se traduit d'abord dans la prononciation, qui est fortifiée et purifiée par le fait de reconnaître les éléments phoniques sous une forme séparée.

> "Lorsqu'il existe un signe pour chaque phonème, l'oreille et les organes phonatoires s'habituent à les exiger et à les rendre toujours exactement de la même manière." (UTB 106, § 23)

L'écriture alphabétique améliore l'articulation des sons en isolant les sons articulés et en leur donnant une forme.

Cette prononciation plus pure, cette formation donnée à l'oreille et aux organes phonatoires a une première conséquence. *Le locuteur est invité à une prise de conscience sur le fonctionnement du langage.* La réflexivité à laquelle incite l'écriture prolonge la réflexivité première du langage et la renouvelle. Comme le fait remarquer Trabant[85], une conscience "*métalinguistique*" est suscitée. Humboldt le dit lui-même :

> "il n'est pas exagéré de dire que l'alphabet donne au peuple une compréhension toute nouvelle de la nature du langage. " (UTB 107, § 24, souligné par moi)

Il rend sensible le fait que l'articulation constitue l'essence même du langage, lequel ne serait même pas possible sans elle, et que le concept d'articulation s'étend à tout son domaine, même là où il n'est pas question seulement des sons.

> "Là où (le sens du langage) est fort et vivant, le peuple ira de son propre mouvement vers l'invention de l'alphabet et là où un alphabet est donné à une nation par l'étranger, il favorisera et accélérera la formation de la langue." (UTB 107, § 24)

Ce développement de la conscience métalingistique repose sur la *distinction entre phonétique et phonologie* que fait Humboldt au paragraphe suivant. On ne peut en effet définir ce qu'est un son articulé par sa qualité physique.

> "Bien que le son articulé soit produit physiquement et par instinct, son essence ne doit être recherchée que dans l'intime disposition de l'âme au langage, les organes phonatoires n'ont que la capacité de se conformer à cette disposition instinctive. Une définition des sons articulés seulement d'après leur nature physique sans y inclure l'intention de les produire ou le succès de leur production me paraît donc impossible." (UTB 107, § 25)

La réalisation physique des sons articulés doit être distinguée de l'intention qui a présidé à leur production, à savoir la discrimination entre les mots. On ne peut définir le son articulé qu'en lui attribuant la propriété de *faire naître des concepts par sa seule existence*, c'est-à-dire d'avoir pour fonction de distinguer des significations.

> "Disant cela, on ne dit pas autre chose que les sons articulés sont les sons de la langue et inversement." (UTB 108, § 25)

---

[85] Trabant, J. *op. cit.* 255.

5) Influence de l'écriture alphabétique sur la nation (§§ 26-38)

Après l'analyse "physiologique" du mécanisme de l'écriture et de ses liens avec la langue, Humboldt en vient à la "pragmatique".

Le siège du langage est dans l'âme, dit-il. Il y a en l'homme quelque chose qui le pousse à produire des sons compréhensibles, à habiller de mots les pensées, même lorsque les organes de la phonation et de l'audition sont défaillants, comme chez les sourds-muets. Il y a chez l'homme

> "une disposition intérieure à revêtir les pensées de mots". (UTB 108, § 26)

De cette disposition individuelle naît le système phonique particulier de chaque langue. Cette disposition se renforce en faisant entendre sa propre sonorité comme quelque chose d'extérieur et ainsi se constitue le caractère particulier de chaque langue.

Mais toutes les nations n'attribuent pas la même place, ni la même fonction au langage.

> "Bien que toute activité véritablement humaine ait besoin du langage et que celui-ci soit même la base de toutes ces activités, une nation peut cependant inclure de manière plus ou moins étroite le langage dans le système de ses pensées et de ses sentiments." (UTB 108, § 27)

L'étroitesse de ces liens ne dépend pas seulement de l'attachement de la nation à l'esprit, de son inclination pour la science et pour l'art, et moins encore de sa culture : il se peut en effet qu'une nation, quels que soient ses mérites, n'accorde pas au langage la place qui lui revient. La raison en est que, même si on pense que les domaines de la science et de l'art sont entièrement séparés de tout ce qui a trait à l'organisation de la vie physique, plusieurs voies s'offrent cependant à l'esprit, qui n'accordent pas toutes au langage la même importance. (UTB 109, § 28).

D'autre part, la langue présente un double aspect.

> "Elle forme des concepts, introduit la domination de la pensée dans la vie et le fait grâce au son. L'incitation intellectuelle qu'elle

provoque peut conduire à ce que, principalement touché par la pensée, on cherche à la saisir en même temps par une autre voie plus directe, soit plus sensible, soit plus indépendante d'un son qui apparaît comme fortuit ; alors le mot n'est traité que comme auxiliaire. Mais il se peut aussi que la pensée habillée de mots exerce l'action principale sur l'âme, que précisément le son formé en mot suscite l'enthousiasme, alors la langue est la chose principale et la pensée n'apparaît que comme surgissant d'elle et inséparablement liée à elle." (UTB 109, § 29)

Selon l'orientation prise par une culture, la langue peut être indispensable ou ne pas l'être.

Si, alors, on compare les langues à l'individualité des nations, il faut certes tenir compte d'abord de l'orientation intellectuelle de celles-ci, mais ensuite aussi de leur

> "inclination vers le son, la capacité subtile de distinguer ses nuances infinies pour rendre la pensée, sa sensibilité discrète envers elle, sa capacité (...) à donner à la pensée mille formes que l'esprit ne parviendrait pas à donner d'en haut par la classification des pensées. On pourrait montrer aisément que cette orientation doit être, pour toutes les activités intellectuelles, celle qui conduit le mieux au but, car l'homme n'est homme que par la langue et la langue n'est elle-même que par le fait qu'elle ne cherche la résonance de la pensée que dans le mot." (UTB 110, § 30, souligné par moi)

C'est la voie sur laquelle la langue atteint sa plus grande perfection. Ce que l'articulation des sons, qu'on peut aussi appeler "leur propriété formatrice de pensées", souligne et met en lumière, est recherché ou saisi avec avidité dans cette ambiance intellectuelle et ainsi,

> "*l'écriture alphabétique (...) est nécessairement en contact le plus étroit avec la disposition linguistique individuelle de la nation.*" (UTB 110, § 30)

Liée aussi directement à la nature la plus intime de la langue, l'écriture alphabétique exerce nécessairement son influence sur toutes les parties de celle-ci. Deux phénomènes retiennent particulièrement l'attention de Humboldt :

> "les mérites rythmiques des langues et la formation des formes grammaticales" (UTB110, § 31),

qui vont faire l'objet des développements des paragraphes suivants.

Sur le rythme d'abord (§§ 32, 33, 34). On ne peut se passer

> "de produire les sons avec pureté et plénitude, de respecter soigneusement leurs particularités" (UTB 110, § 32)

Certes, il y a eu une poésie rythmique dans toutes les nations avant l'usage de l'écriture. Mais celle-ci a certainement gagné lorsque l'alphabet est venu s'ajouter

> "et, avant cette époque, elle témoigne déjà d'un tel sentiment de la nature des sons de la langue qu'il ne manque vraiment plus que le signe qui en est la marque." (UTB 110, § 32)

Car si on veut estimer l'influence de l'écriture alphabétique sur la langue, il faut d'abord tenir compte de ce que l'écriture alphabétique comporte à proprement parler deux aspects : la distinction entre les sons articulés et les signes qui en rendent compte.

> "C'est pourquoi les mètres syllabiques, comme l'hexamètre et le vers à seize pieds des slocas, qui se sont conservées jusqu'à nous depuis la plus haute antiquité et dont le rythme berce encore aujourd'hui l'oreille avec un charme inimitable, sont pour le profond et subtil sens de la langue des nations qui les ont utilisés des preuves plus fortes et plus sûres que les restes de leurs poèmes." (UTB 111, § 33)

Ils témoignent de la force de leur sens de la langue,

> "car c'est précisément par eux que le son articulé, donc la langue, obtient son plein droit à côté de la puissance entraînante de la musique. Car les mètres antiques se distinguent le plus généralement des modernes par le fait que, même dans l'expression musicale, ils traitent toujours le son vraiment comme un son de la langue." (UTB 112, § 34)

Sur les formes grammaticales ensuite (§§ 35 à 38).

> "La flexion, sur laquelle repose l'essence même des formes grammaticales, conduit nécessairement à distinguer et à respecter les diverses articulations." (UTB 112, § 35)

Si une langue se contente d'ajouter les uns aux autres des sons chargés de signification, ou au moins ne sait pas souder les désignations grammaticales aux mots, elle n'a affaire qu'à des ensembles sonores et n'est pas incitée à distinguer une articulation comme elle le serait par l'apparition du même mot différent seulement par sa flexion. Une langue doit être en mesure de souder ensemble les désignations grammaticales avec les mots, ce qui présuppose l'articulation des sons.

> "Tout comme la finesse et la vivacité du sens de la langue conduisent à des formes grammaticales stables, celles-ci favorisent la reconnaissance de l'alphabet en tant que son, à laquelle fait suite plus facilement l'invention ou une utilisation plus féconde des signes visibles. Car, là où un alphabet se joint à une langue grammaticalement encore imparfaite, la flexion peut être formée en ajoutant ou en modifiant certaines lettres, la flexion déjà présente peut être conservée plus sûrement et celle qui est en cours d'agrégation peut être produite plus facilement." (UTB 112, § 35)

Mais l'écriture alphabétique a encore une façon plus essentielle d'agir sur la langue, même si elle est moins facilement reconnaissable que les deux qu'on vient de voir : elle parachève la compréhension du caractère articulé de la langue. Car elle permet de déterminer et de caractériser les différentes articulations et donc de reconnaître les parties fondamentales de la parole et de mettre en œuvre le concept d'articulation dans toute la langue. Or,

> "l'articulation est précisément l'essence de la langue ; il n'y a rien en elle qui ne puisse être partie et tout ; l'effet produit par son travail constant repose sur l'aisance, la précision et l'accord des séparations et des assemblages qu'elle effectue. <u>Le concept d'articulation est sa fonction logique, comme elle est celle de la pensée elle-même.</u>" (UTB 113, § 36, souligné par moi)

Un peuple capable, par son sens de la langue, de ressentir le caractère propre de celle-ci est incité à distinguer jusqu'aux sons qui en sont le fondement, et à les caractériser, c'est-à-dire à inventer l'écriture alphabétique ou à saisir celle qui se présente.

> "Avoir une vision intellectuelle juste de la langue, traiter les sons qui la constituent de manière vivante et fine, adopter l'écriture alphabétique, ces trois préoccupations s'appellent et se soutiennent réciproquement et, ensemble, elles accomplissent la conception et la construction de la langue dans sa spécificité. Tout défaut sur l'un de ces trois points devient perceptible dans la construction de

la langue ou dans l'usage qu'on fait d'elle et, là où l'action naturelle des choses n'est pas modifiée par des circonstances particulières, on peut espérer les trouver unies et liées à la solidité des formes grammaticales et de l'art rythmique." (UTB 113, § 37)

Cette restriction est, dit Humboldt, destinée à prévenir la tentation de vouloir appliquer trop rapidement le résultat théorique à l'histoire des peuples. Humboldt rappelle ici, comme il l'a fait dans *Naissance des formes grammaticales*, que la recherche de la vérité doit réunir, et non opposer, les faits et la construction théorique. Il n'a donc pas abandonné son projet d'une histoire idéale, dont l'essai de 1822 donnait la trame.

"Après ce qui a été dit précédemment sur le lien existant entre la structure de la langue et l'écriture alphabétique, on devra ne pas séparer les recherches approfondies sur la diffusion de celle-ci et l'histoire des langues elle-même." (UTB 114, § 38)

Sa conception de la structure de l'écriture alphabétique est, à ses yeux, l'idée théorique qui permettra de rendre compte des faits historiques.

"Tout dépendra de la réponse qu'on donnera aux questions suivantes : est-ce la nature de la langue et les dispositions linguistiques de la nation qui s'expriment dans celle-ci, ou bien sont-ce d'autres choses qui ont agi sur la manière dont un alphabet fut inventé ou emprunté ? dans quelle mesure les modalités de cette naissance ont-elles déterminé ou modifié sa nature, et quelles traces a-t-il laissées dans la langue lorsque son usage s'est généralisé ?" (UTB 114, § 38)

Humboldt puise donc dans l'analyse de l'écriture qu'il vient de faire des arguments pour justifier sa position antérieure qui avait été ébranlée par la polémique à propos du chinois.

Longuement (§§ 39 à 57), Humboldt évoque les langues d'Amérique. Elles n'ont, dit-il, jamais montré la moindre trace d'écriture alphabétique. Ce long développement se lit comme une démonstation *a contrario* de l'influence positive de l'écriture alphabétique. Les images hiéroglyphiques mexicaines ne purent jamais devenir une véritable écriture, ni une véritable forme artistique comme le furent les écritures égyptienne et chinoise. On n'a pas trouvé en Amérique de trace de l'existence d'alphabets autochtones. Cette absence d'écriture a eu des effets négatifs sur l'évolution des langues et de la culture qui se sont sclérosées. On ne voit pas d'ailleurs lequel des peuples d'Amérique aurait pu parvenir à l'écriture alphabétique. Aussi bien dans l'empire inca que dans l'empire aztèque, on aurait refusé, comme on le fait aujourd'hui en Chine, l'usage de l'écriture alphabétique s'il n'avait pas été imposé de l'extérieur par la conquête. Cette évocation négative montre la supériorité des nations qui se sont donné l'écriture alphabétique.

6) En conclusion (§§ 58-59)

Dans les deux derniers paragraphes, Humboldt donne une conclusion à son essai. Il revient sur le lien entre l'écriture et la langue et reprend le parallèle avec l'évolution des formes grammaticales.

> "Tout comme j'ai essayé de montrer, à propos des formes grammaticales, que de simples analogues peuvent en tenir lieu, il en va de même pour l'écriture. Là où la vraie forme, seule adaptée à la langue fait défaut, d'autres peuvent prendre la place et satisfaire tous les buts et besoins extérieurs et jusqu'à un certain point les buts et besoins intérieurs." (UTB 124, § 58)

C'est dans la partie synthétique de l'essai *Sur la naissance des formes grammaticales* qu'il avait "essayé de montrer que de simples analogues peuvent en tenir lieu". Là où la seule forme qui convienne à la langue, l'écriture alphabétique, est absente, d'autres (écritures hiéroglyphique, idéographique et même conceptuelle) peuvent prendre sa place et, jusqu'à un certain point, satisfaire les besoins de la langue. Mais ce sont de simples analogues. Et

> "l'effet propre de la vraie forme adaptée, tout comme l'effet particulier de la forme grammaticale authentique, ne peut être remplacé en aucun cas et par rien ; mais elle est incluse dans la conception interne et dans la façon de traiter la langue, dans la forme qu'on donne à la pensée, dans le caractère individuel de l'aptitude à penser et à sentir." (UTB 124, § 58)

Au contraire, les autres formes d'écriture, qui ne sont que des moyens de remplacement, ont une action négative :

> "elles émoussent encore plus ce sens, maintiennent le système de la langue et de la pensée dans la fausse direction qui leur correspond, ou bien ils la lui donnent sans pouvoir être repoussés, ou leur refoulement effectif exerce l'effet salutaire attendu de manière beaucoup plus faible et plus lente." (UTB 125, § 59)

Mais il y a des conditions pour une adoption fructueuse de l'écriture alphabétique :

> "Là où donc l'écriture alphabétique doit être adoptée avec joie par un peuple, elle doit lui être présentée tôt, dans sa jeunesse, à tout le moins à un moment où il n'a pas encore construit une autre forme d'écriture sur une voie artificielle et difficile et où il s'est habitué à elle. Ce devra être encore beaucoup plus le cas si l'écriture alphabétique doit être inventée par un besoin intérieur et pour ainsi dire sans passer par la médiation d'une autre." (UTB 125, § 59)

VIII.

LE PROBLÈME DU CHINOIS

Sur la construction grammaticale de la langue chinoise

Über den grammatischen Bau der chinesischen Sprache

Lettre à M. Abel-Rémusat sur la nature des formes grammaticales en général et sur le génie de la langue chinoise

(1826)

En 1826, Humboldt reprit le problème du chinois.

A la fin de son essai de 1822 (*De la naissance des formes grammaticales et de leur influence sur le développement des idées*), il avait avoué sa perplexité devant ce qu'il percevait comme une contradiction. Selon sa théorie,

> "seules les langues grammaticalement formées sont parfaitement adaptées au développement des idées".

Le chinois n'étant pas rangé parmi ces langues, il ne pouvait faire naître une haute culture. Pourtant, on ne pouvait nier que la Chine possédât "une littérature florissante depuis des millénaires", dans une langue "presque dépourvue de grammaire au sens ordinaire du mot".

Et on se souvient qu'Abel-Rémusat, dont l'autorité de sinologue était grande, avait écrit en 1824 un compte-rendu critique de l'essai de Humboldt[86].

---

[86] Cf. *infra* chapitre VI, pp. 117-119.

Sous cette double pression, intérieure et extérieure, Humboldt se mit à l'étude du chinois. Il en avait déjà parlé dans son essai de 1824[87], mais seulement à propos des systèmes d'écriture. Le résultat de cette étude avait été de le renforcer dans sa position initiale : les civilisations construites sur l'écriture alphabétique devaient être considérées comme supérieures.

En 1826, Humboldt écrivit à Rémusat pour l'informer de son intention de reprendre le problème de la langue chinoise. Ce fut le début d'une correspondance qui se poursuivit jusqu'en 1831, à la mort de Rémusat[88].

Dans son introduction à cette correspondance, Rousseau écrit que Humboldt avait traversé depuis 1822 une "crise théorique (...) dont l'objection au chinois s'est trouvée être le révélateur"[89]. Cette réorientation sous la contrainte des faits, dont témoignent les deux textes que nous allons analyser, aboutit à un remaniement en profondeur de toute sa philosophie du langage.

Un premier texte est intitulé *Sur la construction grammaticale de la langue chinoise* (*Über den grammatischen Bau der chinesischen Sprache*)[90]. Ce texte est rédigé en allemand. Un second, en français, est intitulé *Lettre à M. Abel-Rémusat sur la nature des formes grammaticales en général et sur le génie de la langue chinoise.* Cette lettre porte la date du 7 mars 1826. Rémusat la publia à Paris en 1827 avec des *Observations sur quelques passages de la lettre précédente*[91]. Le texte français est beaucoup plus long que le texte allemand. Ce fait peut s'expliquer parce qu'il contient des développements de Humboldt sur ses autres travaux à l'intention du public français. Le texte français commence par

---

[87] Cf. *infra* chapitre VII, p. 121.

[88] Les lettres de Humboldt à Rémusat ont été publiées dans Rousseau, J. / D. Thouard, (éds.) *Lettres édifiantes et curieuses sur la langue chinoise. Humboldt / Abel-Rémusat 1821-1831*. Lille, 1999 : 221-318.

[89] *op. cit.* 222.

[90] Cf. *Wilhelm v. Humboldt. Über die Sprache*. hg. v.Trabant, J. 1994. UTB 126-142. Les citations seront référencées "*UTB*". La numérotation des paragraphes, adoptée pour des raisons de commodité, est de mon fait.

[91] Le texte de Humboldt et les observations de Rémusat sont publiés dans Rousseau / Thouard, op. cit. pp. 125-196. Les citations seront référencées "*R/T*".

un hommage à Rémusat sur lequel il est inutile de s'arrêter. Le texte allemand fait le lien avec l'étude sur l'écriture qu'un certain public allemand pouvait déjà connaître.

Mais, sur les problèmes du chinois, les positions défendues sont évidemment les mêmes, ce qui autorise à traiter les deux textes comme un archi-texte et à passer de l'un à l'autre selon les besoins de la démonstration.

1) L'originalité du chinois pose problème

Le chinois, écrit Humboldt en commençant (UTB 126, § 1), a une double originalité. Il a, d'une part, son écriture et le lien de celle-ci avec la langue, qui accapare l'attention des observateurs et la détourne de la construction grammaticale. Et il a, d'autre part, cette construction grammaticale elle-même, qui lui confère une originalité absolue.

> "La première impression que fait la lecture d'un passage d'un livre chinois est que cette langue s'éloigne dans sa construction grammaticale d'à peu près toutes les autres. Elle s'oppose le plus à celles qu'on a coutume de nommer *classiques* et c'est donc d'abord à celles-ci que je penserai lorsque je parlerai de sa différence par rapport à d'autres langues." (UTB 126, § 2),

Tout l'essai sera une confrontation, sous les aspects les plus divers, entre le chinois et les langues "classiques", c'est-à-dire le sanscrit et le grec. C'est à partir de leur logique interne, qui lui est familière, que Humboldt va essayer de comprendre le système du chinois, dont l'originalité le déconcerte.

Dès le début, Humboldt concède que la particularité de la langue chinoise réside dans le fait que

> "le lien entre les mots n'est pas défini d'après les catégories grammaticales" (UTB 126, § 3).

Alors que l'existence de ces catégories était au départ, en 1822, la proposition fondamentale sur laquelle il faisait reposer l'organisation de toutes les langues, il doit admettre maintenant que cette façon de voir reposait sur la seule prise en considération des langues indo-européennes et que la langue chinoise

> "ne détermine pas la liaison entre les mots d'après les catégories grammaticales, ne fonde pas sa grammaire sur la classification des mots, mais désigne le lien entre les pensées d'une autre manière. La grammaire d'autres langues a deux parties séparées, une partie étymologique et une partie syntaxique ; la grammaire chinoise ne connaît que la seconde. " (UTB 126, § 3)

L'expression "partie étymologique" désigne la morphologie : la langue chinoise n'a pas de morphologie. Les mots ne changent pas de forme selon leur rapport grammatical aux autres termes.

> "Je crois, écrit Humboldt à Rémusat, pouvoir réduire la différence qui existe entre la langue chinoise et les autres langues au seul point fondamental que, pour indiquer la liaison des mots dans ses phrases, elle ne fait point usage des catégories grammaticales et ne fonde point sa grammaire sur la classification des mots, mais fixe d'une autre manière les rapports des éléments du langage dans l'enchaînement de la pensée." (R / T 126, souligné par moi)

Si le chinois ne fonde pas sa grammaire sur la classification des mots, ce qui était cependant jusqu'ici pour Humboldt le fondement de toute grammaire, comment s'effectue la construction des phrases et du discours ?

> "Dans d'autres langues, pour comprendre une phrase, il faut commencer par examiner la nature grammaticale des mots et les construire en fonction de celle-ci ; en chinois, c'est impossible. Il faut immédiatement appeler le dictionnaire à l'aide et la construction découle seulement de la signification des mots, de leur place et du sens du discours." (UTB 126, § 3)

Le chinois se contente d'inscrire les idées, le contenu sémantique, dans un certain ordre.

2) Une solution : la grammaire universelle

Le problème qui se pose à Humboldt est désormais le suivant. Les langues classiques et le chinois parviennent à des résultats culturels différents, mais également respectables, en utilisant des formes linguistiques radicalement différentes. Il ne peut donc plus être question de considérer toutes les langues, y compris le chinois, comme des étapes successives sur une voie unique dont le point d'aboutissement serait le sanscrit et le grec. Humboldt se trouve dans l'obligation de construire une théorie dans laquelle le chinois et le sanscrit seront à égalité et divergents, c'est-à-dire une théorie de l'évolution des langues qui autorise une bifurcation à partir d'une origine commune. Mais alors, il faut pouvoir remonter en-deçà de la bifurcation pour l'expliquer et cela veut dire remonter jusqu'à la relation entre la pensée et le langage.

Humboldt ne modifie pas essentiellement sa position antérieure sur la relation de la pensée et du langage. "Le langage commence (...) immédiatement avec le premier acte de réflexion", avait-il écrit en 1795[92]. Il précise maintenant :

> "la classification grammaticale des mots en substantifs, verbes, etc. naît de l'analyse de la pensée qui doit se transformer en mots et elle est un moyen d'exprimer l'unité de pensée par des mots qui se succèdent. Loi intérieure qui détermine la langue, elle est dans l'âme de chacun sans être reconnue." (UTB 127, § 4, souligné par moi)

La "classification grammaticale" est désormais prise en compte d'emblée. Et elle est située "dans l'âme de chacun" : c'est-à-dire qu'*elle est reconnue comme étant un fait psychologique* qui affecte chaque locuteur individuellement. De son côté, le texte français donne à la classification des mots en catégories grammaticales une double origine :

> "La classification des mots d'après les catégories grammaticales, tire son origine d'une double source : de la nature de l'expression affectée à la pensée par le langage, et de l'analogie qui règne entre ce dernier et le monde réel. " (R / T 127)

La "double source" est la nature verbale de l'expression et l'analogie entre le langage et le monde réel. Cette position est conforme à celle de 1795 qu'elle prolonge.

Le fait nouveau réside dans l'analyse du processus qui réunit la pensée et le langage et dans son identification : la classification grammaticale des mots est le résultat d'une opération psychologique. Le texte français poursuit :

> "Comme on exprime en parlant les idées par des mots qui se succèdent, il doit exister un ordre déterminé dans la combinaison de

[92] Cf. *Sur la pensée et le langage*, proposition 7.

ces éléments pour qu'ils puissent former l'ensemble de l'idée exprimée, et cet ordre doit être le même dans l'esprit de celui qui parle et de celui qui écoute, pour que l'intelligence soit mutuelle entre eux. C'est là la base de toute grammaire. Cet ordre établit nécessairement des rapports entre les mots d'une phrase, d'une part, et de l'autre, entre ces mots et l'ensemble de l'idée. Ces rapports (...) nous donnent les catégories grammaticales. C'est donc par l'analyse de la pensée convertie en paroles qu'on parvient à déduire les formes grammaticales des mots." (R / T 127, souligné par moi)

Non seulement le langage est le corrélat nécessaire de la pensée ("on exprime en parlant les idées par des mots qui se succèdent"), non seulement il existe un ordre dans la combinaison des éléments, qu'ils soient éléments de pensée ou d'expression, mais *la classification des mots correspond à l'organisation spontanée de la pensée et leur succession porte la marque de cette organisation.* L'analogie de cette construction chez les interlocuteurs rend possible l'intercompréhension.

Cette organisation est dite naturelle :

> "Les mots se placent naturellement dans les catégories auxquelles appartiennent les objets qu'ils représentent. C'est ainsi qu'il existe des mots de signification substantive, adjective et verbale, et les idées de ces trois formes grammaticales *naissent* très naturellement de ces mêmes mots." (R / T 128-129, c'est moi qui souligne)

C'est dans l'esprit des locuteurs que les classes de mots organisent le monde. Ce phénomène est un phénomène psychologique.

La bifurcation qui fonde la diversité des langues a lieu en ce point. Elles peuvent en effet varier dans leur façon de réaliser la classification et cette organisation :

> "En tant que loi intérieure qui détermine la langue, (la classification grammaticale des mots) est dans l'âme de chacun sans être reconnue, mais dans quelle mesure cette classification trouve une expression dans la langue, cela dépend de la nature grammaticale de chaque langue. Sans elle, il serait impossible de parler de manière compréhensible et de penser à l'aide de la langue. " (UTB 127, § 4, souligné par moi)

Que veut dire Humboldt lorsqu'il parle de la "*nature grammaticale de chaque langue*" ?

Pour le comprendre, il faut faire intervenir un commentaire fait dans une lettre à Rémusat[93]. Humboldt y indique qu'il a entrepris des travaux pour analyser

> "de quelle manière la grammaire s'établit dans une langue" (R / T 246).

C'est une preuve de l'orientation psycholinguistique de Humboldt dont on vient de parler. Il explique en effet que

> "la grammaire telle que nous la concevons existe certainement dans l'esprit des hommes." (R / T 247)

Et il ajoute :

> "C'est par elle qu'ils peuvent se rendre familiers tous les idiomes de la terre, je la nommerai la grammaire innée." (R / T 247, souligné par moi)

L'expression "*grammaire innée*" doit retenir l'attention. Ce concept conduit en effet au cœur du système théorique que Humboldt est en train d'élaborer. Humboldt écrit dans sa lettre à Rémusat :

> "Toutes les catégories de la grammaire innée cherchent dans chaque langue à se faire jour à travers la masse des idées matérielles qui forment le fond de chaque idiome et à s'y incorporer. On les y trouve exprimées d'une manière ou d'une autre, mais cette expression s'éloigne plus ou moins de ce qui philosophiquement doit être regardé comme la véritable forme grammaticale. Les idées abstraites qui sont la base de la grammaire, sont rendues par des idées équivalentes, mais plus matérielles." (R / T 247)

Ce passage est décisif. Humboldt pose qu'il existe quelque chose "*qui philosophiquement doit être regardé comme la véritable forme grammaticale*" : "philosophiquement", c'est-à-dire antérieurement à l'expérience, il existe des "*idées abstraites qui sont la base de la grammaire*". Ces structures, qu'on peut appeler des structures profondes, sont "*rendues par des idées équivalentes, mais plus matérielles*" qui sont les structures linguistiques des différentes langues. Il y a, pour Humboldt, à l'origine des langues quelque chose qu'il appelle lui-même une "*grammaire innée*", qui mérite d'être appelée aussi une "*grammaire univer-*

---

[93] Lettre du 6 Juillet 1827 in Rousseau / Thouard, *op.cit.* pp.246-252.

selle", puisqu'elle organise des structures communes à toutes les langues. Les catégories de cette grammaire innée sont ce que, dans la *Lettre à Rémusat* de 1826, il appelle des "archétypes" :

> "L'homme ne comprendrait ni lui-même ni les autres si ces formes ne se trouvaient "*comme archétypes dans son esprit*". (R / T 127)

Cette structure linguistique profonde est également liée au phénomène dialogique qui, en fait, repose sur elle. Les "archétypes" se trouvent en effet

> "originairement dans l'esprit de l'homme doué de la faculté du langage" (R / T 127).

Dans une autre lettre, adressée à un correspondant occasionnel, Humboldt résume parfaitement sa conception :

> "C'est une question fondamentale dans toutes les langues de quelle manière (...) la grammaire s'établit dans un idiome et comment elle y prend racine. (...) L'homme porte la grammaire, ses formes, ses lois en lui, il la manifeste pour ainsi dire dans sa langue, mais l'empreinte que celle-ci en reçoit n'est pas toujours la même. Voilà en quoi je trouve la différence fondamentale de toutes les langues."[94]

L'homme porte en lui une grammaire qu'il faut donc dire *innée*. Mais les formes de manifestation de cette grammaire profonde varient. D'une langue à l'autre, les structures de surface ne sont pas d'une valeur égale. C'est là l'explication de la diversité des langues. De plus, il n'y a pas d'équivalence terme à terme entre la grammaire innée et les grammaires des langues :

> "Un adverbe qui indique la distance locale est employé p.e. pour former le prétérit des verbes. Les relations qui par leur nature appartiennent à telle partie du discours, sont rattachées à une autre différente. " (R / T 247).

---

[94] Lettre à Duponceau du 21. 9. 1827 citée par Rousseau dans un commentaire à la lettre du 6. 7. 1827, in : Rousseau / Thouard (éds.), *op. cit.* : 298.

Il peut même y avoir des différences considérables entre la langue innée et les langues matérielles qui la réalisent. C'est pour cette raison qu'il semble

> "intéressant de tâcher de découvrir de quelle manière l'homme parvient pourtant par des moyens entièrement différents à peu près au même résultat." (R / T 248)

Voilà donc ce que le concept de "*nature grammaticale de chaque langue*" (UTB 127, § 4) laissait entendre, mais ne disait pas encore : il existe une "grammaire innée" universelle, commune à toutes les langues, qui se manifeste sous la forme des grammaires particulières. Il existe en chaque homme une faculté cognitive de langage, un système inné universel qui se manifeste sous la forme des grammaires particulières.

On ne peut éviter de penser ici à Chomsky. Comme on sait, dans les années 50 du XXè siècle, Chomsky a parlé de "grammaire universelle" : il a fait l'hypothèse qu'il existe des structures communes à toutes les langues, inhérentes à l'esprit humain. Tout se passe comme si nous étions prédisposés à apprendre une grammaire qui comporte ce genre de règles, comme si cette connaissance était par conséquent déjà inscrite dans la structure de la faculté de langage. Chomsky soutient qu'il existe une grammaire universelle innée, qui serait le domaine de compétences spécifiques à notre espèce et à notre capacité cognitive propre. On se souvient que l'idée d'une capacité cognitive propre à notre espèce appartient aussi à Humboldt[95].

La nécessité où il était placé de devoir rendre compte de la bifurcation fondamentale des langues a conduit Humboldt à un remaniement profond de sa conception du langage et l'a amené à une conception parfaitement moderne.

3) Le chinois et le sanscrit

De ces grammaires particulières qui se développent à partir de la grammaire universelle, il existe pour Humboldt deux grands types représentés par le chinois et le sanscrit. Armé de

---

[95] Cf. chapitre II.

l'appareil conceptuel qu'il vient de construire, Humboldt procède à une comparaison du chinois et du sanscrit.

Il introduit d'abord une *distinction entre grammaire explicite et grammaire implicite.* Il va de soi, dit-il, que les Chinois se comprennent entre eux :

> "chaque peuple comprend grammaticalement sa langue, quelle qu'elle soit, et il ne saurait la comprendre autrement. Mais il ne suit pas de là que la langue chinoise possède ce que nous nommons grammaire. " (R / T 248)

Il y a en effet une différence

> "entre une langue dans laquelle chaque mot porte des marques distinctives de sa qualité grammaticale et une autre dans laquelle ces marques n'existent point ou fort imparfaitement " (R / T 248).

Le sanscrit a une grammaire explicite, une grammaire dans laquelle

> "chaque mot porte des marques distinctives de sa qualité grammaticale" (R /T 248) ;

en revanche, le chinois a une grammaire implicite dans laquelle

> "ces marques n'existent point ou fort imparfaitement " (R / T 248).

C'est une grammaire partagée par les locuteurs du chinois et qui a une valeur pratique :

> "chaque mot y a sa valeur grammaticale, et cette valeur est parfaitement sentie par ceux qui la parlent" (R / T 249),

Mais elle n'est pas perçue par les non-natifs :

> "elle n'a en elle-même pas de signes vraiment distinctifs. On la reconnaît seulement puisque l'usage a établi de prendre tel mot toujours comme verbe ou comme nom, ou de lier telle relation grammaticale à telle particule, tel arrangement des parties de la phrase, telle expression consacrée par l'habitude." (R / T 249)

Elle ne peut être reconstruite de l'extérieur par des non-natifs, à la différence de la grammaire explicite du sanscrit.

Aux yeux de Humboldt, cette différence consacre la supériorité du sanscrit, car une grammaire explicite

> " peut être conçue et étudiée par des règles générales" (R / T 249)

et

> “le système de ces règles se trouve en harmonie parfaite avec ce que j’ai nommé plus haut la grammaire innée ; tandis que la grammaire chinoise admet peu de règles générales et repose en grande partie et dans sa presque totalité sur des observations particulières d’où il suit de soi-même que cette grammaire tient de plus près à la valeur matérielle des mots et forme un système moins indépendant.” (R / T 249, souligné par moi)

Les deux types de langue ne sont donc pas équivalents. Le caractère explicite de leur grammaire est le signe d’une supériorité des langues indo-européennes.

> “Si la forme grammaticale d’une langue se détache bien nettement du matériel de la signification des mots, si elle constitue un ensemble bien ordonné dans toutes ses parties, l’impression toujours renaissante de cette ordonnance régulière doit nécessairement jeter des racines dans l’esprit.” (R / T 249)

C’est une caractéristique importante des langues indo-européennes : la grammaire innée transcrit des règles générales, alors qu’elle est liée à des observations particulières en chinois.

> “Une langue dans laquelle les mots ont, à côté de leur signification, encore des marques de la place qu’ils occupent dans le discours, où, dans l’enchaînement des phrases, rien n’est isolé, porte une empreinte plus idéale.” (R / T 249)

C’est “presqu’exclusivement dans les langues sanscrites”, qui en sont la “plus brillante incarnation ou manifestation”, qu’on pourra découvrir cette “empreinte plus idéale”.

Les langues du premier type présentent un certain mimétisme avec la réalité qu’elle traduisent. Humboldt précise :

> “La répartition des mots en classes déterminées qui doivent être caractérisées par elles-mêmes naît aussi, à mon avis, d’un penchant naturel à l’homme, dont le monde est sa langue, à rendre les mots, en les traitant comme de véritables individus, semblables aux objets de la réalité. Un certain nombre de mots ont par nature une signification de substantif, d’adjectif ou de verbe, car ils désignent des êtres autonomes, des qualités ou des actions.” (UTB 127, § 5)

Au contraire, dans une langue qui se limite "à des phrases les plus simples possibles",

> "les mêmes mots peuvent en même temps être utilisés pour une autre catégorie, un mot de nature verbale est utilisé comme substantif et inversement, et un grand nombre de mots sont tels que, désignant seulement des concepts, ils peuvent être pris de différentes manières." (UTB 127, § 5)

Une telle langue a une sémantique, mais n'a que faire de morphologie. Mais cette excessive souplesse présente des inconvénients :

> "même là où une langue n'attribue pas chaque mot grammaticalement à une classe déterminée, les mots doivent pourtant avoir une validité grammaticale. Mais celle-ci se trouve alors ou bien dans leur seule signification matérielle, ou bien, si celle-ci assigne le mot à deux classes à la fois, dans l'usage, comme cela arrive si souvent en chinois, ou bien encore la signification ressort de la place dans la phrase, ou même du seul sens du discours." (UTB 128, § 6)

Les deux paragraphes suivants apportent une conclusion provisoire. Le paragraphe 7 met en garde contre le danger d'une confusion des points de vue qui pourrait être faite par les locuteurs de l'une ou l'autre langue entreprenant de juger la langue dont ils ne sont pas des locuteurs. Ce type de mise en garde est constant chez Humboldt[96]. Et le paragraphe 8 fait le bilan de ce qui vient d'être dit :

> "Tout cela se rapporte à l'exactitude de l'expression grammaticale. Le plus haut degré qu"elle peut atteindre provient de la classification grammaticale jusque dans ses ultimes ramifications ; mais celle-ci naît d'une analyse précise de la pensée qui doit être transformée en langue et du traitement de la langue en tant qu'organe. On touche donc ici au passage direct de la pensée en mots." (UTB 128, § 8)

---

[96] Dans le texte de 1822 il avait mis en garde contre la tendance à juger une langue en fonction de critères importés d'une autre langue, qui ne pourraient être qu'inappropriés. "Toute langue, écrivait-il, doit être comprise au sens où elle a été formée par la nation et non dans un sens qui lui est étranger." (UTB 55, § 9)

4) La logique sous-jacente aux deux types de langue

En réalité, il y a, derrière ce fonctionnement différencié des langues, une logique commune, jusqu'à laquelle Humboldt entend remonter. Un jugement, dit-il, est "l'expression de l'accord ou du non-accord de deux concepts". Il peut

> "être regardé comme une équation mathématique." (UTB 129, § 9)

Humboldt précise dans le texte français :

> "Tout jugement de l'esprit est une comparaison de deux idées dont on prononce la convenance ou la disconvenance. Tout jugement peut en conséquence être réduit à une équation mathématique. C'est cette forme première de la pensée que les langues revêtent de celle qui leur appartient, en unissant les deux idées d'une manière synthétique, c'est-à-dire en y ajoutant l'idée de l'existence. Elles se servent pour cet effet du verbe fléchi, qui est la réalisation de l'idée verbale et qui ne se trouve que dans la pensée parvenue au comble de la précision et de la clarté que comporte le langage. C'est par là que le verbe devient le centre de la grammaire de toutes les langues." (R / T 131-2, c'est moi qui souligne) ;

Sur cette base, Humboldt reconstruit le fonctionnement du langage :

> "Il y a dans le langage une prosopopée originelle qui se répand à partir de là : un être idéal, le mot qui est pensé comme sujet, est représenté comme agissant ou souffrant, et une action se déroulant dans l'âme, qui est le prédicat dans le jugement sur un objet, est attribuée extérieurement, comme une qualité, à cet objet. Cette partie pour ainsi dire imaginative des langues se retrouve nécessairement et immuablement dans toutes les langues." (UTB 129, § 10)

Une prosopopée est une figure de style permettant de faire agir un objet personnifié. La "prosopopée originelle" dont parle Humboldt est celle qui donne à la logique profonde du langage la forme humaine personnifiée qu'on lui connait. Cette forme personnifiée fait que, comme le dit le texte français,

> "Dans chaque phrase un être idéal (le mot qui constitue le sujet de la proposition) est mis en action ou représenté en état de passivité. L'action intérieure par laquelle on forme un jugement, est rappor-

tée à l'objet sur lequel on prononce. Au lieu de dire : je trouve les idées de l'être suprême et de l'éternité identiques, l'homme pose ce jugement au dehors de lui et dit : l'être suprême est éternel. C'est là, si j'ose me servir de cette expression, la partie imaginative des langues. Elle doit nécessairement exister dans chacune d'elles, puisqu'elle tient à l'organisation intellectuelle de l'homme et à la nature du langage ; mais les développements qu'elle reçoit, le point qu'atteint sa culture dépendent du génie particulier des nations." (R / T 132)

Le fontionnement imaginatif est commun à toutes les langues qui vont ensuite se différencier :

> "une nation en fera un usage plus étendu, une autre un usage moindre. Les langues classiques l'élaborent au plus haut degré, les Chinois n'en retiennent que ce qui est indispensable pour parler et comprendre." (UTB 129, § 10)

Le paragraphe suivant (§ 11) du texte allemand précise les caractères particuliers des deux voies opposées possibles, celle prise par le chinois et celle prise par les langues indo-européennes. Le chinois s'attache "principalement aux relations entre les concepts" ; il s'en tient

> "en ce qui concerne l'expression avec sobriété à ce que la clarté et la netteté exigent à toute force." (§ 11)

C'est-à-dire, dit en écho le texte français, que le chinois entend

> "s'attacher strictement aux rapports des idées en tant qu'idées ; s'en tenir avec sobriété à ce qu'exige indispensablement l'énonciation claire et précise de ces mêmes idées ; prendre aussi peu que possible de ce qui appartient à la nature particulière de la langue comme organe et instrument de la pensée." (R / T 132)

Les langues indo-européennes, au contraire, préfèrent

> "donner à la langue une forme achevée en tant qu'instrument, s'attacher à sa manière particulière de représenter la pensée et l'égaler en tant que monde idéal au monde réel sous tous les rapports où cela est faisable." (UTB 129, § 11)

Mais dans tous les cas, une contrainte s'impose :

> "il serait impossible de parler sans être guidé au moins par un sentiment vague des formes grammaticales des mots" (UTB 130, § 13).

Dans le cas de la limitation à des phrases très simples (comme en chinois),

> "on peut renoncer totalement au système qui consiste à attribuer chaque mot pour lui-même et en dehors du lien discursif à une catégorie grammaticale et à signaler celle-ci sur le mot, on peut enfin s'éloigner dans ses phrases aussi peu que possible de la forme des équations mathématiques." (UTB 130, § 13)

Mais cela a pour conséquence que

> "le concept d'aucune de ces formes n'est défini exactement".

Et cela entraîne, au plan stylistique,

> "une forte limitation des périodes à des phrases extrêmement simples." (UTB 130, § 13).

L'analyse en profondeur des phénomènes à laquelle Humboldt vient de procéder explique les constats suivants :

> "Les Chinois laissent très souvent indéterminée la forme grammaticale exacte de leurs mots, mais ils ne sont pas non plus contraints à déterminer celles que le concept n'exige pas. Ils peuvent ainsi utiliser le verbe comme simple copule sans y ajouter une détermination du temps toujours absurde dans le cas de phrases générales. Ils n'ont pas plus besoin d'indiquer chaque fois si le verbe est utilisé à l'actif ou au passif et peuvent donc réunir ces deux formes en une seule. Les langues classiques ont, dans tous ces cas, besoin de moyens particuliers pour redonner aux concepts le caractère général qui leur a été retiré par la forme déterminante." (UTB 130, § 14).

Il n'existe pas de verbe fléchi en chinois. Au contraire, dans nos langues, on reconnaît l'unité de la phrase au verbe fléchi : "autant de verbes fléchis, autant de phrases".

> "La langue chinoise ne connaît, pour parler en termes de grammaire, pas de verbe fléchi, elle n'a à proprement parler pas de verbe comme forme grammaticale, mais seulement des expressions de concepts verbaux et ceux-ci sont constamment à la forme indéterminée de l'infinitif, qui est un véritable état intermédiaire entre le verbe et le substantif. (...) Toute la phrase s'éloigne aussi peu que possible de la forme d'une équation mathématique. " (UTB 131, § 17)

5) Evaluation comparative

Dans les deux versions, Humboldt discute ensuite (§§ 18 à 22 du texte allemand, pp. 135 à 149 du texte français) un certain nombre d'exemples, notamment en référence à Rémusat, à qui il rend hommage en le citant à plusieurs reprises. La fin fait très longuement (§§ 27 à 49 du texte allemand) la synthèse de la grammaire du chinois et de ses moyens d'expression, avant de procéder à une évaluation comparative des deux types de langue qui reprend partiellement les constats qui viennent d'être faits.

Le chinois, dit Humboldt (§ 27) se distingue de toutes les langues sans flexion dans lesquelles les mots grammaticaux accompagnent de si près ceux auxquels ils appartiennent qu'ils peuvent être regardés comme des pré-ou des suffixes et même comme de vraies flexions. Ce n'est absolument pas le cas en chinois. C'est ce que montrent très bien les mots destinés à désigner les temps. Ils font défaut très souvent et ne sont en réalité que des adverbes de temps.

C'est l'ordre des mots qui est essentiel en chinois, mais il ne peut suffire à remplacer la forme grammaticale, ni même à désigner leur fonction, à structurer la phrase et à permettre la compréhension.

> "Car, même s'il est sûr que le sujet doit précéder le verbe et l'objet lui faire suite, il n'y a pas de moyen, à moins que la phrase ne se compose que de trois mots, pour reconnaître par la seule position le verbe lui-même qui est le premier membre de la chaîne." (UTB 136, § 28)

L'ordre des mots est donc insuffisant à lui seul et

> "il faut toujours revenir en même temps à la signification des mots et à la cohésion du discours." (UTB 136, § 28)

Ce que l'ordre des mots peut le moins, c'est indiquer les formes grammaticales. Le texte français le dit à peu près dans les mêmes termes :

> "En fixant par des lois grammaticales l'ordre des mots, on marque les parties constitutives de la pensée ; mais dénuée d'autres secours, la position seule est hors d'état de les marquer toutes." (R / T 148)

Le texte français (R / T 149) et le texte allemand donnent ensuite ce que Humboldt considère comme les "deux lois fondamentales" de l'ordre des mots, sur lesquelles repose toute la grammaire chinoise :

> "A regarder les choses de près, l'ordre des mots indique seulement en chinois quel mot détermine l'autre. Cela est pris en considération de deux côtés différents, à partir de la limitation de l'extension d'un concept par un autre et à partir de l'orientation d'un concept vers un autre. Les mots qui en déterminent d'autres en les limitant précèdent ces derniers, les mots vers lesquels d'autres sont orientés leur font suite. La grammaire chinoise tout entière repose sur ces deux lois fondamentales de construction." (UTB 136, § 29, souligné par moi)

Ce qui, ajoute Humboldt, se traduit de la manière suivante, selon notre façon de parler :

> "l'adverbe se place avant le nom ou le verbe, l'adjectif après l'adverbe, mais avant le substantif, le sujet, par quelque partie du discours qu'il soit représenté, se place avant le verbe, le verbe avant le mot qu'il régit en tant que son objet." (UTB 137, § 29)

Et il généralise :

> "Dans la grammaire de toute langue, il y a une partie exprimée et une partie sous-entendue. En chinois, la première est dans une proportion infime par rapport à la seconde.
> Dans toute langue, le contexte discursif vient en aide à la grammaire. En chinois, il est le fondement de la compréhension et, souvent, la construction ne peut qu'en être déduite. Le verbe lui-même n'est reconnaissable qu'au concept verbal." (UTB 137, §§ 30 - 31)

Le texte français dit de même :

> "Dans toutes les langues, une partie de la grammaire est explicite, marquée par des signes ou par des règles grammaticales, et une autre, sous-entendue, est supposée conçue sans ce secours.
> Dans la langue chinoise, la grammaire explicite est dans un rapport infiniment petit, comparativement à la grammaire sous-entendue.
> Dans toutes les langues, le sens du contexte doit plus ou moins venir à l'appui de la grammaire.
> Dans la langue chinoise, le sens du contexte est la base de l'intelligence, et la construction grammaticale doit souvent en être

> déduite. Le verbe même n'est reconnaissable qu'à son sens verbal. La méthode usitée dans les langues classiques de faire précéder du contexte grammatical et de l'examen de la construction, la recherche des mots dans le dictionnaire, n'est jamais applicable à la langue chinoise. C'est toujours par la signification des mots qu'il faut commencer." (R / T 149)

A l'inverse de ce qui se passe dans les autres langues, c'est la cohésion du discours qui est en chinois la base de la compréhension.

Une conséquence inévitable est que

> "presque toutes les phrases chinoises sont très courtes, et même celles qui, à en juger par les traductions, paraissent longues et compliquées, se coupent facilement en plusieurs phrases très courtes et très simples, et cette manière de les envisager paraît la plus conforme au génie de la langue.
> On peut rarement se borner à prendre les mots des phrases chinoises dans le sens seulement où on les emploie isolément ; il faut le plus souvent y rattacher en même temps les modifications qui naissent de la combinaison de ce sens avec l'idée qui l'a précédé." (R / T 150)

Le texte allemand précise même :

> "des phrases qui dépendent l'une de l'autre sont la plupart du temps employées sans conjonction, si bien que la sorte de dépendance qui les unit ne peut apparaître qu'à partir de leur sens et de la relation réciproque qui s'y inscrit." (UTB 137, § 33)

Un travail particulier est donc imposé à l'esprit ; la langue chinoise pose isolément ce que d'autres langues réunissent. De ce fait, chaque expression prend du poids.

> "La langue chinoise abandonne au lecteur le soin de suppléer un grand nombre d'idées intermédiaires, et impose par là un travail plus considérable à l'esprit. Chaque mot paraît, dans une phrase chinoise, placé là pour qu'on le pèse, et qu'on le considère sous tous ses différents rapports avant que de passer au suivant. Comme la liaison des idées naît de ces rapports, ce travail purement méditatif supplée à une partie de la grammaire." (R / T 151)

La description qu'il vient de faire conduit en définitive Humboldt à distinguer, du point de vue des structures, trois sortes de langues (UTB 138, § 35) :

- "le chinois se dispense d'une désignation précise et même au fond de toute désignation des formes grammaticales" (UTB 138, § 36) ;
- "les langues indo-européennes et peut-être d'autres encore font de cette désignation la base de leur grammaire et lui apportent le plus grand soin" (UTB 138, § 37) ;
- les langues qui restent ont une position fluctuante (UTB 138, § 38).

De cette analyse, il tire une double conclusion. La première est que la langue chinoise se distingue

> "par la pureté, la régularité et la conséquence de sa construction grammaticale ; grâce à ces mérites, elle se place absolument au rang des langues les plus parfaites, mais elle s'en distingue pourtant en suivant, dans la mesure où la nature générale du langage le permet, un système opposé au leur." (UTB 138, § 39, souligné par moi).

La langue chinoise est profondément originale et se place parmi les plus parfaites. Selon la seconde conclusion, elle présente même un avantage sur les autres par son originalité même.

> " En renonçant à beaucoup de choses que l'expression ajoute, elle met en valeur avec plus de force la pensée et possède un art, qui n'appartient à ce point qu'à elle, d'aligner si immédiatement les concepts les uns aux autres que leurs accords et leurs contrastes (...) contraignent pour ainsi dire l'esprit, en le touchant avec une force nouvelle, à s'abandonner à la pure contemplation de leurs relations. Il en résulte, indépendamment même du contenu du discours, un plaisir purement intellectuel, inconnu à un tel degré dans d'autres langues, un plaisir qui naît de la forme et de l'ordonnancement des concepts, suscité par l'audace qui consiste à poser côte à côte dans un isolement surprenant des expressions qui désignent des concepts riches et autonomes." (UTB 139, § 40, souligné par moi)

Les langues classiques manifestent "un système opposé".

> "Les langues classiques assimilent leurs mots aux objets réels, les douent des qualités de ces derniers, font entrer dans l'expression des idées toutes les relations qui naissent de ces rapports des mots dans la phrase et ajoutent à l'idée par ce moyen des modifications qui ne sont pas toujours absolument requises par le fond essentiel de la pensée qui doit être énoncée. La langue chinoise n'entre pas dans cette méthode de faire des mots des êtres dont la nature par-

ticulière réagit sur ces idées ; elle s'en tient purement et nettement au fond essentiel de la pensée et prend, pour la revêtir de paroles, aussi peu que possible de la nature particulière du langage." (R / T 160).

L'opposition entre les deux types de langue est totale. Il faut donc

> "déterminer ce qui dans l'âme répond à cette opération par laquelle les langues (...) ajoutent à la pensée des nuances qui naissent uniquement de leur forme grammaticale" (R / T 160)

Ce dénominateur commun de nature psychologique, c'est *l'imagination*,

> "non pas l'imagination en général, précise Humboldt, mais l'espèce particulière de cette faculté qui revêt les idées de sons pour les placer au dehors de l'homme, pour les faire revenir à son oreille proférées comme paroles, par la bouche d'êtres organisés ainsi que lui, et pour les faire agir ensuite de nouveau en lui-même comme des idées fixées par le langage." (R / T 160-1, souligné par moi)

Pour bien comprendre l'emploi du terme d'"*imagination*" en ce sens, il faut revenir à Kant et rappeler que, dans la théorie critique, l'imagination ("Einbildungskraft") représente une condition indispensable pour la connaissance d'un objet.

> "Les langues qui ont une désignation complète des formes doivent leur existence à l'activité augmentée de cette force et agissent en retour plus fortement sur elle. Pour l'une et l'autre, le chinois est dans le cas opposé." (UTB 140, § 42)

C'est aussi ce que disait la version française :

> "Les langues à formes grammaticales complètes, ainsi qu'elles doivent leur origine à l'action vive et puissante de cette faculté, réagissent fortement sur elle, tandis que la langue chinoise se trouve pour l'un et l'autre de ces procédés, dans un cas diamétralement opposé." (R / T 160-1)

L'imagination donne à certaines langues "une désignation complète des formes".

> "Partant de là, l'influence bienfaisante d'une riche architecture grammaticale se répand sur tout le système de pensée. Ces formes qui paraissent si insignifiantes permettent à l'esprit un élan plus

libre en offrant des moyens pour élargir et compliquer les phrases. La pensée qui constitue dans la tête une unité ininterrompue, retrouve dans une langue qui relie organiquement tous les mots la même continuité. Par l'une et par l'autre, une construction grammaticale complète des formes réunit le double avantage de donner à la pensée plus d'ampleur, de finesse et de couleur et de la représenter plus précisément et plus fidèlement." (UTB 140, § 43)

L'opposition entre les deux types de langue tient aux conséquences du rôle différent dévolu à l'imagination.

Humboldt s'efforce de rendre justice aux deux systèmes en faisant apparaître leurs mérites propres et, pour cela, il revient à leur origine commune, l'expression des relations entre la pensée et le langage. La pensée et le langage sont, comme on le sait,

"inséparablement liés l'un à l'autre". (UTB 140, § 44)

On ne peut les opposer que par une opération d'abstraction. Si on le fait, on est amené à dire que

"la pensée, séparée de son habillage en langue, offre une plus grande liberté et pureté, car l'expression, nécessairement, rétrécit et modifie." (UTB 140, § 44)

Mais il est impossible de penser sans langue. Et pourtant,

"l'homme distingue la pensée et le mot et franchit fréquemment (...) les limites qu'impose la langue à un moment donné." (UTB 140, § 44)

C'est de là que provient tout élargissement interne de la langue. Il y a donc une *double activité intellectuelle* qui pousse l'esprit vers la pensée et vers la langue. Si cette activité n'est pas équilibrée, l'une des composantes peut se renforcer au détriment de l'autre.

"C'est là que je cherche la raison profonde de la différence entre la langue chinoise et les plus parfaites des langues indo-européennes." (UTB 140, § 44).

A partir de là, Humboldt est en mesure de reprendre l'évaluation comparée des langues classiques et du chinois. Pour les premières :

> “La perfection grammaticale qu’offrent les langues classiques est à la fois un moyen de donner à la pensée plus d’étendue, plus de finesse et plus de couleur, et une manière de la rendre avec plus d’exactitude et de fidélité, par des traits plus prononcés et plus délicatement expressifs, en y ajoutant une symétrie de formes et une harmonie de sons analogues aux idées énoncées et aux mouvements de l’âme qui les accompagnent.” (R / T 161)

Et pour le chinois :

> “la langue chinoise gagne par sa manière simple, hardie et concise de présenter les idées. L’effet qu’elle produit ne vient pas des idées seules, ainsi présentées, mais surtout de la manière dont elle agit sur l’esprit par son système grammatical. (R / T 162)

Le bilan global ne fait pas de doute :

> “la langue chinoise me semble sans aucun doute très inférieure, comme organe de la pensée, aux langues qui sont parvenues à donner un certain degré de perfection à un système qui est opposé au sien. (...) S’il est impossible de nier que ce ne soit que de la parole que la pensée tient sa précision et sa clarté, il faut aussi convenir que cet effet n’est complet qu’autant que tout ce qui modifie l’idée trouve une expression analogue dans la langue parlée.” (R / T 163)

Cette critique se prolonge en une critique de l’écriture qui reprend celle de 1824 : l’écriture chinoise convient au système grammatical de la langue qui

> “présente, dit-il, un triple isolement, celui des idées, des mots et des caractères.” (R / T 172)

Sur un plan général, au-delà de la comparaison entre les langues indo-européennes et le chinois, l’acquis essentiel de cette longue réflexion inspirée par la nécessité de donner au chinois une place convenable est d’avoir conduit Humboldt à modifier considérablement sa perspective en introduisant une dimension psychologique dans son dispositif global.

IX.

UNE NOUVELLE ÉTAPE

Sur le duel

Über den Dualis

(1827)

Tout contribue à faire de ce texte un texte de transition dont la construction est déroutante.

Il présente d'abord, dans une longue première partie, des considérations générales sur les buts et l'organisation de la recherche en linguistique. Cette première partie se réfère directement au programme d'étude comparée des langues de 1820 et présente le cours nouveau de la pensée de Humboldt après le débat provoqué par la langue chinoise. C'est l'exposé d'une stratégie de recherche globale et une nouvelle étape dans le cheminement intellectuel de Humboldt.

Après cette longue introduction, vient une partie qui traite du duel. Elle est intitulée *Première section De la nature du duel en général* (*Erster Abschnitt. Von der Natur des Dualis im Allgemeinen*) et s'achève par l'annonce que la suite va examiner les différentes langues en fonction des classes établies en commençant pour traiter la question du duel[97]. Mais aucune deuxième section ne fait suite à la première.

Les développements sur le duel s'élargissent en une analyse de la fonction du dialogue qui débouche sur un morceau de

---

[97] Selon Trabant, cette deuxième section devait traiter un aspect particulier du duel : *Des langues dans lesquelles le duel apparaît surtout comme forme pronominale* (*Von den Sprachen, in welchen der Dualis vorzugsweise als Pronominalform erscheint)* Trabant, J. *W.v. H. Über die Sprache* UTB 1994 : 261

bravoure sur les personnes dans le discours. On voit apparaître là le concept de "*sens du langage*" (Sprachsinn) qui jouera un grand rôle dans le dernier texte de Humboldt, *L'œuvre sur le kavi*. Ce concept, hérité de Kant, mérite de retenir l'attention.

1) Prolégomènes à une recherche globale

Dans le premier paragraphe, Humboldt définit son programme en prenant appui sur le texte de 1820 *Sur l'étude comparée des langues en relation avec les différentes époques de leur évolution*.

L'étude comparée des langues a pour but, dit-il, de chercher à comprendre

> "comment le langage humain se manifeste dans les langues particulières des différentes nations. Cela peut se faire soit en visant la désignation par des mots ou des classes de mots, soit en visant l'organisation du discours au moyen d'une forme grammaticale." (UTB 143, § 1[98])

Le projet *Sur le duel* relève de la seconde stratégie. Il consistera à chercher

> "comment une forme grammaticale (...) est traitée dans les différentes langues, comment elle est mise en valeur ou négligée, comment elle est modelée, reliée à d'autres, exprimée directement ou par des périphrases" (UTB 143, § 2).

D'une telle étude, Humboldt attend qu'elle lui permette de jeter une lumière nouvelle dans deux directions :

> "aussi bien sur la nature de cette forme que sur la constitution intime des différentes langues considérées." (UTB 143-144, § 2).

Que peut-on en attendre ?

> "On peut alors comparer le caractère particulier qu'une telle forme prend dans les différentes langues avec celui que les autres formes grammaticales prennent dans ces mêmes langues." (UTB 143-144, § 2)

---

[98] La numérotation des paragraphes est de mon fait et ne vise qu'à faciliter les renvois.

Pour ce qui est de la forme elle-même, il faut distinguer l'usage qui en est réellement fait de l'usage qu'on peut dériver de son concept. Cette précaution est destinée à éviter de tomber dans l'esprit de système.

Quant aux présupposés méthodologiques et épistémologiques, Humboldt réaffirme son orientation de toujours fondée sur une réflexion sur la nature du langage. Le langage est

> "né des profondeurs de l'esprit, des lois de la pensée et de la totalité de l'organisation humaine," (UTB 144, § 2)

En cela, il exige une approche philosophique. En outre,

> "entrant dans la réalité sous une forme individuelle et réagissant sur lui-même réparti en phénomènes isolés" (UTB 144, § 2),

il exige aussi une approche historique empirique.

Un autre aspect non moins important des descriptions de formes grammaticales doit être la relation de la langue avec la nation et sa culture. Selon Humboldt, la réponse qu'on apporte à ces questions

> "relie l'étude comparée des langues à l'histoire philosophique du genre humain et lui assigne un but qui la dépasse." (UTB 144, § 3)

Quel est ce but ?

> "L'étude des langues doit assurément être faite pour elle-même. Mais pas plus qu'aucune autre partie de la recherche scientifique, elle n'a son but ultime en elle-même. Au contraire, elle se subordonne comme toutes les autres au but suprême et général qui gouverne l'ensemble des efforts de l'esprit humain, qui est que l'humanité apporte la lumière sur elle-même et sur sa relation avec tout le visible et l'invisible autour d'elle et au-dessus d'elle." (UTB 145, § 3)

La recherche linguistique doit s'intégrer à une recherche sur la totalité de l'esprit humain et sur son environnement, c'est-à-dire dans un projet de portée universelle qui doit contribuer à une philosophie de la culture. Et même si, ajoute Humboldt, un programme d'une telle ampleur ne pourra jamais être réalisé intégralement, car il manque pour cela trop de données irrémédiablement perdues, rien ne justifie le mépris affiché par certains envers des cultures qui ne peuvent être dites inférieures que par la force des préjugés.

Comme on le voit, ce projet de recherche repose sur des bases philosophiques et anthropologiques déjà énoncées aux paragraphes 15 à 21 du texte de 1822 *Sur l'étude comparée des langues*.

Plusieurs pages sont consacrées à le justifier et à le préciser. Etudier "*la même forme grammaticale dans un grand nombre de langues*" est sans doute, dit Humboldt, la seule voie pour se faire une idée correcte du degré de parenté entre les langues. Mais cette recherche présente de grandes difficultés et exige des travaux préparatoires dans plusieurs directions pour éviter des simplifications et des erreurs. En plus des travaux préparatoires concernant les langues, il conviendrait de faire, en lien avec l'histoire, l'étude de la manière dont les nations se ramifient, se mêlent et s'allient. C'est seulement en reliant ces recherches multiples qu'il serait possible d'établir les principes permettant de reconnaître ce qui est passé d'une langue dans une autre. De tout cela, l'étude grammaticale doit constituer la base, alors que de simples comparaisons de mots ne pourraient donner de réponse à la question de savoir si les langues comparées ont une origine commune ou bien si elles ont seulement échangé des mots. La recherche sur le duel, et *chaque recherche particulière, se situe donc dans le cadre d'un projet de portée universelle, dont les cercles successifs doivent contribuer à une philosophie de la culture*.

Le choix du duel comme objet d'étude se justifie d'abord par le fait que

> "parmi toutes les formes grammaticales, celle-ci se laisse le mieux isoler sans toucher profondément au reste de l'architecture grammaticale." (UTB 149, § 8)

Il se justifie également par le fait qu'on ne le trouve pas dans un trop grand nombre de langues, ce qui facilite son traitement. Enfin, la forme du duel a un caractère universel :

> "l'existence de cette forme linguistique remarquable s'explique aussi bien à partir du sentiment naturel de l'homme sans culture qu'à partir du sens raffiné de la langue de l'homme le plus cultivé. Il se trouve qu'on la rencontre effectivement, d'une part, dans les nations incultes, les Groenlandais, les Néozélandais, etc., alors

que, d'autre part, en grec, le dialecte le plus élaboré, à savoir le dialecte attique, l'a conservé." (UTB 150, § 9)

On doit voir dans les multiples prolégomènes et mises en garde qui constituent la première partie de ce nouveau texte l'indice que Humboldt éprouvait le besoin de fixer sa position théorique et méthodologique dans une période de transition.

2) Un programme de recherche sur le duel

Après ces considérations générales, Humboldt en vient, dans la partie intitulée : *1è section. De la nature du duel en général.* (*1. Abschnitt* : *Von der Natur des Dualis im allgemeinen*) à l'objet annoncé : le duel.

Il énumère d'abord longuement (UTB 150 - 158) les langues du monde dans lesquelles, à sa connaissance, une forme de duel apparaît. Cette énumération n'a plus guère d'intérêt aujourd'hui : c'est, comme Humboldt le dit lui-même, "une énumération qui ne peut être donnée pour complète[99]. Elle débouche sur une classification des *fonctions* du duel. Humboldt. change donc radicalement de perspective. Et, dit-il, s'il a adopté la procédure consistant à d'abord énumérer les langues, puis les fonctions du duel, c'était par un souci d'objectivité scientifique. Mais

> "il est maintenant nécessaire de développer la nature de cette forme linguistique à partir d'idées générales indépendamment de la connaissance des langues réelles." (UTB 158)

Humboldt adopte donc un point de vue philosophique. Il propose de classer les langues qu'il a évoquées selon leur façon de traiter le duel et il les range en trois groupes.

1) Dans le premier :

> "Quelques-unes adoptent une vision du duel à partir de *Je* et *Tu*, le locuteur et l'allocutaire. Dans ces langues, le duel est lié au pronom." (UTB 156)

[99] Elle est d'autant moins pertinente que, depuis le début du XIXè siècle, la classification des langues a beaucoup évolué.

Humboldt met dans ce groupe quelques langues d'Asie du Sud-Est.

2) Un second groupe est formé par les langues qui

> "puisent cette forme dans les objets de la nature qui apparaissent en couples : les yeux, les oreilles et les membres (bras, jambes), les deux grands astres, etc." (UTB 156)

Dans les langues de ce groupe, le duel ne va pas au-delà de ces concepts et ne dépasse pas le nom.

3) Enfin le troisième groupe :

> "Dans d'autres peuples enfin, le duel pénètre toute la langue et apparaît dans toutes les parties du discours où il peut avoir un sens. Il n'est donc pas issu d'une espèce particulière, mais du concept général de dualité (Zweiheit)". (UTB 156)

C'est sur ce troisième groupe, dans lequel il range notamment le sanscrit et les langues sémitiques, que se fonde sa réflexion philosophique, car, dans ce groupe, dit-il, le duel "s'étend à toute la langue" (UTB 157).

Ce qui compte aux yeux de Humboldt, c'est une analyse rationnelle du duel et non la répartition géographique des langues. Et il y a pour lui deux façons de concevoir le duel. L'une le limite

> "au concept du seul nombre *deux* dans la suite des nombres" (UTB 160).

Humboldt juge erronée cette conception. Elle relève, dit-il, du "*sens naturel des nations*" ("der natürliche Sinn der Nationen").

Que signifie cette expression ? Le "*sens naturel des nations*" est un avatar du "sens commun" de Kant. Le sens commun, dit Kant dans la *Critique de la faculté de juger* au § 40[100], n'a pas d'aptitude à énoncer des règles universelles ; il ne peut énoncer que des règles communes, c'est-à-dire des règles conformes à "*l'entendement commun*", des règles possédant la qualité qu'on est toujours en droit d'attendre de quiconque revendique le nom d'être humain ; le sens commun est commun à tous les membres d'une communauté. C'est

[100] Pp. 244-247 dans l'édition publiée sous la direction de F. Alquié, Gallimard (folio essais) 1985.

> " ce qui se produit lorsqu'on étaye son jugement grâce aux jugements des autres (...) et lorsqu'on se met à la place de tout autre être humain." (245).

Dans le système de pensée de Humboldt, cette fonction est liée à l'usage du langage. D'où le terme de "Sprachsinn", c'est-à-dire de "*sens du langage*". Il ne suffit pas de regarder le langage comme un outil servant à l'intercompréhension. Le langage confère leur humanité aux sujets parlants, qui doivent être regardés à la fois comme des individus et comme des parties du corps social. Les langues sont les outils des échanges dans le corps social. Le langage est l'organe de ces organismes individuels et sociaux et il est géré par ce que Humboldt nomme "*sens du langage*" (Sprachsinn). L'introduction de ce concept renouvelle la conception des rapports de l'esprit et de la langue de 1795 en introduisant une dimension psychologique et sociale qui trouve tout son développement dans le jeu des personnes qui caractérise le duel[101].

A la conception du bon sens commun spontané, Humboldt oppose une autre conception qu'il juge rationnelle et qui

> "se fonde sur le concept de *dualité*" (UTB 160)

Il en donne la définition suivante :

> "Selon cette conception, <u>le duel est pour ainsi dire un singulier-collectif (Collectivsingularis) du nombre deux</u>, car le pluriel ne ramène qu'occasionnellement, et non d'après son concept originel, la multiplicité à une unité. <u>Le duel partage donc, en tant que forme de pluriel et en tant que désignation d'une totalité close, à la fois la nature du singulier et la nature du pluriel</u>." (UTB 160, souligné par moi)

Dans cette perspective, le duel est une entité originale qui réunit deux notions qui s'excluent dans la logique du "sens commun". La conception du duel comme singulier-collectif est, pour Humboldt, la base réelle du duel dans toutes les langues,

---

[101] Trabant (UTB 261) donne du "Sprachsinn" une interprétation analogue : "L'expression 'Sprachsinn', dit-il, est clairement formée par analogie avec le 'sensus communis' de Kant".

> “même si, dans l’usage qu’elles en font, toutes mélangent les représentations qui ont été séparées ici, celle qui est juste et celle qui est fausse, et font du duel aussi bien l’expression de *deux* que de la *dualité*.” (UTB 160)

C’est l’usage du “singulier-collectif”, qu’il appelle un “usage intellectuel sensé”, qui sert de base à l’analyse de Humboldt.

Cette analyse à faire est d’abord mise en contexte et subdivisée. Pour Humboldt, la diversité grammaticale des langues est triple et on ne parviendra pas à une conception complète de l’architecture de chacune d’elles si on ne la prend pas en considération selon cette triple diversité.

> “Les langues sont en effet grammaticalement différentes
> a) d’abord, dans leur façon de concevoir les formes grammaticales selon leur concept,
> b) ensuite, dans les moyens techniques de leur désignation,
> c) enfin, dans les sons réels qui servent à la désignation” (UTB 160).

Dans un premier temps, Humboldt ne veut avoir affaire qu’au premier de ces trois points :

> “les deux autres ne pourront être pris en considération que lorsque nous regarderons les différentes langues du point de vue du duel.” (UTB 160)

Ces deux points (c’est-à-dire b) et c)) concernent la différenciation des langues :

> “c’est par les deuxième et troisième points, surtout par le dernier, qu’une langue arrive à son individualité grammaticale et la ressemblance entre plusieurs langues sur ce point est le signe le plus sûr de leur parenté.” (UTB 160)

Le premier des deux, qui concerne les “moyens techniques” de la désignation des formes grammaticales, “détermine l’organisme de la langue” et il est

> “particulièrement important non seulement parce qu’il agit principalement sur l’esprit et la manière de penser de la nation, mais aussi parce qu’il est la pierre de touche la plus sûre du “sens de la langue” (Sprachsinn) qui est en elle et que l’on doit regarder comme le principe à proprement parler créateur et transformateur de la langue” (UTB 160-161, souligné par moi)

Mais le texte est resté inachevé et les deux derniers points n'ont pas été traités.

3) La dualité comme principe d'organisation universel

Le premier renvoie à la discussion théorique qui a précédé, à propos de la conception du duel soit comme *deux* (*zwei*), soit comme *dualité* (*Zweiheit*), c'est-à-dire comme nombre ou comme singulier-collectif. Dans cette discussion, il n'est question que de l'interprétation convenable du principe fondateur de la forme grammaticale du duel.

Humboldt rappelle en commençant que considérer la langue seulement comme un moyen d'intercompréhension est la façon la plus étroite de considérer le langage et que le rôle du duel ne se limite pas à cela. Le langage

> "est l'empreinte de l'esprit et de la vision du monde des sujets parlants ; la sociabilité est l'auxiliaire indispensable à leur épanouissement, mais elle n'est pas, loin s'en faut, le seul but qu'elle poursuit. Celui-ci trouve plutôt son accomplissement dans l'individu, dans la mesure où l'individu peut être détaché de l'humanité." (UTB 162)

Le langage concerne l'individu et détermine sa façon de voir le monde ; il joue ce rôle dans le cadre de la société dont les individus ne peuvent se passer.

> "Ce qui peut donc passer du monde extérieur et de l'intérieur de l'esprit dans la structure grammaticale des langues, peut y être reçu, utilisé et perfectionné, et l'est effectivement, en fonction de la vivacité et de la pureté du sens du langage et de l'originalité de la façon de voir dont il est porteur." (UTB 162)

Mais les langues montrent sur ce point des différences surprenantes. Elles portent des marques qui proviennent de ce que, au moment de leur formation,

> "on a puisé dans la perception sensible du monde ou au cœur des pensées où cette perception avait déjà été élaborée par le travail de l'esprit." (UTB 162)

Ainsi, certaines langues utilisent pour les pronoms de la 3è personne des expressions qui désignent l'individu debout, couché ou assis : elles possèdent donc de nombreux pronoms. Cette position est purement de l'ordre du sensible. D'autres langues multiplient les pronoms de la 3è personne selon la proximité ou l'éloignement des locuteurs. Cette position se réfère déjà à une forme pure immanente de la sensibilité qui est l'espace D'autres enfin, connaissent à la fois un IL pur et le simple contraste de JE et de TU réunis en une seule catégorie. Cette dernière position repose sur une abstraction et une répartition logique des concepts. Ces trois façons de voir ne doivent pas être regardées comme des étapes dans le temps. Elles peuvent laisser simultanément des traces dans une même langue.

Après ces indications sur la variété des formes concrètes, Humboldt récapitule et élargit le domaine d'extension de la dualité :

> "Le concept de dualité appartient au double domaine du visible et de l'invisible et, tout en se présentant vivant et stimulant à l'intuition sensible et à l'observation extérieure, il est aussi prédominant dans les lois de la pensée, dans la tension du sentiment et dans l'organisme du genre humain et de la nature, qui est insondable dans ses fondements," (UTB 163)

Humboldt montre cette omniprésence en accumulant les exemples.

> "Tout d'abord, pour commencer par l'observation la plus facile et la plus superficielle, un groupe de deux objets se distingue de lui-même comme quelque chose d'immédiatement maîtrisable du regard et de clos entre un objet isolé et un groupe de plusieurs objets,." (UTB 163, souligné par moi)

Ensuite, la dualité est un principe de l'organisation concrète du corps humain :

> "la perception et le sentiment de la dualité dans les êtres humains passent dans la répartition en deux sexes et dans tous les concepts et sentiments qui s'y réfèrent. Elle l'accompagne en outre dans la constitution de son corps et du corps des animaux en deux moitiés semblables, et avec les membres et les organes des sens présents en couples." (UTB 163),

Enfin, la dualité est un principe d'organisation de la nature :

> "quelques-uns des phénomènes les plus puissants de la nature, qui entourent à chaque instant l'homme naturel, se présentent comme des dualités, ou sont comprises comme telles, les deux grands astres qui déterminent le jour et la nuit, la terre et le ciel qui la surplombe, la terre ferme et les eaux, etc." (UTB 163)

Le concept de dualité est en somme un principe universel. Le duel est la traduction dans le langage de ce principe d'organisation. Et il faut même aller plus loin encore :

> "Le concept de dualité plonge ses racines encore beaucoup plus profondément dans l'organisme invisible de l'esprit, dans les lois de la pensée, dans la classification de ses catégories : proposition et contre-proposition, la thèse et sa réfutation, être et non-être, le moi et le monde. Même là où les concepts se divisent en trois ou en plusieurs, le troisième membre est issu d'une dichotomie originelle et la pensée l'y ramène volontiers."(UTB 164)

C'est un principe de structuration particulièrement pertinent pour le langage où la dualité prend une place plus importante que partout ailleurs.

> "Toute parole repose sur l'échange, dans lequel, même en présence de plusieurs interlocuteurs, le sujet parlant se place toujours comme unité face à ceux à qui il s'adresse. Même en pensée, l'homme parle avec un autre (...) il sépare ceux qui parlent comme lui de ceux qui parlent autrement. Cette discrimination, qui sépare l'humanité en deux classes, les indigènes et les étrangers, est la base de tout lien social primitif." (UTB 164)

Toute parole implique l'unité du sujet parlant face à l'unité de celui ou ceux à qui il s'adresse, ce destinataire fût-il lui-même, comme dans le monologue. La séparation entre JE et TU revêt même une dimension anthropologique dans l'opposition entre les indigènes et les étrangers et on la retrouve même dans

> "la différence des sexes, prise sous sa forme la plus générale et la plus spirituelle". (UTB 164)

Le tournant dans la pensée de Humboldt que représente l'essai sur le duel est d'une importance considérable. Il ouvre une perspective nouvelle en attribuant dans la parole une place à l'interlocuteur. Le mécanisme de l'échange dialogique fait dans les paragraphes suivants l'objet d'une description phénoménologique minutieuse.

> "Il n'a été question dans ce qui précède que du phénomène empirique." (UTB 165)

Ce phénomène va maintenant être décrit dans son essence même.

Le point de départ est l'analyse du fonctionnement de la pensée grâce au langage.

> "Il y a irrévocablement un dualisme dans l'essence originelle du langage et la possibilité même de parler est conditionnée par l'interpellation et la réplique. La pensée déjà incline essentiellement à l'existence sociale et l'homme aspire, indépendamment de toute relation physique et affective, pour le bénéfice de sa seule pensée, à un TU correspondant au JE ; le concept ne lui paraît atteindre clarté et certitude que par le rayonnement en retour d'une force de pensée étrangère." (UTB 165)

Là est la différence avec la conception de 1795 qui prévalait jusqu'ici : la pensée et le langage sont désormais liés à l'existence sociale de l'homme. Humboldt affirme d'abord que le concept

> "est produit en s'arrachant à la masse mobile de la représentation et en se constituant comme objet face au sujet." (UTB 165)

C'est une autre façon, plus franchement kantienne, de dire ce que disait déjà le texte de 1795.

> "Mais l'objectivité apparaît encore plus accomplie lorsque ce clivage ne se produit pas dans le sujet seul, mais lorsque celui qui a une représentation (der Vorstellende) voit la pensée réellement en face de lui-même, ce qui n'est possible que par l'existence d'un autre être qui, comme lui, représente et pense. Mais entre une force de pensée et une autre force de pensée, il n'y a pas d'autre médiateur que le langage." (UTB 165)

Là est la nouveauté : deux sujets sont empiriquement requis et, de ce fait, une complexité nouvelle apparait. D'abord,

> "le mot en lui-même n'est pas un objet, mais plutôt, face aux objets, il est quelque chose de subjectif." (UTB 165).

Il est subjectif dans la mesure où il est produit par un locuteur pour désigner un objet de la réalité. Mais il a un statut particulier. En même temps,

> “il doit devenir un objet dans l’esprit de celui qui pense, produit par lui et réagissant sur lui.” (UTB 165).

Et le phénomène se complique encore du fait que, s’il appartenait seulement à un individu, le mot ressemblerait à un simple “objet apparent”. En effet,

> “le langage ne peut pas être promu à la réalité par un individu isolé. Il ne peut l’être que socialement, il ne peut être amené à réalité que lorsqu’à une tentative risquée une autre s’ajoute. Le mot doit donc gagner une essentialité, le langage un élargissement dans un auditeur qui apporte une réplique.” (UTB 165)

Cette “tentative risquée” est celle que fait un premier locuteur, à laquelle s’ajoute la tentative correspondante d’un “auditeur qui apporte une réplique”. Le mot a pour celui qui pense quelque chose de subjectif face aux objets de la réalité. Mais il est aussi un objet produit par lui et qui exerce sur lui une action. *Le mot a donc un double statut*, à la fois objectif et subjectif. Cette contradiction ne peut être dépassée que socialement,

> “lorsqu’à une tentative risquée une autre s’ajoute” (UTB 165),

lorsqu’à une tentative faite par un individu s’ajoute une tentative identique faite par un autre individu et qu’il y a accord entre les deux. Tel est “l’archétype de tous les langages”.

De ce mécanisme, on trouve la manifestation dans la distinction entre les pronoms de la deuxième et de la troisième personnes. JE et IL, c’est-à-dire JE et NON-JE qui sont des objets différents : JE s’appuie sur une perception intérieure, IL sur une perception extérieure. TU est aussi un NON-JE, mais pas dans la sphère des objets, mais comme interlocuteur, dans la relation sociale, dans la sphère d’un agir en commun.

> “JE et IL sont réellement des objets différents et avec eux tout est dit, car ils s’appellent aussi JE et NON-JE. Tandis que JE et IL s’appuyent sur une perception intérieure et sur une perception extérieure, il y a dans le TU la spontanéité du choix. C’est aussi un NON-JE, mais pas comme le IL dans la sphère de tous les êtres, mais dans une autre, dans celle d’un agir commun. Dans le IL luimême, il y a de ce fait, outre le NON-JE, également un NON-TU

et il ne s'oppose pas seulement à l'un des deux, mais aux deux. C'est ce qu'indique le fait mentionné plus haut que dans de nombreuses langues la désignation et la formation grammaticale du pronom de la troisième personne est entièrement différente de celle des deux premières personnes et que son concept tantôt n'est pas présent du tout, tantôt n'est pas présent dans tous les cas de la déclinaison." (UTB 165 - 166)

Le langage n'a d'existence réelle que dans le dialogue, et la pensée, qui ne va pas sans le langage, est donc liée à l'existence sociale. Le langage est désormais pour Humboldt "un phénomène social qui fait partie de l'histoire des êtres humains"[102]. Par ce geste, Humboldt donne un fondement nouveau à la recherche sur le langage : elle est désormais appelée à prendre en compte le partenaire dans l'échange.

Le pouvoir structurant des pronoms personnels dépasse la seule sphère de la pensée. La communauté humaine lui est soumise dans tous ses aspects :

> "Ce n'est que par la liaison d'un autre avec le moi opérée par le langage que naissent tous les sentiments profonds et nobles qui inspirent l'homme et qui, dans l'amitié, dans l'amour et dans toute communauté spirituelle, établissent entre deux êtres humains le lien le plus haut et le plus intense." (UTB 166)

Le dialogue fait véritablement l'humanité de l'homme. Et, à l'origine, il y a eu le *sens-de-la-langue.*

> "Il dépend de la vivacité du sens-de-la-langue, avec lequel l'être humain fait du langage le miroir de son monde, si ce qui émeut l'être humain intérieurement et extérieurement passe dans le langage." (UTB 166)

Se réalisant dans la forme du dialogue, le langage permet que des valeurs altruistes s'installent entre les hommes ; il est un instrument d'élévation de l'humanité.

Il y a aussi une affinité particulière entre le duel et le fonctionnement du langage. Le concept de dualité, comme concept d'un nombre, c'est-à-dire de l'une des intuitions pures de l'esprit, possède, dit Humboldt, la qualité d'être de même nature que la langue, ce qui le rend particulièrement apte à passer

---

[102] Lewis, D. "Languages and Language", in Gunderson, K (ed.) *Language, Mind, and Knowledge.* Minneapolis, 1975 : 3-35.

dans la langue. D'autres concepts pourraient prétendre à jouer ce rôle : par exemple, le concept *animé / inanimé* a servi dans plusieurs langues à fonder des différences grammaticales. Mais

> "comme le seul fait d'être doué de vie n'inclut rien qui pourrait se fondre intimement dans la forme du langage, les différences grammaticales fondées sur cette distinction demeurent quelque chose d'étranger dans la langue et témoignent que le sens de la langue n'a pas assuré parfaitement sa domination." (UTB 166)

Il en va tout autrement du duel qui

> "ne s'attache pas seulement à une forme absolument nécessaire à la langue, le nombre, mais, comme je l'ai montré, se donne dans le pronom une position propre. Il n'a donc besoin que d'être introduit dans la langue pour s'y sentir à l'aise." (UTB 166)

Toutes les langues ne sont pas logées à la même enseigne sur ce point :

> "En effet, dans la formation des langues, outre le sens de la langue (Sprachsinn) lui-même, règne l'imagination qui s'occupe d'introduire dans la langue ce qui la touche de manière vivante." (UTB 167)

L'imagination peut faire obstacle au sens de la langue et empêcher une formalisation complète, alors que

> "l'achèvement de leur construction prescrit aux langues la loi d'airain que tout ce qui est intégré au langage, abandonnant sa forme originelle, adopte celle de la langue. C'est seulement ainsi que réussit la métamorphose du monde en langue et que la symbolisation par la langue s'accomplit aussi au moyen de sa construction grammaticale. (UTB 167)

Et cela n'est réalisé que par le duel. Même le genre lui est inférieur à cet égard (mais toutes les langues ne se valent pas dans ce domaine et Humboldt ne manque pas l'occasion de vanter la supériorité du grec par rapport au latin).

4) Conclusion

La prise en compte du fait dialogique dans le texte *Sùr le Duel* a introduit une modification fondamentale dans la philosophie du langage de Humboldt. On peut dire qu'elle en inaugure l'étape ultime en direction d'une anthropologie fondée sur la langage qui s'épanouira dans *L'œuvre sur le kavi*.

Le duel fait encore, dans un texte de 1829[103] l'objet d'un nouveau développement qui en souligne l'importance.

> "Le fait de parler, qu'on le considère dans sa relation intime et profonde avec la pensée ou dans sa relation extérieure et plus sensible avec la communauté des hommes qu'il fonde, présuppose toujours dans son essence que le locuteur distingue, face à lui, un allocutaire distinct de tous les autres. La conversation repose sur ce concept et la fonction purement intellectuelle de l'activité de penser conduit aussi à cela. La pensée ne parvient à être claire et définie que quand elle peut être regardée comme renvoyée par une force de pensée étrangère. Mais le clivage subjectif seulement idéal ne suffit pas, l'objectivité n'est accomplie que quand celui qui représente une pensée la voit réellement hors de lui, ce qui n'est possible que dans un autre être qui, comme lui, a des représentations et pense. Le langage, bien qu'il soit indispensable même pour penser dans la solitude la plus totale et bien qu'il soit dévidé dans le discours par chacun des locuteurs à partir de lui seul, ne peut naître cependant que dans une Dualité et grâce à elle." (UTB 173, souligné par moi)

[103] *Sur la parenté des adverbes de lieu avec le pronom dans quelques langues (Über die Verwandtschaft der Ortsadverbien mit dem Pronomen in einigen Sprachen)*, UTB 1994 : 173-182.

X.

L'ŒUVRE ULTIME

Sur la diversité de construction du langage humain et son influence sur le développement spirituel de l'espèce humaine

Über die Verschiedenheit des menschlichen Sprachbaues und ihren Einfluss auf die geistige Entwicklung des Menschengeschlechts

(1827-1836)

Entre 1827 et 1829, Humboldt entreprit de faire la synthèse de ses travaux. Il lui donna pour titre *Sur les différences de construction du langage humain* (*Über die Verschiedenheiten des menschlichen Sprachbaues*). Ce travail est resté inachevé[104].

Humboldt reprit son projet un peu plus tard et écrivit un texte auquel il donna un titre presqu'identique : *Sur la diversité de construction du langage humain et son influence sur le développement intellectuel de l'espèce humaine* (*Über die Verschiedenheit des menschlichen Sprachbaues und ihren Einfluss auf die geistige Entwicklung des Menschengeschlechts*)[105]. L'ouvrage est une encyclopédie du savoir humboldtien.

---

[104] iI a été publié en 1906 dans l'édition des œuvres complètes de l'Académie de Berlin. Il est accessible dans l'édition des *Sämtliche Werke* publiée par Mundus Verlag 1999, Bd 4.

[105] *Sämtliche Werke*, Mundus Verlag 1999 Bd 5. Ce texte a été également publié par M. Böhler sous le titre *Wilhelm von Humboldt. Schriften zur Sprache*

On peut y distinguer deux parties, de longueur inégale. La première partie (§§ 2 à 14) donne l'état ultime de la réflexion philosophique de Humboldt et sert d'introduction à la seconde, plus technique et beaucoup plus longue (elle compte plus de 200 pages). C'est sur la première partie que portera l'analyse faite dans ce chapitre.

La rédaction de l'ouvrage a été interrompue par la mort de Humboldt en 1836. Il est connu sous l'appellation d'"*Introduction à l'œuvre sur le kavi*" (*Einleitung zum Kawi-Werk*)[106] Ce titre est dû à son premier chapitre intitulé "*Lieux de séjour et relations culturelles des peuplades malaises*" (*Wohnplätze und Culturverhältnisse der Malayischen Völkerstämme*).[107]

Le texte se présente divisé en chapitres, auxquels Humboldt a donné un titre. A chaque chapitre correspond un ou deux paragraphes. Les paragraphes ont été numérotés par Humboldt selon une numérotation continue.

1) "Objet de cette introduction" (§ 2)

La force spirituelle

Le point de départ de Humboldt est l'affirmation que les peuples qui composent le genre humain et les diverses langues qu'ils parlent sont

> "dans la dépendance d'un troisième phénomène d'un rang plus élevé, la production par l'homme d'une force de l'esprit qui se présente sous une forme toujours nouvelle et souvent augmentée." (*KW*, 17, § 2, souligné par moi)[108]

Cette affirmation est la pierre angulaire du système explicatif que Humboldt va mettre en place.

(du moins sa première partie) Stuttgart (Reclam) 1973. Le texte de l'édition Reclam ne contient pas le premier chapitre, ni les paragraphes 3 à 9.
Il existe une traduction en français par P. Caussat : *Wilhelm von Humboldt. Introduction à l'œuvre sur le kavi et autres essais*. Paris (Seuil) 1974 : 134-420.

[106] Le kavi était la langue sacrée des Malais.

[107] Ce premier chapitre concerne le versant ethnographique de l'œuvre et ne sera pas analysé ici.

[108] Les passages cités ont été traduits par moi.

Qu'est-ce que cette "*force de l'esprit*" (Geisteskraft), qui sera ensuite plus fréquemment dénommée "*force spirituelle*" (geistige Kraft) ? Pourquoi est-elle dite "d'un rang plus élevé" ?

On se souvient qu'un des premiers textes de Humboldt, *Pensée et langage*[109], en 1795, avait établi une relation de dépendance réciproque entre un être humain abstrait et le langage. Inspirée par Kant, cette idée est restée un des piliers de sa pensée. A partir de 1806 et de la rédaction de *Latium und Hellas*[110], elle a été considérée non plus comme une relation entre des entités abstraites (l'homme, le langage), mais comme une relation entre des peuples, dont les différentes langues étaient les réalisations concrètes de la fonction langage. Sans cesser d'avoir la même valeur logique que dans le texte de 1795, la relation s'ancrait dans l'histoire. Avec l'apparition de la "force de l'esprit", le phénomène anthropologique concret ("la répartition du genre humain en peuples et peuplades et la diversité des langues et dialectes") est placé dans la dépendance d'un phénomène d'une autre nature, qui a pour fonction de l'expliquer et qui est la "*force spirituelle*".

Quel est le statut de cette "force spirituelle" ? Les phénomènes empiriques que sont "la répartition du genre humain en peuples et peuplades et la diversité des langues et dialectes"

> "y trouvent, dit Humboldt, leur légitimation, mais aussi leur explication, dans la mesure où la recherche peut y avoir accès et saisir leurs liens." (*KW* 17, § 2, souligné par moi)

Humboldt affirme ici qu'il existe une "force spirituelle" permettant de donner aux phénomènes empiriques de l'histoire du monde une *explication* rationnelle et une *justification* morale. Cette "force spirituelle" revêt donc une importance considérable. Humboldt va jusqu'à lui attribuer la fonction d'un principe téléologique universel.

> "Cette manifestation de la force de l'esprit humain, variable dans sa manière et son intensité au fil des millénaires et sur toute la surface de la terre, est le but suprême de tout mouvement spirituel, l'idée ultime que l'histoire du monde doit s'efforcer de faire surgir d'elle-même." (*KW* 17, § 2, souligné par moi)

[109] Cf. chapitre II.
[110] Cf. chapitre III.

Le terme d'*idée* est à prendre ici au sens déjà commenté au chapitre IV. Le concept est emprunté à Kant qui définit les idées comme

> "des concepts de la raison pour lesquels aucun objet ne peut être adéquatement donné dans l'expérience".

Les idées sont, a dit Humboldt dans *La tâche de l'historien*, ce qui constitue la loi des événements, ce qui leur donne un sens.

Telle est la force spirituelle, qui appartient aussi bien à l'histoire des individus qu'à celle des nations.

> "Cette élévation ou cet élargissement de l'existence intérieure est la seule chose que l'individu peut, dans la mesure où il y prend part, regarder comme sa propriété indestructible et ce qui, dans une nation, donnera immanquablement naissance à de grandes individualités." (*KW*, 17, § 2, souligné par moi)

La place que prend la force spirituelle est telle que l'étude comparée des langues, c'est-à-dire la recherche sur la variété des solutions apportées par les peuples à la tâche commune à tous les hommes de construire leur langue, qui a été l'axe principal des travaux de Humboldt pendant toute la décennie 1820,

> "perd tout intérêt supérieur maintenant, si elle ne prend pas place au point où la langue est reliée à la forme que prend la force spirituelle de la nation." (*KW*, 17 § 2, souligné par moi)

Un des paragraphes suivants le dit avec encore plus de force :

> "La force de l'esprit, qui intervient dans le cours des événements du monde à partir de sa propre profondeur et de sa propre abondance, est le principe véritablement créateur dans le développement caché et pour ainsi dire mystérieux de l'humanité". (*KW*, 23, § 6, souligné par moi)

C'est cette force spirituelle

> "qui, à proprement parler, fait de l'homme un homme et qui est donc la pure définition de son être" (*KW* 25, § 6).

Du coup, elle revêt aussi le caractère d'une obligation. La "force spirituelle" est l'essence même de l'humanité, que celle-ci se doit de réaliser.

En faisant de la “*force spirituelle*” un principe explicatif universel, Humboldt introduit une modification radicale dans sa compréhension de l’histoire. Il lui attribue le statut épistémologique d’une *hypothèse*.

Mais doit-on la considérer vraiment comme telle ? Comment définit-on une ”hypothèse” ? Il est utile de reprendre ici l’ouvrage de Vaihinger intitulé *La philosophie du comme si*[111]. Si on accepte l’analyse qui y est proposée, on est conduit à considérer l“hypothèse” de la “force spirituelle” plutôt comme une *fiction*. Pour Vaihinger, une “*fiction*” est une construction intellectuelle qui permet d’expliquer un certain nombre de faits d’expérience. Si à une telle fiction on attribue l’existence, alors on parle d’hypothèse. C’est ce que faisait par exemple Goethe en parlant de son “hypothèse” de la “Plante originelle” (Urpflanze) qui serait à l’origine de tout le règne végétal. Schiller, qui était kantien, lui avait alors répliqué qu’à ses yeux, il s’agissait d’une “idée”, c’est-à-dire quelque chose que Kant considérait comme une *fiction explicative* à laquelle on attribuait une valeur épistémologique sans qu’il soit nécessaire de lui attribuer l’existence. C’est une “hypothèse” comparable que fait Humboldt avec la “force spirituelle”. Mais il y a quelque raison de considérer qu’elle a plutôt le statut d’une fiction explicative.

Le chapitre d’introduction se termine par un paragraphe qui résume le projet de *L’œuvre sur le kavi* :

> “prendre en considération ce qui relie la diversité des langues et la répartition des peuples à la production de la force spirituelle de l’homme en tant que force spirituelle qui se développe peu à peu à des degrés divers et sous des formes nouvelles.” (*KW*, 17 - 18, § 2)

C’est ce que vont développer successivement les chapitres suivants intitulés par Humboldt :

- “considération générale sur le développement humain” (§§ 3 et 4) ;
- “influence d’ue force spirituelle extraordinaire, civilisation, culture et formation individuelle” (§§ 6 et 7),

---

[111] Vaihinger, H. *La philosophie du comme si*. Paris (Kimé) 2008. L’ouvrage original en allemand *Philosophie des Als ob* est paru en 1911 avec pour soustitre *System der theoretischen, praktischen und religiösen Fiktionen der Menschheit.*

– “action conjointe des individus et des nations” (§§ 8 et 9),
– “vers un examen plus précis du langage” (§§ 10 à 14).

2) “Considération générale sur le développement humain” (§§ 3 et 4)

Comment la “force spirituelle” intervient-elle dans le développement humain ? Pour en arriver à “l’état actuel de la culture politique, artistique et scientifique”, il a fallu, dit Humboldt,

> “une longue chaîne de causes et d’effets qui se conditionnent réciproquement à travers de nombreux siècles ” (*KW*, 18, § 3).

Mais l’explication causale est, à ses yeux, insuffisante. On est vite amené, dit-il, à constater que “deux éléments différents” sont présents. D’une part, assurément,

> “on peut expliquer l’une par l’autre une partie des causes et des effets qui se succèdent”. (*KW*, 18, § 3)

Mais, d’autre part,

> “on se heurte de temps en temps, comme le montre toute tentative d’histoire culturelle du genre humain, à des nœuds qui résistent à l’analyse. Cela tient à cette force spirituelle qui ne se laisse pas pénétrer complètement dans son essence ni prévoir dans ses effets. Elle s’unit à ce qui a été formé avant elle et autour d’elle, mais le traite et le forme selon la particularité qui a été déposée en elle ” (*KW*, 18, § 3, souligné par moi)

Pour rendre compte du mouvement de l’histoire, il faut prendre en compte les deux forces, *causalité* et *force spirituelle* :

> “si on ne prend pas en considération ces deux éléments dont l’un peut devenir si puissant qu’il menace d’étouffer la force de l’autre, il n’y a pas de vraie prise en considération de ce que l’histoire de tous les temps peut offrir de plus noble.” (KW, 18, § 3)

Humboldt construit une explication de l’histoire humaine reposant sur une dialectique de forces contradictoires.

Ce mécanisme n’est pas sans rappeler le mécanisme par lequel Kant (une fois de plus !) expliquait le mouvement de l'histoire. Dans un court texte intitulé "*Idée d'une histoire universelle au point de vue cosmopolitique*" (*Idee zu einer allgemeinen Geschichte in weltbürgerlicher Absicht)*[112], Kant se mettait en quête d'un principe ordonnateur permettant de faire de l'histoire et de l'anthropologie une science rationnelle à l'image de ce que Kepler et Newton avaient fait pour l'astronomie et la physique. Il trouvait ce principe dans ce qu'il appelait "l'insociable sociabilité de l'homme" : du penchant qu'éprouve l'homme à s'agréger à une société (qu'il appelle *la sociabilité*), Kant faisait une force s'opposant directement à une force inverse d'*insociabilité*, qui pousse l'homme à se mettre en avant et à n'en faire qu'à sa tête. Kant construisait ce mécanisme, disait-il, en analogie avec les forces d'attraction et de répulsion qui sont à l'œuvre dans la nature. Il opérait ainsi une

> "reconstruction téléologique de l'histoire (qui) utilise le modèle de la physique de façon heuristique, 'comme si l'ensemble de l'évolution pouvait être expliqué comme un enchaînement de causes et d'effets à partir de rapports entre des forces."[113]

C'est, selon Kant, par le mécanisme de "*l'insociable sociabilité*" que nous sommes sortis de l'état de nature et entrés dans la civilisation. Kant recourt ici au procédé que Vaihinger appelle une"*fiction explicative*". C'est aussi ce que fait Humboldt avec le jeu de l'opposition entre *causalité* et *force spirituelle*.

Quand il écrit que le langage "est profondément mêlé au développement spirituel de l'humanité" (*KW*, § 3, p. 19), il considère toujours, comme il l'a fait constamment depuis 1795, que le langage est l'instrument de l'humanisation de l'humanité. Mais le langage est désormais lié à la force spirituelle :

> "il n'est pas un produit de l'activité de l'esprit, mais son émanation involontaire, il n'est pas une œuvre des nations, mais un don qui leur est fait par leur destinée immanente." (*KW*, 19, § 3, souligné par moi)

[112] In : *Kant. Opuscules sur l'histoire.* traduit et édité par S. Piobetta, Paris (Flammarion) 1990 : 69-89.

[113] G. Raulet, *Kant. Histoire et citoyenneté.* Paris 1996 : 37, sqq.

Il est un don de la force spirituelle et, du fait de la spécificité spirituelle des nations, il s'est inscrit dans la réalité sous la forme des langues. Les langues se sont développées

> "à partir de leur particularité spirituelle, qui leur a imposé certaines limites." (KW, 19, § 3)

L'humanité est composée par les individus et les nations dans lesquelles ils se sont historiquement réunis. Aux nations, réalités anthropologiques, correspondent les langues et non le langage. Et c'est la spécificité spirituelle des nations qui a imposé aux langues les limitations par lesquelles elles se distinguent les unes des autres.

> "Ici s'ouvre donc une perspective (...) sur une époque où, à nos yeux, les individus se perdent dans la masse des peuples et où la langue est l'œuvre de la force créatrice intellectuelle." (*KW*, 19-20, § 3)

Désormais la relation entre le langage et les langues n'est plus expliquée par le jeu de forces immanentes comme elle l'était encore en 1820, mais par le recours à la fiction de la force créatrice (désignée ici comme "une force *intellectuelle*" et non "spirituelle").

Au paragraphe 4, Humboldt inscrit ces idées dans un tableau mythique de l'évolution du monde. A l'origine, il y a un paradis terrestre où, semble-t-il, le temps n'existe pas. L'émergence de l'homme bouleverse cette immobilité :

> "là où l'homme apparaît, il agit humainement, noue des relations sociales, fait des installations, se donne des lois". (*KW*, 20, § 4)

L'action humaine par excellence a été la création de la société :

> "avec l'apparition de l'homme, le germe de la civilité a été posé et il croît à mesure que son existence se développe. Cette humanisation, nous pouvons la percevoir dans des progrès constants." (*KW*, 20, § 4).

Au début de sa réflexion philosophique, en 1795, Humboldt voyait dans l'invention du langage le moment abstrait d'émergence de l'homme. Il introduit maintenant une étape préalable dans le processus d'hominisation : la constitution de la société. Et, surtout, il introduit une cause : la transformation radicale du monde par l'homme s'explique par la force spirituelle qui l'anime et qui est un phénomène premier :

> "on peut regarder ce qui vit dans la nature spirituelle et corporelle comme l'effet d'une force fondamentale qui se développe selon des conditions inconnues de nous. Si on ne veut pas renoncer à découvrir une cohérence entre les phénomènes qui affectent le genre humain, il faut bien recourir à une cause indépendante et originaire qui ne paraisse pas elle-même conditionnée et passagère. On est conduit par là le plus naturellement à un principe vital interne." (*KW*, 20 -21, § 4, souligné par moi)

Cela s'applique aussi au *langage*, qui compte parmi les "effets principaux de la force spirituelle de l'humanité". (*KW*, 21, § 4). Mais il faut tenir compte de ce que la force spirituelle est inégalement répartie et de ce que toutes les langues ne se valent pas.

> "Il est dans la nature des choses, dit Humboldt, que des nations aux dons plus heureux et placées dans des conditions plus favorables possèdent des langues supérieures à d'autres." (*KW*, 22, § 4).

Pour finir, Humboldt résume ses *Considérations générales sur le développement humain.*

> "La production du langage, dit-il, est un besoin intérieur de l'humanité, ce n'est pas simplement un besoin extérieur pour entretenir des relations dans la collectivité, c'est un besoin ancré dans la nature humaine pour développer ses forces spirituelles, indispensable pour accéder à une vision du monde à laquelle l'homme ne peut parvenir qu'en amenant sa pensée à des contours clairs et nets grâce à la pensée commune avec d'autres hommes." (*KW* 22, § 4)

C'est un nouveau rappel de la fonction d'hominisation du langage. Entre le locuteur-sujet, la langue et la communauté socio-culturelle se noue une relation d'interdépendance productrice d'humanité. Cette idée est une constante de la pensée de Humboldt. On l'a vu apparaître dès le texte de 1795[114]. Elle s'est développée dans le texte de 1820 dans la formule :

[114] Cf.*infra*, chapitre I.

" L'homme n'est homme que par le langage ; mais pour inventer le langage, il devait déjà être homme".

* *
*

Du paragraphe 4, on passe directement au paragrahe 6. Le § 5 n'a pas été écrit. Il n'en existe qu'une page ; à la lire[115], on constate que ce paragraphe n'avait en effet pas de place propre entre le § 4 et le § 6

3) "Influence d'une force spirituelle extraordinaire, civilisation, culture et formation individuelle" (§§ 6 et 7)

Au début du § 6, Humboldt fait le point. La *force spirituelle*, dit-il, intervient spontanément dans le cours des événements du monde. Elle est

> "le principe véritablement créateur qui intervient dans le cours du développement caché et pour ainsi dire mystérieux de l'humanité." (*KW*, 23, § 6)

Elle s'oppose au principe de causalité et

> "se distingue en particulier par le fait que ses œuvres (...) portent en elles le souffle régénérateur qui les a fait naître. Elles transmettent la vie parce qu'elles naissent d'une vie épanouie. Car la force qui les produit agit (...) véritablement de manière créatrice." (*KW*, § 6, p. 24).

Partant du jeu dialectique des deux forces qu'il a décrites au chapitre précédent, Humboldt s'apprête à décrire la naissance historique de la civilisation, de la culture et de ce que, faute mieux, j'appellerai la "formation individuelle" (Bildung).

L'art plastique égyptien est né de ce qu'il a su se fonder sur un principe d'humanité. Les anciens Egyptiens ont su construire la forme humaine "à partir du centre organique de ses proportions" et ainsi donner pour la première fois à leurs

---

[115] Cf. Caussat, P. *Wilhelm von Humboldt. Introduction à l'œuvre sur le kavi.* Paris (Seuil) 1974 : 155-156.

œuvres la marque d'un art authentique. Il en va de même pour la philosophie et la poésie indiennes et pour l'antiquité classique. Elles sont apparentées, mais ont un caractère particulier, de même que les modes de penser et de représenter grec et romain. Ainsi, enfin, est née, "dans l'occident européen devenu indépendant", "la partie principale de la culture moderne" à partir "de la poésie romane et de la vie intellectuelle qui se développa avec le déclin de la langue de Rome".

A ces phénomènes culturels positifs, Humboldt oppose l'exemple négatif de la Grèce moderne maintenue longtemps sous le joug turc "dans un état de barbarie". Même libérée, elle "ne peut produire de nouveau de grandes choses". Le déclin de la civilisation de la Grèce ancienne dans sa langue et dans son art, peut certes être expliqué par les circonstances, qui peuvent se révéler tour à tour "favorables et inhibantes, préparatoires et retardatrices". Cette explication par des causes empiriques est certes légitime. Mais elle reste superficielle aux yeux de Humboldt.

> "A propos de chaque idée dont la découverte ou la mise en œuvre donne un nouvel élan aux efforts de l'humanité, une recherche perspicace et soigneuse montre qu'elle était déjà présente auparavant et qu'elle a grandi peu à peu dans les cerveaux." (*KW*, 24, § 6)

Le déclin de la Grèce a donc en réalité son origine dans le déclin de la force spirituelle.

Pour expliquer le souffle du génie, qu'il s'agisse d'individus ou de peuples, il faut recourir à la cause transcendante représentée par la *force spirituelle*. La nature des forces créatrices reste obscure, mais

> "il demeure évident que domine toujours en elles le pouvoir de maîtriser de l'intérieur la matière donnée, de la transformer en idées ou de la soumettre à des idées." (*KW*,24, § 6)

C'est cette force créatrice "agissant de son propre chef selon ses lois et conceptions" qui est à l'origine de la culture (danse, musique, chant) et de la civilisation (religion, traditions, science et art) depuis les débuts de l'humanité.

Mais l'individualité spirituelle a également une face négative. Elle est une limitation, une contrainte pour l'individu, car

> “toute particularité ne peut être telle que par la force d’un principe dominant et par là exclusif. Mais c’est précisément aussi par la limitation que la force s’élève et se tend, et l’exclusion peut être néanmoins guidée par un principe de totalité, de telle sorte que de telles particularités peuvent se réunir et former une totalité.” (*KW*, 25, § 6)

C’est le fondement de l’amitié, de l’amour et de toute aspiration au bien de la patrie et de l’humanité. Paradoxalement,

> “La limitation de son individualité ouvre à l’homme le seul chemin qui lui permette de se rapprocher de la totalité.” (*KW*, 25, § 6)

Les sciences et les arts en donneraient des exemples, de même que le caractère des individus et le langage qui est dans la relation la plus étroite avec le caractère.

Le paragraphe 7 est consacré à l’analyse des phénomènes culturels à la lumière du concept de *force spirituelle*. Humboldt réitère d’abord son refus d’expliquer tout progrès du genre humain par la seule causalité :

> “Toute avancée spirituelle ne peut provenir que de la manifestation d’une force intérieure et, dans cette mesure, elle a une raison cachée et inexplicable parce qu’elle agit d’elle-même. ” (*KW*, 26, § 7)

Il faut distinguer, d’une part, un “progrès par étapes qui peut être calculé”, qui s’inscrit dans une série causale et, d’autre part, un “progrès immédiatement créateur et imprévisible”, qui est dû à “la force spirituelle de l’humanité”. Là, aucune explication causale ne vaut. On est toujours en présence du jeu : *causalité vs. force spirituelle.*

Un exemple en est donné, dit Humboldt, par la langue chinoise et le sanscrit, ce qui renvoie au long débat avec Abel-Rémusat et, plus particulièrement, aux textes de 1826[116] dont il reprend ici les conclusions : il faut abandonner l’idée d’un développement progressif de l’une à l’autre et

> “attribuer à chacune (des deux langues) son propre fondement dans l’esprit des peuples et ne les considérer que, dans la tendance

[116] cf. Chapitre VIII.

générale de l'évolution des langues, idéalement, comme des étapes réussies de la formation des langues." (*KW*, 27, § 7)

Si on néglige de faire la distinction nette entre le progrès par étapes qu'on peut calculer et le progrès imprévisible et immédiatement créateur de la force spirituelle de l'humanité,

"on exclut de l'histoire du monde les effets du génie, qui se manifeste à certains moments aussi bien dans les peuples que dans les individus." (*KW*, § 7, p. 27)

C'est donc à la force spirituelle, responsable de l'état de la société humaine à un moment donné, que la civilisation et la culture doivent leur existence et non l'inverse. Si on la néglige, on prend l'effet pour la cause. Prenons l'exemple des langues :

"il est tout à fait habituel de leur attribuer tous les mérites et tout élargissement de leur domaine, comme si la seule chose importante était la distinction entre langues cultivées et langues incultes. Si on consulte l'histoire, on ne trouve aucune confirmation d'un tel pouvoir de la civilisation et de la culture sur la langue." (*KW*, 27, § 7).

Même l'exemple de l'Inde le confirme : le sanscrit comme la civilisation indienne elle-même "sont issus de l'orientation intellectuelle géniale de ce peuple."

Il faut envisager le problème des rapports entre langue et culture sous ses deux aspects opposés. D'une part,

"dans la mesure où la civilisation et la culture apportent aux nations des concepts qui leur étaient auparavant inconnus" (*KW*, 28, § 7),

il n'est pas impossible de dire que *la langue est dans la dépendance de la civilisation et de la culture.* En effet,

"le besoin d'un concept et son élucidation doivent toujours précéder le mot qui n'est que l'expression de sa clarté achevée" (*KW*, 28, § 7).

Mais on ne peut, pour diverses raisons, en rester à cette conception unilatérale. En soi, il est déjà regrettable de vouloir juger le cercle des concepts d'un peuple à une époque donnée d'après son dictionnaire[117]. Et surtout, *chaque langue constitue*

[117] Humboldt reprend ici des idées déjà exprimées en 1821. Cf. Chap. V.

une totalité, dans laquelle existe au moins potentiellement, tout ce que l'humanité peut concevoir. Pour preuve, les langues de nations incultes, aux Philippines ou en Amérique, dans lesquelles on trouve aussi des concepts très abstraits désignés sans le secours d'expressions étrangères. Pour une langue, ce qui compte, ce n'est pas de savoir combien de concepts elle désigne par ses propres mots. Ce qui compte, c'est de savoir

> "si et dans quelle mesure elle favorise la clarté et la mise en ordre des concepts ou si elle leur oppose des obstacles, si et dans quelle mesure elle maintient aux représentations transposées dans la langue le pouvoir d'évocation sensible qui leur est propre, si et dans quelle mesure elle a, par l'harmonie de ses sons, une action harmonieuse et apaisante, ou bien énergique et exaltante sur le sentiment et l'état d'esprit. Mais cela repose sur l'ensemble de ses dispositions originelles, sur sa construction organique, sur sa forme individuelle" (*KW*, 29, § 7)

Civilisation et culture sont donc à leur tour dans la dépendance de la langue.

C'est un processus en boucle : la langue dépend de la civilisation et de la culture qui dépendent à leur tour de la langue. *La culture produit la langue qui produit la culture.* Cette circularité, qu'à un certain niveau de la réflexion on doit s'efforcer de traquer comme un défaut rédhibitoire dans un raisonnement bien construit, s'impose objectivement à Humboldt. On ne peut manquer d'évoquer ici E. Morin, dans les écrits de qui cette idée revient comme un leitmotiv :

> "Il nous faut penser circulairement que la société fait le langage qui fait la société, que l'homme fait le langage qui fait l'homme, que l'homme parle le langage qui le parle."[118]

Ou bien :

> "le langage dépend des interactions entre individus, lesquelles dépendent du langage. Il dépend des esprits humains, lesquels dépendent de lui pour émerger en tant qu'esprits."[119]

---

[118] Morin, E. *La méthode. 4. Les idées* : 162. Paris (Seuil) 1991.
[119] Morin, E. op. cit. 163.

Ou encore :

> "les interactions entre individus font la société ; de fait, la société n'a pas un gramme d'existence sans les individus vivants (...) Pourtant, la société, elle, produit les individus ou, du moins, accomplit leur humanité en leur fournissant l'éducation, la culture, le langage (...) Autrement dit, ce sont les interactions entre individus qui produisent la société ; mais c'est la société qui produit l'individu."[120]

Même s'il ne parvient pas à donner à cette idée toute son extension, Humboldt doit ici être crédité d'avoir découvert une idée moderne d'une extraordinaire fécondité.

Humboldt clôt ce chapitre en donnant pour les trois concepts qu'il vient de commenter les définitions suivantes :

– le terme de *civilisation* (Zivilisation) désigne

> "l'humanisation (Vermenschlichung) des peuples dans leurs institutions et leurs usages extérieurs et de l'état d'esprit qui s'y rapporte" (*KW*, 30, § 7) ;

– la *culture* (Kultur) est ce qui

> "ajoute la science et l'art à cet ennoblissement de l'état social." (*KW*, 30, § 7)

A ces deux concepts, il ajoute un troisième : le concept de "Bildung", qui concerne non les peuples, mais les individus :

> "lorsque nous disons *Bildung* dans notre langue, nous entendons par là quelque chose à la fois de plus haut et de plus intérieur, à savoir l'état d'esprit qui, à partir de la connaissance et de l'aspiration à la fois intellectuelle et morale, s'épanche harmonieusement sur le sentiment et le caractère". (*KW*, 30, § 7).

"Bildung" désigne l'humanisation harmonieuse de l'individu par la prise de conscience de sa force spirituelle.

La "civilisation" peut surgir de la nature intime d'un peuple. Elle témoigne alors d'une élévation de l'esprit qui n'est pas toujours explicable. Elle peut aussi être apportée de l'extérieur et le principe d'humanisme qu'elle porte constitue un progrès.

---

[120] E. Morin *Epistémologie de la complexité*, in : *Science et conscience de la complexité*, Atias, C. et JL Le Moigne (eds.) 1984 : 60.

Humboldt évoque ici la colonisation et, sur ce point, fait preuve d'une certaine naïveté :

> "c'est, dit-il, un beau privilège de l'époque moderne de porter la civilisation dans les contrées les plus éloignées de la terre. (...) Le principe d'humanisme général qui domine là est un progrès que seule notre époque a promu." (*KW*, 30, § 7)

Les colonies grecques et romaines étaient sur ce point "beaucoup moins efficaces", dit-il. Il leur manquait l'idée moderne de l'égalité et plus encore le sentiment que des droits et des devoirs naissent de cette conception.

4) **"Interaction des individus et des nations"** (§§ 8 et 9)

Le chapitre précédent (§§ 3 à 7) a décrit l'action de la force spirituelle "dans la suite des générations". Ce survol de "l'évolution spirituelle antérieure de l'humanité" montre qu'elle est passée par "quatre moments déterminants" :

> - "la vie paisible des peuples selon les conditions naturelles de leur existence sur terre ;
> - leur activité dans les migrations, les guerres, etc., tantôt dirigée intentionnellement, tantôt imposée par la passion et une violence intérieure ;
> - la série des progrès intellectuels qui s'enchaînent les uns aux autres comme cause et conséquence ;
> - "enfin les phénomènes intellectuels qui ne trouvent d'explication que dans la force qui se manifeste en eux." (*KW*, 31, § 8)

L'objet du nouveau chapitre est d'analyser le mécanisme de cette évolution. C'est un mécanisme interne à chaque génération qui doit permettre de rendre compte de l'évolution historique. Cette évolution est le résultat de l'existence de deux forces dont l'une anime l'individu, l'autre l'espèce. L'action de l'individu est inévitablement interrompue par la mort, mais,

> "en apparence et, jusqu'à un certain point, en réalité aussi, elle va dans la même direction que l'action de l'humanité, car, à la fois conditionnée et conditionnante, elle est en connexion ininterrompue avec la période qui la précède et avec celle qui la suit." (*KW*, 31, § 8, souligné par moi)

Il y a donc un progrès continu et l'action de l'espèce est soumise au déterminisme. Du moins en apparence et jusqu'à un certain point. Car on doit aussi prendre en considération un autre point de vue, qui correspond à l'être profond de l'individu :

> "la direction que prend l'individu diverge de celle de l'espèce, de telle sorte que le tissu de l'histoire du monde, dans la mesure où celle-ci concerne l'homme intérieur, est fait de ces deux directions qui se croisent, mais en même temps sont en étroite connexion. " (*KW*, 31, § 8, souligné par moi)

Il y a divergence entre les deux directions en ceci :

> "la destinée de l'espèce se poursuit sans interruption, indépendamment de la disparition des générations, elle est variable, mais, autant qu'on puisse voir, elle se poursuit globalement dans une perfection grandissante, alors que l'individu, non seulement cesse toute participation à la destinée collective, souvent de manière inattendue, au beau milieu de son action la plus importante,, mais encore, alors qu'il croit en conscience ne pas être parvenu au terme de sa carrière." (*KW*, 31 - 32, § 8)

Humboldt associe le mouvement de l'histoire à un progrès, mais en même temps, subjectivement, l'homme voit sa destinée individuelle séparée de celle de l'"humanité et, de ce fait,

> "il naît en lui, dans sa vie même, une contradiction entre la formation de soi et la construction du monde à laquelle chacun participe dans le cercle de son activité." (*KW*, 32, § 8)

C'est l'effet de sa perception individuelle du mouvement objectif de l'histoire. Avec la prise de conscience de la contradiction entre le mouvement objectif des générations qui se succèdent et la conscience qu'a l'individu de son époque et de sa place dans la société, s'éveille en chacun le sentiment que la contribution de l'homme au progrès de l'humanité ne laisse pas à l'individu une place suffisante pour son propre épanouissement. De cette contradiction naît

> "l'espace intérieur de l'âme sur lequel reposent les sentiments les plus puissants et les plus sacrés." (*KW* 32, § 8)

Cette contradiction fournit à Humboldt une explication pour l'origine unique et les développements variés des civilisations et des littératures. En effet, l'état d'âme qu'elle fait naître n'est pas le même dans un peuple qui suit les chemins solitaires de la méditation (Humboldt pense ici à la civilisation de l'Inde) ou dans les nations qui s'orientent vers des activités extérieures. Et cet état d'esprit exerce une influence particulière sur la langue.

> "Elle prend une autre forme dans un peuple qui suit volontiers les voies solitaires de la méditation dans l'isolement et dans les nations qui ont besoin de se faire comprendre et de communiquer principalement pour des activités extérieures." (*KW* 32, § 8)

La contradiction entre l'existence interrompue de l'individu et la poursuite du développement de l'espèce reste un mystère impénétrable et l'effet de ce sentiment d'impénétrabilité est un moment de la formation intérieure de l'individu et suscite un respect craintif devant l'inconnaissable.

Le sentiment que les destinées de l'espèce continuent alors que chaque génération s'interrompt, a aussi un effet important sur la vision qu'ont les générations successives de leur place dans l'histoire, car la perspective sur le passé change au fil des générations.

> "Les générations ultérieures se trouvent, surtout par le perfectionnement des moyens de conservation de la connaissance du passé, pour ainsi dire placées devant une scène sur laquelle se déroule un drame plus riche et mieux éclairé." (*KW*, 33, § 8)

Les contemporains sont trop près des événements pour pouvoir les apprécier correctement. Ils manquent de recul.

> "Semblable aux nuages qui se dégagent du brouillard, une époque ne prend une forme déterminée que vue de loin. Ce n'est que dans l'action exercée par chaque époque sur la suivante que l'influence de la première devient claire. Notre culture moderne par ex. repose pour une grande part sur le contraste qui nous oppose à l'antiquité classique." (*KW*, 33, § 8)

La civilisation grecque et l'influence qu'elle a exercée sur les Romains d'abord, puis sur les modernes, servent d'exemple pour illustrer ce perspectivisme.

> "Pour les Romains, (les Grecs) n'étaient pas comparables à ce qu'ils sont pour nous. Ils n'exerçaient d'influence sur eux que

> comme une nation contemporaine d'une culture supérieure." (*KW*, 34, § 8)

Avec le § 9, on passe naturellement aux liens qui unissent l'individu à la nation et au rôle que joue la langue.

> "L'individu est toujours relié à un tout, le tout de sa nation, du peuple (Stamm) auquel celle-ci appartient et au tout du genre humain. Sa vie, par quelque côté qu'on l'envisage, est nécessairement liée à la socialité (Geselligkeit)." (*KW*, 34 - 35, § 9)

C'est le langage qui rend possible ce lien. Comme on l'a déjà vu,

> "le besoin d'aide que ressent l'individu le pousse à s'associer à d'autres hommes et exige, pour rendre possibles des entreprises communes, la compréhension par le langage." (*KW*, 35, § 9)

C'est le premier pas sur le chemin ascendant de l'humanité.

> "Le son articulé jaillit de la poitrine pour éveiller dans un autre individu un écho qui lui revient à l'oreille. En même temps, l'homme découvre qu'il y a autour de lui des êtres qui ont les mêmes besoins intérieurs et qui sont donc capables de répondre aux désirs multiples contenus dans ses sentiments." (*KW*, 35, § 9).

Cette place reconnue au langage et au dialogue dans la socialisation avait fait l'objet de l'étude *Sur le duel* en 1827[121]. Ici, Humboldt confirme l'importance du "lien de l'individu avec un ensemble qui le renforce et le stimule".

Cet ensemble est la nation. Il existe une solidarité profonde entre l'individu et la nation, et l'instrument de cette solidarité est la langue. L'action des individus, quel que soit le niveau où leur génie les a placés, n'a de résultat important et durable que dans la mesure où l'esprit de leur nation les élève et où ils peuvent lui donner en retour, de leur point de vue, un nouvel élan. Mieux on comprend cela,

> "plus il devient nécessaire de rechercher l'explication de notre niveau de culture chez ces individualités spirituelles nationales." (*KW*, 35 - 36, § 9)

---

[121] Cf. Chapitre IX.

Les individus jouent un rôle déterminant dans les créations de l'esprit humain dans les domaines de la philosophie, de la poésie et de l'art.

Mais il existe aussi des créations spirituelles qui ne passent pas d'un individu seul aux autres, mais peuvent surgir de l'action autonome de tous en même temps. C'est ce que montre l'existence même des langues.

> "Dans les langues, qui ont toujours une forme nationale, ce sont les nations qui sont créatrices à proprement parler et directement." (*KW*, 36, § 9, souligné par moi)

Cette activité créatrice spontanée du groupe national a son origine dans la force spirituelle.

> "Les langues, dit Humboldt, sont inséparables de la nature la plus intime de l'homme dont elles surgissent spontanément beaucoup plus qu'elles ne sont produites volontairement, de ce fait, on pourrait aussi bien dire que la particularité intellectuelle des peuples est le résultat de leur action. La vérité est que l'une et l'autre proviennent, en même temps et en accord réciproque, des profondeurs inaccessibles de l'âme (Gemüt)." (*KW*, 36, § 9)

Tout cela échappe à l'expérience individuelle. La formation primitive de la langue originelle, les formations secondaires de langues plus tardives, que nous nous entendons très bien à analyser en leurs éléments constitutifs, nous sont inexplicables précisément sur le point de leur engendrement. D'une manière générale,

> "tout devenir dans la nature, particulièrement le devenir vivant et organique, échappe à notre observation." (*KW*, 37, § 9)

Entre le dernier moment préparatoire et l'émergence du phénomène, il y a un fossé qu'il est impossible de combler. Un exemple, tiré d'une époque tout à fait accessible, est donné par le latin. Du latin sont nées des langues nouvelles, du fait de son déclin et des mélanges opérés par les migrations de populations : un germe vivant s'est épanoui sous des formes diverses, donnant naissance à des langues nouvelles.

> "Un principe interne nouvellement né a rassemblé à nouveau, dans chaque langue à sa propre manière, la construction qui tombait en ruine." (*KW*, 37, § 9)

On ne peut guère en dire plus. Mais on ne peut cependant négliger cela, si on veut retracer l'évolution de l'esprit humain, ne serait-ce que dans ses contours les plus grossiers,

> "car la formation des langues (de chacune d'elles sous toutes les formes de dérivation ou de fusion) est un fait qui détermine l'évolution de l'esprit humain de la manière la plus essentielle et dans cette formation l'action commune des individus se manifeste sous une forme inconnue par ailleurs." (*KW*, 37, § 9)

Tout en reconnaissant qu'on a atteint une limite que ni la recherche historique, ni la spéculation ne peuvent franchir, il faut bien enregistrer le fait et ses conséquences immédiates.

> "La première conséquence, et la plus naturelle, est que cette relation de l'individu avec sa nation est au centre exact à partir duquel la force spirituelle tout entière détermine toute pensée, tout sentiment et toute volonté." (*KW*, 37, § 9)

Et ce qui donne son contenu à la force spirituelle, c'est la relation de l'individu avec la nation à laquelle il appartient, et cette relation s'effectue par le truchement de la langue.

> "Car la langue est apparentée à tout ce que la nation contient, la totalité et le détail individuel, rien de tout cela ne lui est étranger." (*KW*, 37, § 9)

Elle ne se contente pas passivement de recevoir des impressions, elle oriente les influences extérieures, choisit une direction dans laquelle, en vertu de son autonomie, elle conduit l'évolution. On est ici à la charnière des relations entre l'individu et la nation.

> "En même temps que les langues (...) sont des créations des nations, elles demeurent des auto-créations des individus, car elles ne peuvent se produire que dans chaque individu et, en lui, seulement de telle manière que chacun présuppose la compréhension de tous et que tous satisfont à cette attente." (*KW*, 38, § 9)

Les langues sont des *créations des nations* et elles sont simultanément des *auto-créations des individus*. Ces deux affirmations sont vraies parce que la finalité de la langue est précisément de créer le lien entre la nation et l'individu. Et ce lien est celui d'une solidarité de destin.

La force spirituelle détermine toute la vie spirituelle par le truchement de la langue. Tout passe par la langue qui ne se contente pas d'enregistrer. Elle agit et, par sa structure, elle détermine les directions dans lesquelles la force originelle peut se manifester dans sa particularité. En outre, elle agit de telle sorte que l'intercompréhension est assurée entre tous les membres de la communauté nationale qu'elle contribue ainsi à renforcer.

> "Que l'on regarde la langue comme une conception du monde ou comme un enchaînement de pensées, car elle réunit en elle ces deux tendances, elle repose toujours nécessairement sur la force totale de l'homme, on ne peut rien exclure de son sein, car elle englobe tout." (*KW*, 38, § 9, souligné par moi)

Cette force est "individuellement différente dans les nations". Elle varie selon les époques en intensité et dans la trajectoire propre qu'elle peut emprunter. Et cette variabilité doit devenir visible à son résultat qui est la langue. Si on compare les langues les unes aux autres, on constate que l'explication de la structure de l'une à partir de l'autre est plus ou moins possible et que certaines sont séparées des autres par un fossé. Tout comme certains individus sont capables par la force de leur personnalité de donner un nouvel élan à l'esprit humain dans une direction inconnue jusque là, de même certaines nations le peuvent en ce qui concerne la formation des langues. Il existe indéniablement un lien entre l'architecture d'une langue et le succès de toutes les autres activités intellectuelles. Ce lien réside surtout dans l'enthousiasme que la force créatrice de la langue insuffle à l'acte de transformation du monde en pensées.

> "Une telle langue suscitera en chaque individu la même force dans la même direction tant que son principe de vie sera présent." (*KW*, 38, § 9)

Humboldt pense ici à l'apport de la Grèce antique à la civilisation de l'humanité. Si on peut tenir pour plausible l'existence d'une hiérarchie des langues et si on admet que la hiérarchie des nations repose sur elle, alors

> "certaines voies de l'esprit et un certain élan qui le porte ne peuvent se concevoir tant que de telles langues ne sont pas nées. Elles

constituent donc un véritable tournant dans l'histoire du genre humain." (*KW*, 38 - 39, § 9).

5) "Vers un examen plus précis du langage" (§ 10)

On est ici à une charnière. Les paragraphes 2 à 9 ont analysé le mécanisme de l'action de la force spirituelle sur les individus et les nations. Les paragraphes 11 à 14 donneront la description concrète de cette action.

En prélude, Humboldt fait au § 10 un bref rappel. Dans la formation première du genre humain, les langues sont la première étape nécessaire, à partir de laquelle les nations sont en mesure de poursuivre la marche ascendante de l'humanité.

> "Elles se développent dans les mêmes conditions que la force spirituelle et elles sont en même temps le principe qui anime ce développement. Mais les deux processus ne se suivent pas et ne sont pas isolés l'un de l'autre ; au contraire, ils sont entièrement et inséparablement la même action de la capacité intellectuelle." (*KW*, 39, § 10)

L'invention du langage a été la première étape du processus d'hominisation. Ce point de départ était déjà celui des textes de 1795 et de 1805. Il était de nouveau en 1820 celui du texte qui introduit l'historicité dans le rapport entre le langage et l'esprit. Au § 2 de *L'œuvre sur le kavi*, l'apparition des langues et la constitution des nations ont été présentées comme résultant de l'émergence de la "force spirituelle". *La marche ascendante de l'humanité se confond dès lors avec la force spirituelle qui l'anime.* La fiction-hypothèse de la force spirituelle est ici confirmée dans sa fonction de principe explicatif des phénomènes anthropologiques observables.

Humboldt rappelle ensuite combien sont étroits les rapports entre langue et force spirituelle.

> "La particularité de l'esprit d'un peuple et la forme qu'il donne à sa langue sont dans un tel *état de fusion intime* de l'une dans l'autre que, si l'une est donnée, l'autre devrait pouvoir en être complètement dérivée. (...) *La langue est pour ainsi dire la manifestation extérieure de l'esprit des peuples ; leur langue est leur esprit et leur esprit*

> *leur langue*, on ne peut jamais trop les identifier l'un à l'autre." (*KW*, 39, § 10, c'est moi qui souligne)

Comment s'est réalisée cette fusion, il est impossible de le dire, ajoute Humboldt, (ce qui peut être compris comme une confirmation de son caractère de fiction-hypothèse). Mais il n'y a pas de doute sur sa fonction :

> "nous devons regarder la force spirituelle des nations comme l'authentique principe explicatif et comme la vraie raison déterminante de la diversité des langues," (*KW*, 39, § 10, souligné par moi)

Il y a donc une hiérarchie entre les deux : la force spirituelle

> "jouit d'une vraie indépendance, alors que la langue ne fait que s'attacher à elle". (*KW*, 40, § 10)

Bien que la langue se manifeste à nous dans une autonomie créatrice, elle

> "se perd, au-delà du domaine des phénomènes, dans une essence idéale. Historiquement, nous n'avons jamais affaire qu'à l'homme réellement parlant, mais pour autant nous ne devons pas perdre de vue la vraie relation. Si nous séparons l'intellectualité et la langue, un tel divorce n'existe pas en vérité. " (*KW*, 40, § 10)

La construction des langues ne diffère dans le genre humain que parce que et dans la mesure où elle est liée à la particularité spirituelle des nations. Faire des recherches sur la construction des langues est donc le moyen de faire l'analyse de la particularité spirituelle des nations.

6) "Forme des langues" (§§ 11-12)

Mais pour suivre cette voie, il faut prendre pour point de départ une distinction entre deux conceptions de la langue.

> "Il faut considérer la langue non pas tant comme un produit mort (totes Erzeugtes), mais plutôt comme une production (Erzeugung), faire abstraction de l'action qu'elle a en tant que désignation des objets et vecteur de la compréhension et revenir au contraire avec plus de soin à son origine étroitement liée à

> l'activité de l'esprit et à leur influence réciproque. " (*KW* 41, § 11, souligné par moi)

La seconde conception, à laquelle il se range, permet de regarder la langue comme une activité de l'esprit (Humboldt dira plus loin un *travail*) et s'inscrit donc dans la perspective de la force spirituelle. C'est elle qui permettra de prendre en compte les diverses voies empruntées par les peuples pour construire les diverses langues. Le problème de la forme des langues s'inscrit ainsi dans une perspective pragmatique.

> "C'est précisément là que se trouve aussi bien la cause de la diversité dans la construction des langues, que son influence sur le cours du développement de l'esprit, c'est-à-dire sur tout l'objet qui nous occupe ici." (*KW*, 41, § 11)

Mais une difficulté apparaît avec le "nombre infini de détails, mots, règles, analogies et exceptions en tout genre" qu'offrent les langues. Il faut donc résoudre le problème suivant :

> "comment devons-nous mettre cette masse, qui nous apparaît comme un chaos déroutant en dépit de l'ordre qui y a été introduit, en position d'être soumise à comparaison avec l'image unitaire de la force spirituelle de l'humanité ? (*KW*, 41, § 11)

Même pour deux troncs linguistiques aussi connus que le sanscrit et le sémitique, il est difficile de résumer le caractère de chacun de manière à permettre une comparaison fructueuse. Il faudrait faire une recherche sur les sources communes de leurs particularités, résumer leurs traits divers dans l'image d'un tout organique. D'une manière générale,

> "pour comparer de manière fructueuse différentes langues sous le rapport de leur construction caractéristique, il faut rechercher soigneusement quelle est la forme de chacune et s'assurer ainsi de quelle manière chacune résout les principales questions qui s'imposent à toute production de langue." (*KW*, 41, § 11)

Considérer la langue comme un "produit" ne peut donc être la bonne voie, si l'objectif à atteindre est d'analyser la relation entre les langues et la force spirituelle.

Le premier alinéa du § 12 reprend l'opposition entre "produit mort" et "production".

> "La langue comprise dans son être réel est quelque chose de constamment et à chaque instant transitoire. Même sa conservation par l'écriture n'est qu'une façon incomplète de la conserver comme une momie qui a besoin de retrouver dans le discours vivant l'apparence sensible de la vie. Elle est elle-même, non un ouvrage fait (Ergon), mais une activité (Energeia). Aussi sa vraie définition ne peut-elle être que génétique. Elle est en effet le travail éternellement répété de l'esprit pour rendre le son articulé capable d'exprimer la pensée. A strictement parler, cela est la définition de la parole actuelle ; mais au sens vrai et essentiel, on ne peut regarder comme la langue que la totalité de cette parole." (*KW*, 42, § 12, souligné par moi)

L'opposition *Ergon / Energeia* reprend celle du paragraphe précédent entre "produit mort" et "production". Elle est au centre de tout le paragraphe qui se termine par l'affirmation que

> " la langue proprement dite réside dans l'acte de sa production réelle." (*KW*, 42, § 12).

Cela signifie-t-il qu'on doive regarder le couple Ergon / Energeia comme le centre de la philosophie du langage de Humboldt, comme on l'a fait parfois ? Böhler fait remarquer[122] que le couple *energeia / ergon* était dans l'air du temps. Herder l'avait employé en 1769 pour caractériser la différence entre poésie et arts plastiques et lui - même l'aurait emprunté au critique anglais James Harris. Il est également exact, comme le dit Böhler, que

> "les concepts Ergon et Energeia remontent en définitive à Aristote, chez qui le concept d'Energie surtout joue un rôle important, mais difficile à analyser."[123]

Humboldt connaissait bien *L'éthique à Nicomaque* où apparaissent les deux termes en question. Cependant, l'emploi d'une formule à la mode n'empêche pas que ce concept s'inscrit pleinement dans la philosophie du langage que Humboldt développe depuis le début de *L'œuvre sur le kavi* en cohérence avec toute son œuvre antérieure : la langue n'est pas un objet ; elle est "le travail inlassable de l'esprit" pour réaliser l'union de

---

[122] Böhler, M. (éd.) "Nachwort" de *Wilhelm von Humboldt. Schriften zur Sprache*. 1970 : 253.
[123] *ibid.* 254.

la pensée et du son articulé. *Energeia* est simplement un nom nouveau donné à la *force de l'esprit*. Selon Böhler, l'idée du langage comme "travail" renverrait à Hegel et à la *Phénoménologie de l'Esprit* :

> "travail, dit-il, est le nom de l'aliénation (Ent-äusserung) et du sacrifice du sujet au monde de l'objet (...) Dans la langue comme dans le travail, il y a médiation entre le sujet et l'objet (cf. Hegel *La philosophie de l'Esprit* de Iéna)"[124].

Mais on trouve chez Humboldt dès le texte de 1795 l'idée que "la distinction entre celui qui pense et ce qu'il pense" est l'acte de pensée qui crée simultanément le sujet et l'objet, opposés l'un à l'autre : la première instance est active, elle devient sujet ; la seconde, passive, est l'objet qui s'incarne dans la pensée du sujet. Dans tout cela, il n'est pas question d'un sacrifice du sujet et on a vu que c'est à Kant que Humboldt doit l'idée de cette relation créatrice.

Il n'est pas sans intérêt de noter que Cassirer (qui s'est toujours voulu le continuateur de Humboldt) parle de son côté d' "*énergie de l'esprit*" (Energie des Geistes). Il le fait pour définir le concept central de sa philosophie, la "forme symbolique" :

> "Par 'forme symbolique', il faut entendre toute énergie de l'esprit par laquelle un contenu intellectuel est relié à un signe sensible concret."[125]

On sait que, parmi ces *formes symboliques*, le langage occupe une place privilégiée par rapport aux autres, qui sont l'art, la religion et la science. Cassirer adopte un point de vue dynamique analogue à celui de Humboldt : une forme symbolique n'est pas une œuvre, mais une activité par laquelle une signification (un "contenu intellectuel") est reliée à un signe sensible. Le langage n'est pas une œuvre, mais une activité, non pas un instrument au service de la pensée, mais ce par quoi une production du sens devient possible. Pour Cassirer,

---

[124] *ibid.* 255.

[125] Cassirer, E. "Der Begriff der symbolischen Form im Aufbau der Geisteswissenschaften", in : *Wesen und Wirkung des Symbolbegriffs*, Darmstadt 1956 : 175. Cité dans Sandkühler, H. J., Paetzold D. (eds.) *Kultur und Symbol. Ein Handbuch zur Philosophie E. Cassirers*. Stuttgart u. Weimar 2003 : 167.

> "toutes les grandes fonctions intellectuelles partagent avec la connaissance la propriété fondamentale d'être habitées par une force originairement formatrice et non pas simplement reproductrice. Loin de se borner à exprimer passivement la pure présence des phénomènes, une telle fonction lui confère, par la vertu autonome de l'énergie intellectuelle qui se trouve en elle, une certaine "signification", une valeur particulière d'idéalité." (souligné par moi)[126]

La position de Humboldt préfigure celle de Cassirer. Le concept de "*forme symbolique*" est, en fait, un élargissement aux divers aspects de la culture de la notion de *forme interne de la langue* élaborée par Humboldt.

La suite du § 12 de Humboldt expose en quoi la définition dynamique de la langue comme "*Energeia*" convient pour rendre compte de nombreux traits et de la relation entre langue et nation :

> "Il est parfaitement juste et adéquat de caractériser les langues comme un travail de l'esprit, déjà pour la raison que l'existence de l'esprit ne peut en général être pensée que dans l'activité et comme telle. L'analyse de la structure des langues, indispensable pour leur étude, nous contraint même à les considérer comme un processus en marche vers des buts déterminés par des voies déterminées et à les regarder de ce fait réellement comme des formations des nations." (*KW* 42, § 12)

Le langage, manifestation de la force spirituelle, s'inscrit dans la réalité sous la forme des langues, par lesquelles se manifeste la spécificité spirituelle des nations. La langue, dira-t-il encore un peu plus loin,

> "sous quelque forme qu'on la prenne, est toujours une émanation spirituelle d'une vie nationale." (*KW*, 44, § 12)

Les langues ont donc une dimension historique. Le lien de la langue avec la nation doit être compris d'abord comme une relation à l'histoire. Chaque langue a reçu des générations antérieures le matériau dont elle est faite. L'étude des liens de la langue avec la nation doit être comprise d'abord comme une relation à l'histoire. L'étude des langues nous transporte, dit Humboldt, "au beau milieu de l'histoire". Parmi les nations et

---

[126] Cassirer, E. *La Philosophie des Formes Symboliques. 1. Le Langage.* Paris (Minuit) 1972 : 18.

les langues que nous connaissons, aucune ne peut être dite originelle, car chacune a reçu ce dont elle est faite de générations qui ont appartenu à un passé qui nous est inconnu. De ce fait,

> "l'activité intellectuelle qui donne une expression à la pensée est toujours en même temps orientée vers quelque chose de déjà donné, elle n'est pas une activité de pure production, mais de transformation." (*KW*, 43, § 12)

Et cette matière reçue et transformée est apparentée étroitement avec l'esprit, dont le travail consiste à

> "élever le son articulé au rang d'expression de la pensée, c'est là ce qui constitue la forme de la langue." (KW, 43, § 12)

Cette formule reprend *Pensée et Langage*, le texte fondateur de 1795, mais en précisant que c'est "ce qui constitue *la forme de la langue*". La perspective est différente de celle de 1795, mais ne la contredit pas.

Après avoir précisé la relation entre langue et nation, Humboldt analyse le travail accompli par le locuteur en parlant.

> "Son action est constante et uniforme. Car c'est la même force intellectuelle, différente seulement dans certaines limites étroites, qui l'accomplit." (*KW*, 43, § 12)

Humboldt poursuit :

> "la matière transmise n'est pas seulement la même, mais encore, comme elle a la même origine, elle est étroitement apparentée à la direction de l'esprit. Ce qu'il y a de permanent et d'uniforme dans ce travail de l'esprit qui consiste à élever le son articulé au rang d'expression de la pensée, compris aussi complètement que possible dans sa cohésion et représenté systématiquement, c'est cela qui constitue la forme de la langue." (*KW*, 43, § 12)

Telles sont les bases permanentes de la communication. Et ce travail s'accomplit grâce à la force de l'esprit qui peut varier dans certaines limites.

> "Dans cette définition, (la langue) apparaît comme quelque chose d'abstrait constitué par la science. Mais il serait erroné de ne la regarder que comme un tel être de pensée sans existence propre." (*KW*, 43, § 12)

Dans sa réalité concrète, la langue n'est pas une telle abstraction scientifique, elle est, au contraire,

> "la poussée tout à fait individuelle grâce à laquelle une nation fait valoir la pensée et le sentiment dans la langue. C'est seulement parce qu'il ne nous est jamais donné de voir cette poussée dans la totalité de son élan, mais seulement dans chacun de ses effets séparément, qu'il ne nous reste qu'à résumer le caractère uniforme de ce qu'elle produit en un concept mort. En soi, cette poussée est unique et vivante." (*KW*,43, § 12)

Les langues ont donc un mode d'existence difficile à saisir. Il reste toujours en elles quelque chose de méconnu, qui est ce en quoi elles sont le souffle du vivant. Très souvent, on saisit par le sentiment quelque chose de la langue qu'on ne parvient pas à exposer complètement et à délimiter par des concepts.

> "La forme caractéristique des langues dépend de chacun de leurs plus petits éléments ; chacun, si infime qu'il soit, est déterminé par elle d'une certaine manière." (*KW*, 43, § 12)

En revanche, il n'est guère possible de trouver des points particuliers dont une langue dépendrait absolument. Il y en a toujours beaucoup qui pourraient être différents sans modifier la forme pour l'essentiel. Et pourtant, il faut aussitôt affirmer le contraire : l'individualité de la langue paraît évidente et s'impose à l'intuition.

> "C'est aux traits du visage humain que les langues peuvent être comparées le moins mal. L'individualité est indéniablement là, on voit des ressemblances, mais il n'est pas possible de mesurer et de décrire les parties, en détail ou dans leur ensemble, pour saisir ce qui la caractérise." (*KW*, 44, § 12)

Dans ces conditions, représenter la forme de quelque langue que ce soit ne peut jamais réussir complètement, mais seulement jusqu'à un certain point, qui suffit cependant pour une vue d'ensemble. Voilà tout ce que peut faire un linguiste.

> "La distinction que nous avons coutume de faire entre la grammaire et le lexique ne peut servir qu'à l'usage pratique de l'apprentissage des langues, mais ne peut prescrire à la vraie recherche linguistique ni des limites, ni des règles. Le concept de forme des langues va bien au-delà des règles du discours et même des règles de formation lexicale." (*KW*, 44, § 12)

La *forme* dont on parle ne peut se définir que dans l'opposition dialectique à la matière.

> "Dans l'absolu, il ne peut pas y avoir dans la langue de matière sans forme, car tout en elle est dirigé vers un but déterminé qui est l'expression de la pensée, et ce travail commence avec son premier élément, le son articulé, qui devient articulé précisément parce qu'il reçoit une forme. La vraie matière de la langue est, d'une part, le son et, d'autre part, l'ensemble des impressions sensibles et des mouvements autonomes de l'esprit qui précèdent la formation du concept à l'aide de la langue." (*KW*, 45, § 12, souligné par moi)

La matière de la langue est faite, d'une part, de la substance sonore, d'autre part, de la matière de la pensée. Le propre de la langue est d'organiser les sons et de découper la pensée en concepts. La langue réunit une matière sonore qui, recevant une forme, devient le *son articulé*, et une matière dont la substance est psychologique, à savoir l'ensemble des impressions sensibles et des mouvements autonomes de l'esprit,. Et cette matière psychologique prend la forme du *concept*. C'est la réunion de ces deux éléments formels qui a donné naissance au langage. Comme on le voit, le processus de constitution des langues est toujours analysé de la même manière qu'en 1795, mais Humboldt insiste maintenant sur son caractère formel. Et il enchaîne directement sur la nécessité de

> "prendre tout particulièrement en compte la substance réelle des sons pour avoir une idée de la forme d'une langue. C'est avec l'alphabet que commence la recherche sur la forme d'une langue dont il est la base la plus importante pour toutes les parties de la langue." (*KW*, 45, § 12)

D'une manière générale, rien de factuel ou d'individuel n'est exclu par le concept de forme. Il inclut tout ce qui ne peut être fondé qu'historiquement, ainsi que ce qui est le plus individuel. Mais un fait ne peut y être reçu que dans la mesure où "une méthode de formation des langues peut y être découverte" :

> "il faut être en mesure de reconnaître par la représentation de la forme la voie spécifique quc prend la langue et la nation à laquelle elle appartient pour exprimer la pensée." (*KW*, 45, § 12)

Il faut être en mesure de comprendre comment elle se comporte par rapport à d'autres langues, en ce qui concerne les buts propres qui lui sont assignés et dans l'effet en retour sur l'activité intellectuelle de la nation.

> "Car chaque langue possède une telle unité spirituelle et, par cette intégration, une nation fait de la langue héritée de ses ancêtres la sienne propre. On doit donc retrouver la même unité dans la représentation ; et ce n'est qu'en passant des éléments dispersés à cette unité qu'on obtient vraiment un concept de la langue elle-même." (*KW*, 45 - 46, § 12)

On peut remarquer dès maintenant que c'est la forme qui décide de la proximité entre les langues. Les formes de plusieurs langues peuvent se réunir en une forme plus générale et les formes de toutes les langues le font aussi, à condition de prendre pour point de départ un point de vue général : les relations entre les représentations nécessaires à la désignation des concepts et à l'organisation du discours, la ressemblance des organes de phonation qui ne permettent qu'un nombre déterminé de sons articulés et enfin les relations existant entre certaines consonnes et voyelles, d'une part, et certaines impressions sensibles ; de là en effet provient une désignation équivalente sans parenté d'origine.

> "Car l'individualisation dans le cadre d'un accord général est si remarquable qu'on peut aussi bien dire que tout le genre humain ne parle qu'une seule langue que dire de chaque homme qu'il possède sa propre langue." (*KW*, 46, § 12)

Tout ce chapitre est une analyse du concept d'*Energeia* sur lequel Humboldt fait reposer sa conception dynamique des langues comme manifestations de la force spirituelle de l'humanité.

7) **"Nature et conformation de la langue"** (§§ 13-14)

Le dernier chapitre de la première partie de l'œuvre ultime de Humboldt, qui réunit les paragraphes 13 et 14, propose une récapitulation.

Humboldt rappelle d'abord que le chapitre précédent avait pour objet de montrer que

> “la différence entre les langues repose sur leur forme et (que) celle-ci est dans la relation la plus étroite avec les dispositions d’esprit des nations et avec la force qui les pénètre à l’instant de leur naissance ou de leur renouveau.” (*KW*, 47, § 13).

Au départ, Humboldt rappelle ce que montrait le chapitre précédent : la réflexion sur le langage en général et l’analyse des différentes langues fait apparaître deux principes qui se distinguent nettement l’un de l’autre : “la forme phonétique” (Lautform) et “l’usage qui en est fait pour désigner les objets et relier les pensées”.

L’usage repose sur les exigences

> “que la pensée attache à la langue et d’où surgissent les lois générales de celle-ci.” (*KW*, 47, § 13)

Cet usage est le même chez tous les hommes, compte tenu de leurs dispositions intellectuelles naturelles ou de leur évolution.

En revanche, la forme phonétique

> “est le principe qui constitue véritablement les différences entre les langues et qui les gouverne.” (*KW*, 47, § 13)

En tant que partie de l’organisme humain en relation étroite avec la force spirituelle interne, la forme phonétique est également en relation avec la disposition d’ensemble de la nation.

> “De la réunion de ces deux principes, et de leur intime compénétration, surgit la forme individuelle de chaque langue, et ils constituent les points que l’analyse du langage doit essayer de comprendre et de présenter dans leur relation réciproque.” (*KW*, 47, § 13)

Après ce rappel de la conception de la langue qu’il a développée au chapitre précédent, le dernier paragraphe, long d’une dizaine de pages (§ 14), donne un vaste panorama du rôle du langage et de son fonctionnement.

> “Je prends ici le processus du langage dans sa plus grande extension, non seulement dans son rapport au discours et au répertoire lexical qui sont ses produits immédiats, mais également dans son rapport aux capacités de penser et de sentir. Il faut prendre en considération tout le chemin par lequel, partant de l’esprit, il réagit sur lui.” (*KW*, 47 - 48, § 14)

Au fil des alinéas, Humboldt va égrener les différents aspects du "processus du langage",

> "non seulement par rapport au discours et à l'ensemble de ses éléments verbaux qui sont son produit immédiat, mais aussi dans sa relation aux capacité de penser et de sentir. On prend en compte tout le cheminement qui le conduit, partant de l'esprit, à y revenir." (*KW* 47 - 48, § 14)

a) "La langue est l'organe où se forment les pensées" (KW § 14, p.48)

Le premier alinéa (pp. 48 - 49) est consacré à cette idée qui fut à l'origine de tous les travaux de Humboldt. Il précise maintenant les conséquences q'il convient d'en tirer :

> "L'activité intellectuelle, entièrement spirituelle, entièrement intérieure et qui, pour ainsi dire, ne laisse pas de trace, s'extériorise par le son dans le discours et devient perceptible aux sens. L'activité intellectuelle et la langue sont donc unies et inséparables ;" (*KW*, 48, § 14)

Cette union de la pensée et du langage est nécessaire :

> "sinon la pensée ne peut parvenir à la clarté et la représentation ne peut devenir concept. Le lien indissociable de la pensée, des organes de la phonation et de l'ouïe pour constituer le langage appartient irrévocablement à l'organisation originelle de la nature humaine." (*KW*, 48, § 14)

Mais l'usage qu'on fait du langage n'est pas monologique, il est dialogique dès l'origine. Il n'y a là rien de nouveau depuis les années 1820. Ce qui est nouveau, c'est la place qui est maintenant donnée au son, dans sa matérialité même. La pensée, comparable à un éclair ou à un choc,

> "concentre en un seul point toute la force de représentation, et exclut tout ce qui se produit en même temps, le son résonne avec acuité et unité. Comme la pensée saisit l'âme tout entière, le son possède par excellence une force pénétrante qui ébranle tous les nerfs.(*KW*, § 14, p.48)

Dans ces phrases résonne un écho direct des thèses 8 à 11 du texte de 1795[127]. Il en va de même des suivantes sur la supériorité du son :

> "L'acuité coupante du son de la langue est indispensable à l'entendement pour saisir les objets. Aussi bien les choses de la nature extérieure que l'activité suscitée intérieurement assaillent l'homme avec une foule de traits. Mais il aspire, lui, à comparer, séparer et relier et, dans ses buts supérieurs, à former une unité toujours plus englobante. Il désire donc aussi saisir les objets dans une certaine unité et exige l'unité du son pour en tenir lieu. (...). En même temps, la précision du son permet une quantité infinie de modifications qui se distinguent cependant avec précision pour la représentation et ne se mêlent pas en se reliant, ce qui n'est le cas au même degré pour aucune autre impression sensible." (*KW*, 48 - 49, § 14)

Enfin, le son ne met pas seulement en branle l'intelligence, mais aussi l'affectivité qui a aussi un rôle à jouer. La voix

> "sort de la poitrine, émet un son vivant, semblable à la respiration, elle accompagne la douleur et la joie, le dégoût et le désir, même sans être accompagnée de la langue, elle insuffle donc à l'esprit qui la reçoit, la vie dont elle émane, tout comme la langue aussi rend elle-même toujours, en même temps que l'objet représenté, le sentiment qui l'accompagne et, par des actes toujours répétés, unit le monde à l'homme." (*KW*, 49, § 14)

La station debout, sur laquelle repose la possibilité d'émettre des sons articulés, favorise la communication interhumaine

> "Car la parole (...) exige de s'écouler librement des lèvres en direction de celui à qui elle s'adresse, accompagnée de l'expression du regard et des mimiques, des gestes des mains et de tout ce qui caractérise l'homme comme être humain." (*KW*, 49, § 14)

b) La relation entre l'activité de penser et la langue (KW § 14, p.49)

Après avoir constaté à l'alinéa précédent que le son articulé est adapté aux opératons de l'esprit, Humboldt donne une description de la relation entre l'activité de penser et la langue. :

[127] Cf. chapitre II.

> "L'activité subjective forme un objet dans la pensée. Car aucune espèce de représentation ne peut être regardée comme la contemplation purement réceptive d'un objet déjà présent. L'activité des sens doit s'unir synthétiquement à l'action intérieure de l'esprit." (*KW*, 49, § 14)

C'est, à nouveau, une reformulation des thèses de 1795. Comme en 1795, Humboldt refuse implicitement le cartésianisme : une représentation n'est pas la contemplation passive d'un objet antérieurement présent ; c'est la synthèse entre l'activité de l'esprit et l'activité des sens qui permet de construire l'objet et, par contrecoup, de définir le sujet.

Ce rappel donne lieu maintenant, du fait que cette activité fait intervenir deux sujets en dialogue, à un développement nouveau. Lorsqu'elle est nommée en langue, la représentation devient un objet. Mais elle ne cesse pas d'appartenir en même temps au sujet qui l'a nommée :

> "La représentation est transposée en une objectivité réelle, sans pour autant être soustraite à la subjectivité. Cela, seule la langue le peut ; et, sans cette transposition, toujours silencieusement active là où la langue est à l'œuvre, en une objectivité qui fait retour au sujet, la formation du concept et, de ce fait toute vraie pensée, est impossible." (*KW*, 49, § 14, souligné par moi)

La nouveauté réside dans l'accent mis sur le caractère *à la fois objectif et subjectif*, ce qui peut passer pour contradictoire.

Comment résoudre cette contradiction ?

> "La parole est une condition nécessaire de l'activité de penser de l'individu dans la solitude. Toutefois, dans l'expérience, le langage ne se développe que socialement et l'homme ne se comprend lui-même qu'après avoir mis à l'épreuve sur d'autres l'intelligibilité de ses paroles. Car l'objectivité croît quand le mot que l'un a formé revient en écho d'une autre bouche. Mais rien n'est retiré à la subjectivité, car l'homme se sent toujours un avec un autre homme ; elle est même, elle aussi, renforcée puisque, transformée en langage, la représentation n'appartient plus exclusivement à un seul sujet. En passant dans d'autres sujets, elle rejoint ce qui est commun à toute l'humanité." (*KW*, 49 - 50, § 14, souligné par moi)

Humboldt reprend ici la dialectique du JE et du TU qu'il avait analysée dans *Sur le Duel* (1827) et il l'élargit en une dialectique du JE et de l'humanité : ce qui rend le langage indispensable dans l'acte de production de la pensée se répète de manière ininterrompue dans la vie spirituelle de l'homme. Les conséquences en sont décisives.

> "Ce qui rend la langue indispensable dans l'acte simple de production d'une pensée, se répète de manière ininterrompue dans la vie intellectuelle de l'homme ; la communication sociale par la langue lui apporte confirmation et stimulation. L'énergie cognitive (Denkkraft) a besoin de quelque chose qui lui soit semblable et qui soit cependant extérieur à elle. Elle est déclenchée par son semblable et trouve dans ce qui est extérieur une pierre de touche de l'essentialité de ses productions intérieures." (*KW*, 50, § 14)

Non seulement le langage est indispensable à la formation de la pensée, mais celle-ci doit pouvoir s'appuyer sur l'échange dialogique. Le dialogue, les échanges sociaux sont le moyen d'assurer sa pensée. Penser par soi-même ne peut suffire, car le sujet qui pense est un homme faillible. Il ne peut être assuré de l'objectivité de ce qu'il pense que s'il en reçoit confirmation de la bouche d'un *alter ego*.

> "Bien que le fondement de la connaissance de la vérité, de ce qui est inconditionnellement solide, ne puisse se trouver pour l'homme qu'en lui-même, l'effort spirituel qu'il fait pour la conquérir est toujours enveloppé de risques d'illusion. Ne ressentant clairement et directement que ses propres limites, qui sont variables, il est dans l'obligation de regarder la vérité comme quelque chose d'extérieur ; et l'un des moyens les plus puissants pour l'approcher, pour mesurer la distance qui l'en sépare, est d'en faire part à d'autres. Toute parole, même la plus simple, est une façon de relier ce qu'il ressent à la nature commune de l'humanité." (*KW*, 50, § 14)

c) De la compréhension et de l'apprentissage des langues (KW § 14, pp. 50 - 53)

Humboldt traite ensuite longuement dans les deux alinéas suivants de la compréhension. Les deux opérations symétriques de la communication, parler et comprendre, requièrent du sujet la même activité cognitive. Il n'y a rien de passif dans la compréhension.

> "Rien ne peut être présent dans l'âme que par sa propre activité et comprendre et parler ne sont que des effets différents de la même force de langage." (*KW*, 50, § 14)

Le discours commun n'est pas comparable à la transmission d'un objet. Elle est une activité de construction.

> "Celui qui comprend et celui qui parle doivent développer le même contenu à partir de leur propre force intérieure ; et ce que le premier reçoit, n'est que l'incitation à trouver un accord. C'est pourquoi il est si naturel à l'homme de reformuler ce qu'il vient de comprendre." (*KW*, 50, § 14)

Le "récepteur" ne reçoit en fait qu'une "incitation à trouver un accord". La compréhension repose sur une activité autonome de chacun des partenaires. Comprendre consiste à construire pour son compte le sens dont on pense qu'il est celui proposé par le locuteur. Comprendre des mots est une opération cognitive, différente de la simple perception d'un son accompagnée de l'évocation d'un objet. C'est toujours la perception d'un son articulé, qui a une forme et appartient à "un ensemble infini, la langue". L'articulation est au fondement du langage, car elle donne la possibilité de forger d'autres mots en redistribuant les éléments et elle attache aux sons ainsi organisés des concepts eux-mêmes apparentés. De cela, l'individu n'est pas conscient ; ce mécanisme est déclenché par une force organisatrice dont on connait le nom : c'est *la force spirituelle.*

> "La langue (...) doit être regardée comme une matière se produisant elle-même éternellement, dont les lois de production sont définies, mais dont l'ampleur et aussi la manière dont elle est produite demeurent totalement indéfinies." (*KW*, 51, § 14)

L'apprentissage d'une langue est une activité du même genre que la compréhension.

> "Apprendre à parler ne consiste pas pour les enfants à distribuer des mots, à les déposer en mémoire et à les reproduire par les lèvres, c'est au contraire un accroissement de la faculté de parler avec l'âge et l'exercice." (*KW*, 51, § 14, souligné par moi)

Il consiste en un travail de construction progressive de la langue par l'intelligence.

> "Ce qui a été entendu fait plus que se communiquer ; cela prépare l'âme à comprendre plus facilement ce qui n'a encore jamais été entendu ; cela rend clair à une intelligence devenue plus aiguë quelque chose qui avait été entendu il y a longtemps, mais n'avait été compris qu'à demi ou pas du tout, en rendant évidente la similitude avec ce qu'on vient d'entendre." (*KW*, 51, § 14)

Et le désir d'apprendre croît, l'apprentissage gagne en efficacité.

> "Les progrès ne font pas, (...) que croître régulièrement par l'exercice renforcé de la mémoire, mais ils s'accélèrent, car l'élévation de la force et le gain de matière se renforcent l'un l'autre." (*KW*, 51 - 52, § 14)

Qu'il ne s'agit pas d'un apprentissage mécanique, mais d'un développement de la force de langage, c'est ce que montre aussi le fait que tous les enfants, quelles que soient les circonstances, parlent et comprennent tous à peu près dans le même laps de temps. Humboldt fait ici une analyse étonnamment moderne de la psychologie de l'apprentissage des langues, de l'intercompréhension et des mécanismes psychologiques sur lesquels elle repose dans une perspective qu'on peut dire "constructiviste"[128].

d) La fonction de médiation du langage (KW § 14, pp.53 - 54)

Avec l'alinéa suivant, Humboldt passe à des considérations plus générales sur le rôle du langage dans la relation entre le moi et le monde. Il revient à son point de départ et s'inscrit en faux contre la conception traditionelle que la langue ne ferait que "désigner les objets déjà perçus en eux-mêmes". Dénommer un objet crée le concept de cet objet. Et il faut même aller plus loin :

> "tout objet, même externe, n'a d'essentialité accomplie que grâce au concept. Toute la perception subjective des objets entre nécessairement dans la construction et dans l'usage de la langue. Car le mot naît précisément de cette perception, il n'est pas une em-

[128] Ce passage concernant l'apprentissage par les enfants, a fait l'objet d'un commentaire de Cassirer intitulé "le langage et la construction du monde des objets", in Pariente, JC. (éd.) *Essais sur le langage*, Paris 1969 : 39-68.

preinte de l'objet en soi, mais de l'image de celui-ci dans l'âme." (*KW*, 53, § 14, souligné par moi)

Mais on ne peut s'arrêter à ce constat. Si le mot est une empreinte, non de l'objet, mais de l'image de l'objet dans l'âme, il faut encore ajouter que chaque individualité humaine est "un point de vue sur le monde".

"Comme de la subjectivité se mêle inévitablement à toute perception objective, on peut, même indépendamment de la langue, considérer toute individualité humaine comme un point de vue propre sur le monde. Elle le devient encore plus par la langue, car le mot, face à l'âme, comme nous le verrons par la suite, se fait objet avec un supplément d'autosignification et y ajoute une particularité nouvelle." (*KW*, 53, § 14)

Et en extrapolant du mot à la langue et de l'individu à la nation, on peut dire que chaque langue reçoit sa particularité de la nation qui la parle.

"Il y a en chaque langue une façon particulière de voir le monde. De même que le son isolé prend place entre l'objet et l'homme, la langue tout entière prend place entre lui et la nature qui agit sur lui intérieurement et extérieurement. Il s'entoure d'un monde de sons pour absorber et élaborer le monde des objets." (*KW*, 53, § 14)

Ses représentations dépendent de la langue dans laquelle il vit. Comme ses sensations et ses actions dépendent de ses représentations, il sent et agit comme la langue le lui prescrit.

"Par le même acte par lequel il tisse la langue autour de lui, il s'insinue en elle et chaque langue trace autour du peuple auquel elle appartient un cercle duquel il n'est possible de sortir que pour entrer dans le cercle d'une autre langue." (*KW*, 53, § 14)

De cette façon de voir découlent un certain nombre de conséquences. La plus immédiate, peut-être, concerne ce qu'on peut attendre de l'apprentissage des langues étrangères.

" L'apprentissage d'une langue étrangère devrait donc être la conquête d'un nouveau point de vue dans la vision du monde qu'on avait jusque là, et c'est bien le cas jusqu'à un certain point, car chaque langue contient tout le tissu des concepts et le mode de représentation d'une partie de l'humanité. Ce n'est que parce qu'on fait toujours entrer dans une langue étrangère plus ou moins sa propre façon de voir le monde et même de voir la langue que ce succès n'est pas toujours ressenti purement et complètement." (*KW*, 53, § 14)

e) Naissance du sentiment esthétique (KW § 14, pp. 53 - 54)

Il résulte également de la nature des relations entre le langage, la pensée et le monde qu'une langue ne se construit pas progressivement par addition, sur une base utilitaire, mais que toute langue, d'emblée, embrasse tous les objets qui s'offrent fortuitement à la perception par les sens et à l'élaboration interne. Il ne faut pas se représenter les débuts d'une langue sur une base utilitaire. Au contraire, il convient de chercher cette origine dans un appel à la sociabilité.

> " Le langage est, même à ses débuts, tout à fait humain et s'élargit spontanément à tous les objets fortuitement perçus par les sens et élaborés intérieurement." (KW § 14, p. 54)

Les mots "sourdent librement, sans nécessité ni intention" de la poitrine de ceux qu'on appelle des sauvages et il se pourrait bien qu'il n'y ait jamais eu une horde nomade qui n'ait possédé ses chants.

> "Car l'homme comme espèce animale est une créature qui chante, mais en reliant des pensées aux sons." (*KW*, 54, § 14)

L'invention de la langue a permis de donner forme et régularité à la perception que nous avons de la nature :

> "La nature déploie devant nous une abondance multicolore de formes pour tous les sens et les enveloppe de lumière ; notre réflexion y découvre une régularité (Gesetzmässigkeit) qui parle à notre forme d'esprit ; séparée de l'existence corporelle des choses, une beauté extérieure est attachée à leurs contours comme un charme destiné à l'homme seul, une beauté extérieure dans laquelle la régularité s'allie à la matière sensible en une alliance qui nous saisit et nous emporte et cependant demeure inexplicable." (*KW*, 54, § 14)

Les beautés du monde trouvent dans la langue un écho métaphorique et on pourrait parler d'une initiation poétique à la beauté du monde par les beautés de la langue. La signification de ce phénomène va au-delà de l'esthétique. Elle a une valeur d'exaltation de l'humanité dans l'homme.

"Car, en entrant, conduits par (la langue), dans un monde de sons, nous ne quittons pas celui qui nous entoure en réalité ; la régularité de l'architecture de la langue est apparentée à celle de la nature et, en incitant l'homme, par cette architecture, à activer ses forces les plus hautes et les plus humaines, elle le conduit à comprendre l'impression formelle que donne la nature, car celle-ci ne peut être considérée que comme un déploiement de forces spirituelles, même si ce déploiement demeure inexplicable ; par la forme rythmique et musicale propre au son articulé, la langue amplifie l'impression de beauté que donne la nature en la transposant dans un autre domaine et, indépendamment de cette impression, elle agit sur l'état de l'âme par le seul discours." (*KW*, 54, § 14, souligné par moi)

Par le discours poétique, la langue permet de redoubler le monde sur un mode symbolique.

f) La relation entre le discours, la langue et les locuteurs (KW § 14, pp.54 - 57)

Assez naturellement, Humboldt passe à l'alinéa suivant des rapports entre la langue et un type de discours à une réflexion plus générale sur les rapports entre la langue et le discours.

"De ce qui est dit en chaque circonstance, il faut distinguer la langue en tant que masse des produits réalisés." (KW § 14, p. 54, souligné par moi)

Il faut maintenant examiner de plus près cette distinction.

"Une langue, prise dans toute son extension, englobe tout ce qu'elle a métamorphosé en sons. Mais, de même que la matière de la pensée et le nombre infini des liens entre ses éléments ne sont jamais épuisés, il en va de même de tout ce qui doit faire l'objet d'une désignation et d'une mise en relation dans la langue. La langue se compose donc, à côté des éléments déjà formés, tout particulièrement de méthodes permettant de continuer le travail de l'esprit auquel elle prescrit la voie à suivre et la forme à adopter. " (*KW*, 55, § 14)

Humboldt inclut dans la langue non seulement les éléments dont elle se compose factuellement, mais encore les méthodes qui permettent d'en ajouter de nouveaux. Du caractère inépuisable du référent découle nécessairement celui de la langue qui lui donne forme. La langue hérite d'un passé obscur et riche, qu'on ne peut reconnaître que sur une certaine distance et qui laisse le sentiment d'être insondable. La langue a en commun avec le genre humain d'être infinie aussi bien du côté des origines que du développement à venir.

> "La langue apparait donc à l'homme, tout comme la nature elle-même, au contraire de tout ce qu'il connait déjà et de ce qu'il pense, comme une mine inépuisable dans laquelle l'esprit peut toujours découvrir des choses inconnues et le sentiment percevoir des choses qu'il n'a pas encore ressenti de cette manière." (*KW*, 55, § 14)

Font donc partie de la langue non seulement les "éléments déjà formés" qui ont une existence matérielle, mais aussi les éléments cognitifs, qui sont des "méthodes permettant de continuer le travail de l'esprit" pour créer des éléments nouveaux.

De ce fait, il existe dans la langue, dit Humboldt, une "partie stable" et une "partie fluide". Cette forme d'existence de la langue est à l'origine d'une relation particulière entre elle et la génération qui parle.

> " Il naît dans la langue un répertoire de mots et un système de règles qui ont fait d'elle au fil des millénaires une puissance autonome. Nous avons précédemment été attentifs au fait que *la pensée acceptée dans la langue devient un objet pour l'âme* et, à ce titre, exerce sur elle une action de l'extérieur. Mais nous avons considéré par excellence *l'objet comme né du sujet, l'effet comme provenant de celui sur qui il réagit.*" (*KW*, 55, § 14)

Mais ce qu'on vient de lire montre autre chose :

> "Maintenant, un point de vue opposé apparaît : la langue est réellement un objet étranger, l'effet qu'elle produit est sorti effectivement de quelque chose d'autre que de ce sur quoi elle agit. Car la langue appartient nécessairement à deux personnes et elle est en vérité la propriété de tout le genre humain." (*KW*, 56, § 14, souligné par moi)

"*Maintenant*" désigne le point de vue nouveau, né de la compréhension du fonctionnement de la langue qui vient d'être exposé. Maintenant, on voit la langue comme un objet qui ne provient pas du seul sujet individuel isolé, mais d'un sujet complexe. On peut même dire que la langue est, en tant que langage,

> "la propriété de tout le genre humain".(*KW*, 56, § 14)

En outre, la langue a un mode d'existence d'un genre particulier : dans l'écrit, elle n'existe que comme disponibilité. Elle n'a d'existence réelle que dans chaque moment d'activité de la pensée. On peut donc dire que

> "la langue est étrangère à l'âme et qu'elle lui appartient, qu'elle est indépendante d'elle et qu'elle est dépendante ; ces deux points de vue se réunissent en elle et constituent le caractère particulier de son être. " (*KW*, 56, § 14)

C'est ce qui fait son originalité. Le caractère propre de la langue est d'être intimement contradictoire. Encore faut-il bien comprendre en quoi consiste cette contradiction :

> "Cette contradiction ne doit pas être résolue en disant que (la langue) est en partie étrangère et indépendante et en partie ni l'un ni l'autre. La langue est précisément objectivement agissante et autonome dans la mesure où elle est agie subjectivement et dépendante. Car elle n'a nulle part un lieu de séjour fixe, même pas dans l'écrit, sa partie pour ainsi dire morte doit toujours être de nouveau engendrée dans l'activité de penser, vivante dans le discours prononcé ou entendu et, par conséquent, elle doit toujours pénétrer le sujet ; mais il appartient à cet acte d'engendrement de faire d'elle précisément un objet : sur cette voie, elle reçoit chaque fois toute l'action de l'individu ; mais cette action est déjà en soi liée par l'effet qu'elle produit et qu'elle a produit. " (*KW*, 56, § 14, souligné par moi)

La contradiction qui caractérise l'être de la langue réside dans le fait qu'elle est "objectivement agissante et autonome" *parce qu'*elle est "agie subjectivement et dépendante". Elle est *Energeia,* et elle est dite telle parce qu'elle permet au locuteur-sujet de réaliser ses buts par le truchement de son interlocuteur et parce qu'elle a une réalité propre, unique, sur laquelle le sujet individuel (le seul qui existe effectivement) exerce une influence dont il ne peut rien savoir. A la différence de tout autre objet, elle n'a pas de lieu de séjour assignable, “même pas dans l’écrit”, qui ne peut jouer de rôle que s’il est assumé par un sujet individuel. Mais son action est transformatrice de la réalité sociale, donc, indirectement, de sa propre réalité.

En fait, *la langue est un objet intrinsèquement contradictoire qu’on ne pourra maîtriser que par une théorie capable d’intégrer la contradiction.*

> “ La vraie résolution de cette contradiction se trouve dans l’unité de la nature humaine. Ce qui provient de ce qui ne fait qu’un avec moi, réunit et confond les concepts de sujet et d’objet, de dépendance et d’indépendance. La langue m’appartient parce que je la produis comme je le fais : et, comme la raison de cela est à la fois dans le fait que les hommes de toutes les générations ont parlé entre eux, aussi loin que remonte la communication par le langage, c’est de la langue elle-même que je reçois, du coup, une restriction. Mais ce qui en elle me limite et me détermine lui est venu par la nature humaine qui est avec moi en relation intime, et ce qu’il y a d’étranger en elle ne l’est donc que pour ma nature individuelle dans l’instant et non pour ma nature originellement vraie. “ (*KW*, 56, § 14, souligné par moi)

On doit voir là, à mon avis, *l’ébauche d’une théorie de la complexité.*

Le jeu dialectique des rapports de l’homme et de la langue est repris dans le dernier paragraphe, dans une perspective anthropologique et historique. Quels sont au fil des générations les rapports entre un peuple, les individus qui le composent et la langue ? Une langue est pour un peuple un lieu où l’expérience peu à peu acquise au cours des siècles se dépose et s’accumule. Cette expérience pèse sur chaque génération qui reçoit la langue en héritage et il est évident

> “combien la force de l’individu pèse peu face à la puissance de la langue.” (*KW*, 56, § 14).

Toutefois, un équilibre est rétabli “par la plasticité peu commune” de la langue, qui permet de modeler le sens, et par l’élimination des excès de la tradition grâce à une certaine violence que tout le spirituel vivant est capable d’exercer.

> “ C’est toujours dans la langue que chaque individu sent le plus vivement qu’il n’est qu’une émanation de tout le genre humain.” (*KW*,57, § 14)

Et en même temps,

> "chacun agit en retour sans cesse sur elle, chaque génération provoque en elle (...) un changement qui échappe souvent à l'observation." (*KW*, 57, § 14)

Il y a donc une action réciproque de la langue sur l'individu et du locuteur sur la langue. Pourtant,

> "la vraie individualité (de la langue) n'existe que dans le locuteur actuel. C'est dans l'individu seulement que la langue trouve en définitive ses vrais contours. Personne ne pense avec un mot exactement la même chose qu'une autre personne et la différence, même la plus minime, se répand, comme un cercle dans l'eau, à travers toute la langue. Toute compréhension est donc toujours en même temps une non-compréhension, tout accord sur les pensées et les sentiments est en même temps une divergence." (*KW*, 57, § 14, souligné par moi)

Le dernier mot revient à l'individu qui exerce sur la langue une véritable violence.

> "Dans la manière dont chaque langue se modifie en chaque individu, se révèle, face à son pouvoir dont on a parlé plus haut, une violence exercée par l'homme sur elle." (*KW*, 57, § 14, souligné par moi)

On peut, dit alors Humboldt,

> "regarder son pouvoir à elle comme une action physiologique (si on veut employer cette expression pour une force spirituelle) ; la violence qui émane de lui est purement dynamique." (*KW*, 57, § 14)[129]

L'homme (le locuteur) et la langue exercent l'un sur l'autre des actions opposées, mais également nécessaires.

> "Dans l'influence qui est exercée sur lui, se trouve la régularité de la langue et de ses formes, dans l'effet en retour qui provient de lui se trouve un principe de liberté."(*KW*, 57, § 14)

---

[129] Cf.*infra*, chapitre V, *Sur l'étude comparée des langues*. le terme "*physiologique*" renvoie à Kant, qui, on le sait, désignait par là "ce que la nature fait de l'homme" et l'opposait au terme de "*pragmatique*", lequel désignait "ce que l'homme fait ou peut et doit faire de lui-même"

* *
*

Ce vaste panorama du rôle du langage et de son fonctionnement. dans le dernier chapitre de *L'œuvre sur le kavi* est le point d'aboutissement de la réflexion philosophique et anthropologique de Humboldt.

XI.

MODERNITÉ DE HUMBOLDT

1) Humboldt et Saussure

En 1932, Albert Séchehaye, disciple de Saussure et co-éditeur avec Charles Bally du *Cours de linguistique générale*, publia dans le *Journal de Psychologie* sous le titre "*La pensée et la langue ou comment concevoir le rapport organique de l'individuel et du social dans le langage*" une critique très négative de Humboldt[130].

La position de Séchehaye est la suivante. Il affirme d'abord que "la question des rapports de la pensée et de la langue" est un problème central de la linguistique moderne, qui préoccupe les "théoriciens de la pensée" aussi bien que les "théoriciens de la langue", les philosophes, les psychologues et les linguistes.

> "La langue est en fait l'instrument par excellence de notre intelligence qui formule et fixe les résultats de son activité ; elle est l'organe d'une fonction." (p. 71)

Comme on l'a vu, ce point de départ a été aussi celui de Humboldt. "*Pensée et langage*" est le titre d'un de ses tout premiers textes et cette question a été un thème essentiel de sa réflexion.

Mais un malentendu s'est glissé dans l'interprétation de la pensée de Humboldt par Séchehaye.

Pour Séchehaye, la question des rapports de la pensée et de la langue a reçu deux solutions diamétralement opposées, l'une proposée par Saussure, l'autre par Humboldt, qui est rejeté en termes peu amènes dans les ténèbres extérieures parce qu'il est,

---

[130] Ce texte a été de nouveau publié en 1969 dans : Pariente, J. C., *Essais sur le langage*, Paris 1969 : 71-96. Les citations seront faites d'après cette édition.

dit Séchehaye, "le représentant le plus en vue" de "la doctrine du *parallélisme* de la pensée et de la langue" (p. 72). Et cette doctrine

> "a le grand inconvénient de faire entrer de plain-pied des choses qui sont du domaine de la pensée dans des normes qui sont à proprement parler celles des phénomènes physiologiques et biologiques." (p. 72)

Jauger la pensée à l'aune du biologique : en 1932, l'accusation n'est certes politiquement pas anodine.

> "Ce que nous reprochons essentiellement à cette doctrine du parallélisme, dit Séchehaye c'est qu'en ôtant aux individus un contrôle effectif sur l'expression qu'ils donnent à leur pensée, en les montrant mus par des forces raciales dont ils ne peuvent aucunement s'abstraire, elle leur ôte du même coup une bonne part de leur responsabilité en ce qui concerne leur pensée elle-même." (p. 73, souligné par moi)

Le terme de "forces raciales" montre bien quel est le souci de Séchehaye.

Au contraire, dit-il,

> "il faut que la pensée et tout ce qui assure son fonctionnement se déroule dans le plan de ce que nous appelons la liberté sous le contrôle de notre conscience individuelle (...) Toute création ou innovation en matière de langue remonte en dernière analyse à un choix fait par quelqu'un. La langue est donc, dans chacun de ses détails, et par conséquent dans sa somme, par sa nature même, non un produit élaboré par des puissances secrètes cachées dans la nature humaine, mais une œuvre d'intelligence, une invention, au même titre que nos habitations, nos outils et tout ce que l'homme a créé pour ses besoins."(pp. 73 - 74, souligné par moi)

Telle est l'orientation qui lui semble seule acceptable. Cette "vue de bon sens", conclut-il, a été celle de Saussure dans le *Cours de linguistique générale*.

Incontestablement, elle a été aussi celle de Humboldt. En témoigne par exemple le passage suivant extrait de *L'œuvre sur le kavi* :

> "Tout en étant des créations des nations, les langues (...) demeurent des autocréations des individus qui ne peuvent être produites qu'en chaque individu et de telle manière que chacun présuppose

la compréhension de tous et tous satisfont à cette attente." (*KW*, 38, § 9)

Séchehaye déforme la pensée de Humboldt. En fait, il l'assimile aux travaux d'un linguiste allemand contemporain, Weisgerber, qui, dit-il, écrit sous "l'emprise des idées humboldtiennes". L'erreur de Séchehaye est de confondre Humboldt et son interprète Weisgerber. Dans la suite, en effet, Séchehaye cite le seul Weisgerber, dont la pensée est, dit-il,

> "dominée par l'idée d'une étroite solidarité entre le type mental d'une nation et sa langue, solidarité qui ne consiste pas seulement en ceci que le caractère mental de la nation fixe la langue, mais encore en cela que la langue réagit en retour sur le type mental de la nation tout entière et de chacune des individualités qui la composent. Elle exerce sur la collectivité et sur tous ses membres une puissance analogue à celle du destin." (p. 78)

On conçoit qu'en 1932 une telle façon de voir suscite des réserves[131]. Mais on ne saurait en attribuer la paternité à Humboldt.

Dans l'analyse qu'il fait ensuite, Séchehaye explique que, pour fonder cette conclusion erronée, Weisgerber-Humboldt a fait appel à deux principes. Le premier affirme

> "*la force contraignante de la langue en tant qu'institution sociale*".

Il permet de donner une réponse à la question du rapport de l'individuel et du collectif. Il ne pose pas de problème, dit Séchehaye. Quant au second principe, il

> "doit servir à établir que la langue ainsi imposée est un cadre rigide de la pensée, c'est le principe saussurien concernant le caractère général des systèmes de signes arbitraires". (pp. 78 - 79)

Il est formulé par Séchehaye de la manière suivante :

> "Selon Ferdinand de Saussure, un jeu de signes conventionnels, tels que le sont les éléments significatifs d'une langue, ses mots, ses procédés grammaticaux, n'ont de valeur que parce qu'ils se déterminent réciproquement en se délimitant les uns les autres. Il en résulte un équilibre rigoureux de toutes les parties du système, lequel constitue un découpage arbitraire, mais tout à fait précis, de

[131] Il convient de préciser que, par la suite, Weisgerber ne s'est nullement compromis avec le nazisme.

la matière mentale dans un cadre donné. “ (p. 79, souligné par moi)

La formulation de ce principe a été l‘acte fondateur de la linguistique structurale. Il a donné l’impulsion au développement de la linguistique moderne par un acte drastique de simplification, qui du langage a fait surgir la langue. D’avoir formulé ce principe a été retenu par la postérité comme un apport essentiel de Saussure à la constitution de la linguistique comme science. De ce principe, Humboldt / Weisgerber aurait eu une compréhension erronée. En effet, dit Séchehaye,

> “la question est de savoir si cette systématisation interne s’applique à la langue de chacun, comme nous le pensons, ou si, comme le croit M. Weisgerber, elle s’applique à la langue de tous.” (p. 79)

Il faut dire que l’opinion prêtée ici à Weisgerber *n’est pas* conforme à ce qu’a écrit Humboldt. En effet, pour Humboldt,

> “tout en étant des créations des nations, les langues (...) demeurent des autocréations des individus qui ne peuvent être produites qu’en chaque individu et de telle manière que chacun présuppose la compréhension de tous et tous satisfont à cette attente.”

Séchehaye se trompe de cible, Weisgerber n’est pas Humboldt.

L’argumentation de Séchehaye selon laquelle la systématisation interne s’applique à la langue de chacun est que

> “la conception sociologique de la langue n’oblige pas à admettre l’existence de cette langue en soi, dont le sujet, en dehors des individus parlants, est inimaginable. Dire que la langue ou toute autre institution sociale existe dans la communauté, c’est dire qu’elle existe dans chacun de ses membres pensant et agissant en fonction de tous. (...) Le dualisme entre l’individuel et le social est en nous-mêmes.” (pp. 79 - 80)

Humboldt dit de même que la langue n’existe que dans chacun des sujets qui la parlent, qu’elle est un des éléments par lesquels se constitue la communauté nationale. Et il définit son grand projet de synthèse de la manière suivante :

> “Prendre en considération ce qui relie la diversité des langues et la répartition des peuples à la production de la force spirituelle de l’homme en tant que force spirituelle qui se développe peu à peu à des degrés divers et sous des formes nouvelles, dans la mesure où

> ces deux phénomènes sont en mesure de s'éclairer réciproquement, voilà ce qui m'occupera dans cet écrit." (*KW*, 17-18, § 2)

L'idée maîtresse du chapitre d'introduction de *L'œuvre sur le kavi* est "la production par l'homme d'une "force de l'esprit".

Après cette mise au point, on peut s'arrêter sur un autre versant de l'article de Séchehaye.

La création de la langue est, écrit Séchehaye,

> "intelligente dans chacun des actes individuels dont elle est la somme et la résultante, mais, dans son ensemble, elle paraît résulter moins de ces actes que du jeu des forces et des tendances qui sont derrière et qui opèrent à tâtons." (pp. 76 - 77)

La langue a un double statut : elle est la somme des actes individuels de parole, mais elle paraît résulter du jeu global de forces qui opèrent à tâtons. Il n'y a pas sur ce point de désaccord entre Séchehaye et Humboldt qui écrivait que les langues sont à la fois "des créations des nations" et

> "des autocréations des individus qui ne peuvent être produites qu'en chaque individu et de telle manière que chacun présuppose la compréhension de tous et tous satisfont à cette attente."

Mais il faut aller plus loin. Séchehaye ajoute en effet que la langue a une réalité complexe et contradictoire.

> "Toute langue historique est un mélange d'incohérences et d'irrégularités que domine cependant une systématisation relative et pratiquement suffisante." (p. 77)

Si, dans sa réalité historique, la langue est "un mélange d'incohérences et d'irrégularités", les deux principes qui constituent le point de départ de Saussure dans la question des rapports de la pensée et de la langue ne permettent pas de saisir comment fonctionnent les langues dans leur réalité concrète. La systématisation opérée par Saussure est une opération de préparation d'un objet en vue d'une analyse scientifique. La théorie saussurienne de la langue résulte de ce travail préalable d'abstraction et de construction de son objet.

Une telle affirmation ne remet pas en question le caractère rationnel et scientifique de la théorie saussurienne, mais au contraire le fonde, en énonçant les conditions de sa construction. Le langage a une double appartenance.

> "L'intelligence souveraine appartient à l'individu et la langue à la collectivité." (p. 77)

C'est, dit Séchehaye, "*l'aspect sociologique du phénomène*".

> "La langue commune que nous définissons comme l'ensemble des habitudes conventionnelles de langage qui règnent dans une collectivité est un produit et une fonction de la vie du groupe. C'est elle qui assure entre les hommes - êtres pensants - le contact psychique indispensable à la vie sociale." (p. 77)

Il y a donc deux manières de considérer l'objet "langage" :

- l'une en fait un objet d'investigation selon des critères stricts. C'est la manière adoptée par Saussure ;
- l'autre le considère comme un objet complexe difficile à appréhender concrètement, car inscrit dans l'histoire, et contradictoire, un "mélange d'incohérences et d'irrégularités".

La systématisation de l'étude de la langue opérée par Saussure a permis de définir un point de vue *scientifique*. Pour autant, il n'est pas irrationnel de chercher à comprendre les langues dans leur cadre socio-historique, comme l'a fait Humboldt. Etudier la langue sous cet aspect, implique de prendre en considération à la fois "l'intelligence individuelle" et "l'inconscience d'une action collective". Car elle est à la fois le fait de "l'intelligence souveraine" de l'individu et "un produit et une fonction de la vie du groupe".

> "Elle est une institution comme les mœurs, les croyances, l'organisation politique. Comme toutes ces choses, elle constitue un objet extérieur à l'individu, qui échappe à ses prises et qu'il lui faut, bon gré mal gré, accepter et subir, sous peine de briser le lien de la solidarité avec ses semblables." (p. 77)

Séchehaye se montre ici véritablement humboldtien.

> "La fonction du langage dans les sociétés humaines recouvre la fonction de l'intelligence en général. Elle consiste à assurer une adaptation commune de tous les membres de la collectivité à la réalité extérieure et à la vie sociale, c'est-à-dire aussi une adaptation réciproque des uns aux autres sur le terrain pratique. Se comprendre, c'est obtenir les uns des autres des réactions utiles." (p. 85)

En réalité, l'instrument de l'intercompréhension, dit Séchehaye,

> "ce n'est pas la langue, c'est la parole, l'acte vivant du langage dont la langue n'est qu'un facteur. Evidemment, toute pensée repose sur la mise en œuvre de concepts, et la fonction de la langue consiste en particulier à permettre à l'esprit de se former des concepts relativement stables et communs. Mais cela est relatif et nous n'avons aucun procédé quelconque pour nous assurer que, lorsque deux personnes conversent, les concepts qu'elles attachent aux mots employés sont exactement les mêmes dans les deux cerveaux. --cela n'a d'ailleurs aucune importance parce que le seul critère est d'ordre pratique. Il s'agit uniquement de savoir si leurs pensées s'entrepénètrent ou pas." (p. 85)

Séchehaye est amené à déclarer que, d'une part, on ne peut considérer les langues comme des systèmes simples qu'en opérant certaines abstractions, mais qu'on doit aussi considérer ces mêmes langues comme des systèmes relevant d'une autre logique si on veut prendre simultanément en considération la relation entre les deux termes, individu et société.

L'œuvre philosophique de Humboldt a consisté dans la découverte de cette complexité et dans la tentative de la formuler.

On voit donc que l'analyse saussurienne et l'analyse humboldtienne se complètent, car elles prennent en considération l'objet *langue* selon des points de vue différents, qui entraînent l'emploi de méthodes différentes. Ce qu'a fait Séchehaye dans la sconde partie de son texte, c'est un essai pour formuler l'idée moderne que :

> "les interactions entre individus font la société ; de fait, la société n'a pas un gramme d'existence sans les individus vivants (...) Pourtant, la société, elle, produit les individus ou, du moins, accomplit leur humanité en leur fournissant l'éducation, la culture, le langage (...) Autrement dit, ce sont les interactions entre individus qui produisent la société ; mais c'est la société qui produit l'individu."[132]

Humboldt est le premier à avoir cherché à orienter sa recherche dans cette direction.

---

[132] E. Morin *Epistémologie de la complexité*, in : *Science et conscience de la complexité*, Atias, C. et JL Le Moigne (eds.) 1984 : 60.

* *
*

On est ainsi conduit à regarder les travaux de Wilhelm von Humboldt et ceux de Ferdinand de Saussure comme complémentaires. Fondateur de la linguistique moderne en tant que science qui a ultérieurement servi de modèle à toutes les sciences humaines, Saussure a une démarche qu'on peut dire *simplifiante*, en ce sens qu'elle isole le langage et crée un objet abstrait, la langue, définie exclusivement comme système de signes. Cette démarche est la condition nécessaire du caractère scientifique de son œuvre. A l'inverse, Humboldt s'est efforcé de plus en plus de prendre simultanément en compte la diversité des langues du monde et leur évolution, leurs liens avec les cultures et avec la pensée individuelle. Dans une démarche *holistique*, il a cherché à construire une anthropologie, au fondement de laquelle il a mis l'activité langagière.

Opposées dans leur approche de l'objet "langue", les démarches de Saussure et de Humboldt reposent sur un socle épistémologique commun qui procède de Kant.

Cette affirmation, que j'ai à maintes reprises étayé à propos de Humboldt, peut sembler paradoxale en ce qui concerne Saussure. On lit cependant dans le *Cours de linguistique générale* :

> "Le rôle caractéristique de la langue vis-à-vis de la pensée n'est pas de créer un moyen phonique pour l'expression des idées, mais de servir d'intermédiaire entre la pensée et le son, dans des conditions telles que leur union aboutit nécessairement à des délimitations réciproques d'unités. La pensée, chaotique de sa nature, est forcée de se préciser en se décomposant (...) La 'pensée-son' implique des divisions et la langue élabore ses unités en se constituant entre deux masses amorphes."[133]

Saussure oppose ici deux conceptions de la langue. D'une part, il dit *ce que, à ses yeux, la langue n'est pas* : il n'existe pas pour lui des entités de nature différente, d'un côté, les idées, qui existent préalablement et en dehors de la langue, de l'autre, la langue, qui leur donne des moyens phoniques d'expression.

[133] Cité par Bronckart dans "La conscience comme 'analyseur' des épistémologies de Vygotski et de Piaget", in Clot, Y. (éd.) *Avec Vygotski.* 1999 : 27-53.

L'union de la pensée et du son "aboutit à des délimitations réciproques d'unités" à partir de deux masses amorphes : des unités sonores délimitent des unités de pensée et des unités de pensée délimitent des unités sonores. C'est ce que Bronckart appelle, d'une heureuse formule, la "*discrétisation du fonctionnement psychique*" opérée par la langue. Pour Bronckart, ce passage du *Cours* est "décisif", car il établit un "dédoublement du fonctionnement psychique" "condition *sine qua non* de l'émergence d'un psychisme auto-réflexif"[134]. Et cela n'est possible que parce que

> "les signes sont aussi et d'abord les instruments de régulation de l'activité collective ; ils constituent des instruments de coopération ou encore d'intervention sur les comportements et sur les représentations des autres (...) Sachant que par le langage, il agit sur les autres, l'enfant finit par comprendre que, par le langage, il peut agir sur lui-même, sur ses comportements, puis sur ses représentations ; et dès lors, il commence à penser."[135]

Si la pensée de Saussure est bien que le langage a créé simultanément le monde des objets et les sujets qui pensent le monde des objets, alors on ne peut éviter de dire qu'il se place dans le droit fil de ce que Kant a appelé la "révolution copernicienne" opérée par sa propre critique.

En dépit de leurs démarches et de leurs perspectives différentes, Humboldt et Saussure procèdent l'un et l'autre de la tradition critique.

2) Cassirer et l'anthropologie contemporaine

Cette tradition critique s'est prolongée au XXè siècle notamment dans la philosophie du langage et de la culture de Cassirer.

Et c'est dans l'œuvre de Humboldt que le philosophe allemand Ernst Cassirer (1874-1945) a trouvé l'impulsion qui l'a conduit à son œuvre principale, la *Philosophie des Formes symbo-*

---

[134] *op. cit.* 51.
[135] *ibid.*

liques[136]. Il a lui-même rappelé cette filiation dans le premier tome de la *Philosophie des Formes symboliques*, paru en 1923, ainsi que dans son œuvre ultime, *Essay on Man* (1945)[137].

Dans ce dernier texte, qui récapitule le sens de ses travaux, Cassirer attribue à Humboldt une place éminente dans la formation de sa pensée. Humboldt est, dit-il,

> "un grand linguiste et un grand philosophe"

à qui l'on doit

> "les premières tentatives d'une classification des langues et de leur réduction à certains types fondamentaux",

la première description analytique de langues aborigènes d'Amérique, ainsi que

> "la première grammaire comparative des langues de l'Austronésie"[138].

Il vante ses méthodes "strictement empiriques", dont il s'est, dit-il, lui-même directement inspiré dans le premier tome de sa *Philosophie des Formes symboliques*. Il lui sait gré d'avoir donné aux études linguistiques une orientation qui ne les isole pas des sciences humaines, qui étaient encore dans l'enfance, mais auxquelles il ouvre la voie.

> "La différence réelle entre les langues, écrit Cassirer, n'est pas une différence de sons ou de signes, mais une différence de 'perspectives-du-monde' (*Weltansichten*). Une langue n'est pas un simple assemblage mécanique de termes. La décomposer en mots ou en termes, c'est la désorganiser et la désintégrer. (...) Selon Humboldt, les mots et les règles qui, d'après l'opinion commune, constituent une langue, n'existent réellement que dans l'acte d'une parole cohérente. Les traiter comme entités séparées, c'est n'en faire que le produit mort d'une analyse scientifique maladroite. Il faut considérer le langage comme *energeia* plutôt que comme *ergon*. Ce n'est pas une chose toute faite mais un procès

[136] La *Philosophie des Formes Symboliques* compte 3 tomes. *Le langage* (1923) ; *La pensée mythique* (1925) ; *La Phénoménologie de la connaissance* (1929).
[137] Traduction française : *Essai sur l'homme*, Paris 1975.
[138] Cassirer, E. 1975 : 173.

continu. C'est le travail toujours recommencé de l'esprit humain pour exprimer sa pensée au moyen de sons articulés."[139]

Cassirer sait gré à Humboldt non seulement

"d'avoir marqué un notable progrès de la pensée linguistique",

mais surtout d'avoir inauguré

"une nouvelle époque dans l'histoire de la philosophie du langage."[140]

A la différence de nombre de ses correspondants en Allemagne ou en France, Humboldt

"n'était pas un spécialiste de phénomènes linguistiques particuliers, ni un métaphysicien comme Schelling ou Hegel. Il faisait sienne la méthode 'critique' de Kant, ne s'abandonnant pas à la spéculation sur l'essence ou l'origine du langage."[141]

Cette perspective humboldtienne est celle qu'il a lui-même adoptée dès le début de sa réflexion philosophique, au commencement des années 1920. Cassirer crédite Humboldt de ce que

"la linguistique ait suivi une évolution semblable à celle d'autres branches de la connaissance. Le positivisme antérieur fut remplacé par un nouveau principe qu'on peut appeler : structuralisme."[142]

Ces autres branches de la connaissance auxquelles renvoie Cassirer, sont *la physique*, *la biologie*, où

"les nouvelles théories holistiques qui ont prévalu depuis le début du XXè siècle sont revenues à la vieille définition aristotélicienne de l'organisme, soutenant que dans le monde organique 'le tout est antérieur à la partie', "

et enfin *la psychologie*, renouvelée par "la moderne psychologie de la Gestalt"

"qui a frayé la voie à un nouveau type de psychologie structurale."[143]

---

[139] *op. cit.* 174.
[140] *op. cit.* 175
[141] *op. cit.* 175
[142] *op. cit.* 175
[143] *op.cit.* 175-6.

Le mérite d'avoir fait de la linguistique la première science humaine structurale est d'ordinaire mis au seul crédit de Saussure. L'hommage que Cassirer rend ici à Humboldt n'est assurément pas mince.

L'influence de Humboldt sur la *Philosophie des Formes symboliques* est avant tout perceptible dans le fait que le concept même de "forme symbolique" procède de lui. Dans l'*Introduction et exposition du problème* qui ouvre le premier tome de son œuvre, Cassirer expose la genèse de son concept de "forme symbolique". Il a emprunté, dit-il, à "la philosophie moderne du langage" le concept de "*forme linguistique interne*" : c'est en effet dans *L'œuvre sur le kavi* qu'on l'a vu apparaître[144]. Pour expliquer ce concept, Cassirer pose, dans la filiation directe de Humboldt, que le langage est

> "un des moyens fondamentaux de l'esprit, grâce auquel s'accomplit le progrès qui nous fait passer du monde des simples sensations à celui de l'intuition et de la représentation. Il porte déjà en germe ce travail intellectuel qui s'extériorise par la suite lors de la construction du concept comme concept scientifique, comme unité logiquement déterminée d'une forme."[145]

En permettant de séparer des moments dans le flot des sensations et de les fixer en leur donnant un nom, le langage est "un des moyens fondamentaux" pour avoir accès au monde de la "*représentation*", c'est-à-dire à la mise en forme de la réalité. Mais, pour Cassirer, il existe d'autres formes de représentation que le langage.

> "De même que la philosophie moderne du langage, cherchant un point de départ adéquat pour une réflexion philosophique sur le langage, a élaboré le concept de 'forme linguistique interne', il faut *supposer l'existence d'une 'forme interne' propre à la religion, à l'art ou à la connaissance scientifique.* Cette forme ne doit pas s'entendre comme la simple somme ou comme l'association après coup des phénomènes pris isolément à l'intérieur d'un de ces domaines, mais comme la loi de leur constitution."[146]

---

[144] Cf. chapitre X.
[145] Cassirer, E. *La Philosophie des Formes Symboliques* tome 1. *Le langage*.1923 : 29.
[146] *op. cit.* 21-22, souligné par moi.

C'est une généralisation qui fait passer de la "*forme linguistique interne*" à la "*forme symbolique*", qui gouverne la constitution de chaque domaine d'activité de l'esprit. Chaque domaine de la culture se constitue selon une "loi" qui lui est propre. Celle qui constitue le langage a été dénommée "forme linguistique interne" par Humboldt. Si on veut prendre en considération tous les domaines de la culture, il faut alors parler de "forme symbolique".

Cette exigence d'élargissement est à l'origine de la vaste entreprise que devient, à partir de 1923, la *Philosophie des Formes Symboliques*. Cassirer décrit son entreprise comme réalisant un tournant de la critique kantienne de la raison vers une critique d'ensemble de la culture. Il affirme que

> "toutes les grandes fonctions spirituelles partagent avec la connaissance la propriété fondamentale d'être habitées par une force originairement formatrice et non pas simplement reproductrice."[147]

Cette "force formatrice" "habitée par une énergie spirituelle" est l'équivalent de l'*Energeia* de Humboldt.

> "Cela (c'est-à-dire l'existence d'une force formatrice) est aussi vrai de l'art que de la connaissance, de la pensée mythique que de la religion : le monde d'images dans lequel vit chacune de ces fonctions spirituelles n'est jamais le simple reflet d'un donné empirique ; il est au contraire produit par la fonction correspondante suivant un principe original. Toutes les fonctions de l'esprit engendrent leurs propres configurations symboliques. "[148]

Ces configurations symboliques ne sont pas des reflets d'un réel objectif,

> "mais bien les diverses voies que suit l'esprit dans son processus d'objectivation, c'est-à-dire dans sa révélation à lui-même. Que l'on considère en ce sens l'art, le langage, le mythe ou la connaissance, immédiatement, ils donnent naissance à un problème d'ensemble ; ainsi s'ouvre un accès nouveau à une philosophie générale des sciences de l'esprit."[149]

---

[147] Cassirer, E. *Philosophie des Formes Symboliques. 1. Le langage* Paris 1923 : 18.
[148] *ibid.*, souligné par moi.
[149] *op. cit.* 19.

Cassirer propose ici l'extension à toutes les formes symboliques du processus kantien que Humboldt avait mis à l'origine du langage. Désormais, l'objet n'est plus seulement le langage, il revêt des formes diverses et le langage devient une forme symbolique parmi d'autres.

> "L'idée fondamentale de Kant lorsqu'il soumet la philosophie théorique à sa fameuse "révolution dans la méthode" consiste à tenir le rapport généralement admis jusqu'alors entre la connaissance et son objet pour justiciable d'un renversement radical. Il ne faut point partir de l'objet comme s'il nous était immédiatement connu, mais bien des lois de la connaissance qui seules nous sont véritablement accessibles."[150]

Il faut donc

> "entreprendre une analyse de l'entendement en vue d'établir la forme générale du jugement et de saisir ses multiples ramifications, aucune objectivité n'étant concevable en dehors de lui."[151]

Il faut appréhender les fonctions de la pensée dans chaque domaine particulier. Pensée linguistique, pensée mythico-religieuse, intuition artistique : comment dans chacun de ces domaines se réalise une certaine organisation comme système objectif de sens ?

> "La critique de la raison devient alors une critique de la culture, qui cherche à comprendre et à montrer comment tout contenu culturel (...) suppose un acte originaire de l'esprit. "[152]

Le criticisme kantien s'élargira aux diverses formes de la culture et non plus seulement à la pensée discursive. Tout le programme de recherche de la *Philosophie des Formes Symboliques* est inclus dans cette phrase par laquelle les tâtonnements de Humboldt trouvent soudain une direction. Le concept humboldtien de "forme linguistique interne" qui a donné un point de départ pour une réflexion philosophique sur le langage s'élargit en

---

[150] *ibid.*
[151] *ibid.*
[152] *op. cit.* 20.

> "une forme interne propre à la religion, à l'art ou à la connaissance scientifique."[153]

Cette forme doit s'entendre comme la loi de leur constitution.

L'œuvre de Cassirer est aujourd'hui une source vive pour la recherche en anthropologie et en épistémologie en France et en Allemagne[154]. Il n'était pas sans intérêt, en épilogue d'un travail sur Humboldt, de rappeler que c'est, pour une part non négligeable, dans son œuvre que Cassirer a trouvé l'impulsion qui l'a conduit à la *Philosophie des Formes symboliques*.

---

[153] *op. cit.* 22.

[154] En France, on renverra particulièrement aux travaux du Cercle d'épistémologie de l'Ecole polytechnique animé par J. Lassègue. (http://formes-symboliques.org)

BIBLIOGRAPHIE

Böhler, M. (éd.) *Wilhelm von Humboldt. Schriften zur Sprache.* hg.v. Böhler, M. Stuttgart (Reclam), 1973.

Caussat, P., *Introduction à l'œuvre sur le Kavi et autres essais.* Introduction et traduction. Paris. 1974.

Chabrolle-Cerretini, A.-M. *La vision du monde de Wilhelm von Humboldt Histoire d'un concept linguistique*, Lyon, 2007.

Dilberman, H. *L'interprétation métaphysique et anthropologique du langage dans l'œuvre de Wilhelm von Humboldt*, Villeneuve d' Ascq, 1997.

Hansen-Loeve, O. *La révolution copernicienne du langage dans l'œuvre de W. v. Humboldt*, Paris. 1972 ;

Humboldt, Wilhelm von, *Werke.*, hg.v. Wolfgang Stahl, nouvelle édition d'après *Gesamtausgabe der Preussischen Akademie der Wissenschaften* (1903 -1920) et *Ausgabe der Cottaschen Verlagsbuchhandlung* (1964) 7 volumes. Mundus Verlag, 1999.

Meschonnic, H.(éd.) *La pensée dans la langue. Humboldt et après*. P. U. Vincennes 1995.

Philonenko, A. *Humboldt à l'aube de la linguistique*, Paris, 2006.

Quillien, J. *L'anthropologie philosophique de G. de Humboldt*, Villeneuve d' Ascq, 1991.

Thouard, D. / J. Rousseau, *Lettres édifiantes et curieuses sur la langue chinoise*, Villeneuve d' Ascq, 1999.

Thouard, D. *Sur le caractère national des langues et autres écrits sur le langage*, Paris, 2000.

Trabant, J. *Humboldt ou le sens du langage.* Liège, 1992.

Trabant, J. (éd.) *Wilhelm von Humboldt. Über die Sprache. Reden vor der Akademie.* Tübingen, 1994

Trabant, J. *Traditions de Humboldt*, Paris 1999.

TABLE DES MATIÈRES

L'HARMATTAN ITALIA
Via Degli Artisti 15; 10124 Torino

L'HARMATTAN HONGRIE
Könyvesbolt ; Kossuth L. u. 14-16
1053 Budapest

L'HARMATTAN KINSHASA
185, avenue Nyangwe
Commune de Lingwala
Kinshasa, R.D. Congo
(00243) 998697603 ou (00243) 999229662

L'HARMATTAN CONGO
67, av. E. P. Lumumba
Bât. – Congo Pharmacie (Bib. Nat.)
BP2874 Brazzaville
harmattan.congo@yahoo.fr

L'HARMATTAN GUINÉE
Almamya Rue KA 028, en face du restaurant Le Cèdre
OKB agency BP 3470 Conakry
(00224) 60 20 85 08
harmattanguinee@yahoo.fr

L'HARMATTAN CAMEROUN
BP 11486
Face à la SNI, immeuble Don Bosco
Yaoundé
(00237) 99 76 61 66
harmattancam@yahoo.fr

L'HARMATTAN CÔTE D'IVOIRE
Résidence Karl / cité des arts
Abidjan-Cocody 03 BP 1588 Abidjan 03
(00225) 05 77 87 31
etien_nda@yahoo.fr

L'HARMATTAN MAURITANIE
Espace El Kettab du livre francophone
N° 472 avenue du Palais des Congrès
BP 316 Nouakchott
(00222) 63 25 980

L'HARMATTAN SÉNÉGAL
« Villa Rose », rue de Diourbel X G, Point E
BP 45034 Dakar FANN
(00221) 33 825 98 58 / 77 242 25 08
senharmattan@gmail.com

L'HARMATTAN BÉNIN
ISOR-BENIN
01 BP 359 COTONOU-RP
Quartier Gbèdjromèdé,
Rue Agbélenco, Lot 1247 I
Tél : 00 229 21 32 53 79
christian_dablaka123@yahoo.fr

644623 - Mars 2016
Achevé d'imprimer par